Ausführliches Verzeichniß der

Guttentag'schen Sammlung

Deutscher Reichs- und Preußischer Gesetze

Text-Ausgaben mit Anmerkungen — Taschenformat

welches alle wichtigeren Gesetze in absolut zuverlässigen Gesetzestexten und in mustergiltiger Weise erläutert enthält, befindet sich hinter dem Sachregister.

Guttentag'sche Sammlung
Nr. 28 Deutscher Reichsgesetze. Nr. 28
Text-Ausgaben mit Anmerkungen.

Bau-Unfallversicherungsgesetz.

Vom 30. Juni 1900,

in der Fassung der Bekanntmachung vom 5. Juli 1900.

Text-Ausgabe
mit Anmerkungen und Sachregister
von

R. Chrzescinski,
Kaiserlichem Regierungsrath a. D., ehemaligem ständigen Mitglied des Reichs-Versicherungsamts.

Dritte Auflage.

Berlin 1900.
J. Guttentag, Verlagsbuchhandlung,
G. m. b. H.

Vorwort zur zweiten Auflage.

Die vorliegende zweite Ausgabe des Bau-Unfallversicherungsgesetzes bezweckt, wie die erste, die betheiligten Kreise mit den Bestimmungen dieses Gesetzes in möglichster Kürze vertraut zu machen. Es sind deshalb auch hier bei den einzelnen Paragraphen, soweit nöthig, die Absichten des Gesetzgebers, wie sie aus den Motiven des Gesetzes und seinem Zusammenhang mit den andern Unfallversicherungsgesetzen ersichtlich sind, kurz erläutert. Seit der ersten Auflage dieses Kommentars sind nun aber rund 10 Jahre verflossen, und das Reichs-Versicherungsamt hat inzwischen eine umfangreiche Thätigkeit als Rekursgericht und als Aufsichtsbehörde der Berufsgenossenschaften auch auf dem Gebiet des vorliegenden Gesetzes entfaltet. Dieser Umstand mußte berücksichtigt werden, und der Verfasser glaubte, dem Bedürfniß der Praxis am besten zu entsprechen, wenn er wenigstens die in den Amtlichen Nachrichten des Reichs-Versicherungsamts veröffentlichten Entscheidungen und sonstigen Kundgebungen der obersten Instanz in Unfallversicherungssachen so vollständig in die Erläuterungen zum Gesetzestext aufnahm, als es der Rahmen der vorliegenden Gesetzessammlung irgend gestattete.

Der Text des Unfallversicherungsgesetzes sowie die wesentlichsten Bekanntmachungen des Reichs-Versicherungsamts auf dem Gebiet des Bauwesens sind auch dieser Ausgabe als Anhang beigefügt worden.

Berlin, im Dezember 1897.

Der Verfasser.

Vorwort zur dritten Auflage.

Die vorliegende neue Auflage des Bau-Unfallversicherungsgesetzes verfolgt keine andern Zwecke, als die früheren Ausgaben. Eine neue Bearbeitung dieses Gesetzes war indessen nothwendig geworden durch die neuerdings ins Werk gesetzte Abänderung der gesammten Unfallversicherungsgesetze. Die Aufgabe der neuen Auflage bestand demnach zunächst darin, die Abänderungen des Bau-Unfallversicherungsgesetzes ersichtlich zu machen und zu erläutern. Außerdem sind selbstverständlich die inzwischen auf dem Gebiet dieses Gesetzes ergangenen Veröffentlichungen des Reichs-Versicherungsamts berücksichtigt worden. Bei dem innigen Zusammenhang des Bau-Unfallversicherungsgesetzes mit den übrigen Unfallversicherungsgesetzen sind als Anhang die Texte des Gesetzes, betreffend die Abänderung der Unfallversicherungsgesetze und des Gewerbe-Unfallversicherungsgesetzes, beide vom 30. Juni 1900, in der Fassung der Bekanntmachung vom 5. Juli 1900 beigefügt worden. Außerdem sind die schon früher mitabgedruckten Publikationen des Reichs-Versicherungsamts und zwei neue wichtige Bekanntmachungen dieses Amtes vermehrt worden.

Berlin, im August 1900.

Der Verfasser.

Inhaltsangabe.

Anhang.

Abkürzungen.

A.N. = Amtliche Nachrichten des Reichs-Versicherungsamts.

B.U.V.G. = Bau-Unfallversicherungsgesetz vom 30. Juni 1900 in der Fassung der Bekanntmachung vom 5. Juli 1900.

B.G. = Berufsgenossenschaft.

Besch. = Bescheid des Reichs-Versicherungsamts in Verwaltungssachen.

Centr.Bl. = Centralblatt für das Deutsche Reich.

G.S. = Gesetz-Sammlung für das Königreich Preußen.

G.U.V.G. = Gewerbe-Unfallversicherungsgesetz vom 30. Juni 1900 in der Fassung der Bekanntmachung vom 5. Juli 1900.

Handbuch = Handbuch der Unfallversicherung, dargestellt von Mitgliedern des Reichs-Versicherungsamts, 2. Auflage.

K.V.G. = Krankenversicherungsgesetz vom 15. Juni 1883 in der Fassung der Novelle vom 10. April 1892.

L.U.V.G. = Unfallversicherungsgesetz für Land- und Forstwirthschaft vom 30. Juni 1900 in der Fassung der Bekanntmachung vom 5. Juli 1900.

Mot. I = Begründung zum Entwurf des B.U.V.G. vom 11. Juli 1887.

Mot. II = Begründung zum Entwurf des B.U.V.G. vom 30. Juni 1900.

R.A. = Deutscher Reichs- und Preußischer Staatsanzeiger.

R.E. = Entscheidung des R.V.A. im Rekursverfahren.

R.G.Bl. = Reichs-Gesetzblatt.

R.V.A. = Reichs-Versicherungsamt.

Einleitung.

Das Unfallversicherungsgesetz vom 6. Juli 1884 (R.G.Bl. S. 69) sollte zunächst die großen Uebelstände beseitigen, welche sich aus der unzureichenden Vorschrift des §. 2 des Haftpflichtgesetzes vom 7. Juni 1871 ergeben hatten, und erstreckte sich daher im Wesentlichen auf die Arbeiter der bisherig haftpflichtigen Betriebe (mit Ausnahme der Eisenbahnbetriebe), zu denen noch die sonstigen mit Motoren arbeitenden Betriebe, gewisse mit besonderer Unfallgefahr verbundene Baubetriebe, sowie die Herstellung von Explosivstoffen und explodirenden Gegenständen hinzutraten. Bereits in den Motiven der Vorlage war angedeutet, daß der Kreis der Personen, welche der Unfallversicherung zu unterwerfen seien, hiermit nicht abgeschlossen, es vielmehr Aufgabe der Zukunft sei, diesen Kreis auf Grund der bei der Ausführung des ersten Gesetzes zu sammelnden Erfahrungen zu erweitern. Dementsprechend ist die Reichsgesetzgebung auch bald weiter vorgegangen. Das Gesetz über die Ausdehnung der Unfall- und Krankenversicherung vom 28. Mai 1885 (R.G.Bl. S. 159) erstreckte die Wohlthaten der Unfallversicherung auf die Betriebe der Post-, Telegraphen-, Marine- und Heeresverwaltungen einschließlich der Regiebauten dieser Verwaltungen, sowie auf die Transportbetriebe im Allgemeinen. Das Gesetz, betreffend die Fürsorge für Beamte und Personen des Soldatenstandes in Folge von Betriebsunfällen, vom 15. März 1886 (R.G.Bl. S. 53) sicherte den Beamten der Reichs-Civilverwaltungen, des Reichsheeres und der Marine, sowie den Personen des Soldatenstandes, welche in reichsgesetzlich der Unfallversicherung unterliegenden Betrieben beschäftigt sind, bei Verletzungen, bez. Tödtungen durch Betriebsunfälle Pensionen, bez. ihren Hinterbliebenen Sterbegeld und Renten nach Maßgabe der nach dem Unfallversicherungsgesetz zu gewährenden Leistungen.*) Durch das Gesetz, betreffend die Unfall- und Krankenversicherung der in land- und forstwirthschaftlichen Betrieben beschäftigten Personen vom 5. Mai 1886 (R.G.Bl. S. 132) wurden neue ausgedehnte Kreise der arbeitenden Bevölkerung der Unfallversicherung unterworfen, und hierauf folgte das Bau-Unfallversicherungsgesetz vom 11. Juli 1887, sowie das Gesetz, betreffend die Unfallversicherung der Seeleute und anderer bei der Seeschifffahrt betheiligten Personen, vom 13. Juli 1887 (R.G.Bl. S. 329).

Die Nothwendigkeit insbesondere, dem Geltungsbereiche der Unfallversicherung eine erhebliche Ausdehnung hin-

*) Vgl. hierzu Preußisches Gesetz, betr. die Fürsorge für Beamte in Folge von Betriebsunfällen, vom 18. Juni 1887 (G.S. S. 282).

sichtlich der bei **Bauten** beschäftigten Personen zu geben, erhellt aus den nachfolgenden Ausführungen der Begründung zur Regierungsvorlage zu dem Gesetz vom 11. Juli 1887:

„Zur Zeit bestehen über die Unfallversicherung von Bauarbeitern folgende Bestimmungen. Es sind, von Nebenbetrieben abgesehen, versichert:

1. soweit es sich um Beschäftigung durch **Gewerbetreibende** handelt,
   a) auf Grund des §. 1 Absatz 2 des Unfallversicherungsgesetzes vom 6. Juli 1884 (Reichs-Gesetzbl. S. 69) diejenigen Arbeiter und Betriebsbeamten, welche von einem Gewerbetreibenden, dessen Gewerbebetrieb sich auf die Ausführung von Maurer-, Zimmer-, Dachdecker-, Steinhauer- und Brunnenarbeiten erstreckt, in diesem Betriebe beschäftigt werden;
   b) auf Grund des §. 1 Absatz 8 a. a. O. und der zur Ausführung dieser Vorschrift von dem Bundesrath gefaßten Beschlüsse (Bekanntmachungen des Reichskanzlers vom 22. Januar 1885, Reichs-Gesetzbl. S. 13, und vom 27. Mai 1886, Reichs-Gesetzbl. S. 190) diejenigen Arbeiter und Betriebsbeamten, welche von einem Gewerbetreibenden, dessen Gewerbebetrieb auf die Ausführung von Tüncher-, Verputzer- (Weißbinder-), Gypser-, Stuckateur-, Maler- (Anstreicher-), Glaser-, Klempner- und Lackirerarbeiten bei Bauten, auf die Anbringung,

Abnahme, Verlegung und Reparatur von Blitzableitern, oder auf die Ausführung von Schreiner- (Tischler-), Einsetzer-, Schlosser- oder Anschlägerarbeiten bei Bauten sich erstreckt, in diesem Gewerbebetriebe beschäftigt werden;

2. soweit es sich um die Beschäftigung bei Regiebauten, d. h. bei solchen Bauarbeiten handelt, welche der Bauherr für eigene Rechnung durch direkt angenommene Arbeiter ausführen läßt, und zwar auf Grund des §. 1 Ziffer 1 des Gesetzes, betreffend die Ausdehnung der Unfall- und Krankenversicherung, vom 28. Mai 1885 (Reichs-Gesetzbl. S. 159):

a) Arbeiter und Betriebsbeamte bei Bauten, welche vom Reich oder einem Bundesstaate im Betriebe der Post- und Telegraphen-, sowie in Betrieben der Marine- und Heeresverwaltungen für eigene Rechnung ausgeführt werden;

b) Arbeiter und Betriebsbeamte bei Regiebauten aller Eisenbahnverwaltungen, mag es sich um Reichs-, Staats- oder um Privateisenbahnen, um große Lokomotivbahnen oder um Pferdebahnen, Arbeitsbahnen oder ähnliche Unternehmungen handeln.

Hiernach ermangeln zur Zeit der Unfallfürsorge insbesondere folgende bei der Ausführung von Bauarbeiten beschäftigte Personen:

1. die Arbeiter und Betriebsbeamte, welche von Gewerbetreibenden, deren Gewerbebetrieb sich auf die Ausführung von Eisenbahn-, Wege-, Festungs-, Wasser-, Kanal- und ähnlichen Bauarbeiten erstreckt, in diesem Betriebe beschäftigt werden, soweit es sich dabei nicht etwa um einen Nebenbetrieb handelt, welcher der Versicherungspflicht des Hauptbetriebes folgt, und soweit jene Arbeiter nicht etwa Maurer-, Zimmer- oder ähnliche Arbeiten ausführen, auf welche sich der Gewerbebetrieb des betreffenden Gewerbetreibenden mit erstreckt;

2. die Arbeiter und Betriebsbeamten bei Bauarbeiten, welche Bauunternehmer, die die Ausführung von Bauarbeiten nicht gewerbsmäßig betreiben, für Andere ausführen;

8. die bei Regiebauten beschäftigten Arbeiter und Betriebsbeamten, sofern diese Bauarbeiten ausgeführt werden;

a) vom Reich oder von einem Bundesstaate in anderen, als den Betrieben der Post-, Telegraphen-, Marine-, Heeres- oder Eisenbahnverwaltungen;

b) von Kommunal- oder anderen öffentlichen Verbänden, wie Deich-, Meliorations-, Wege- und ähnlichen Verbänden, wenn es sich nicht um für eigene Rechnung ausgeführte Eisenbahnbauten dieser Verbände handelt;

c) von Privatpersonen, mit der gleichen Beschränkung wie zu b.

Für alle diese bisher unberücksichtigt gebliebenen Bauarbeiter besteht das Bedürfniß der Unfallfürsorge ebenso, wie für diejenigen Bauarbeiter, welche der Unfallversicherung schon gegenwärtig unterliegen. Denn für die Unfallgefährlichkeit einer Bauarbeit ist der Umstand, ob dieselbe von Baugewerbetreibenden oder von Privatpersonen ꝛc. für eigene Rechnung ausgeführt wird, ohne Bedeutung, und die tägliche Erfahrung lehrt, daß die Arbeiter auch bei Wasser-, Kanal- und ähnlichen Bauten Betriebsunfällen in erheblichem, wenn auch vielleicht in etwas geringerem Maße als bei Hoch- oder Brunnenbauten, ausgesetzt sind.

Es muß daher darauf Bedacht genommen werden, die Lücken, welche die bisherigen Gesetze über die Unfallversicherung der Bauarbeiter gelassen haben, alsbald auszufüllen."

„Zur Ausdehnung der Unfallversicherung auf die von derselben noch nicht erfaßten Bauarbeiter erweist sich die Bestimmung des §. 1 Absatz 8 des Unfallversicherungsgesetzes, nach welcher durch Beschluß des Bundesraths Arbeiter und Betriebsbeamte in anderen auf die Ausführung von Bauarbeiten sich erstreckenden Betrieben für versicherungspflichtig erklärt werden können, nicht als ausreichend. Denn auf Grund dieser Bestimmung kann die Unfallversicherung nur nach den Vorschriften des Unfallversicherungsgesetzes erfolgen, letztere aber sind auf die hier in Rede stehenden Bauarbeiten

.... ohne einige Abänderungen nicht anwendbar. Zu dem angedeuteten Zweck bedarf es vielmehr eines besonderen Gesetzes, welches nunmehr auf die Unfallfürsorge aller bei Bauarbeiten beschäftigten, der Unfallversicherung noch nicht unterliegenden Bauarbeiter zu erstrecken sein wird." Mot. I, S. 16 bis 18.

Der aus diesen Erwägungen hervorgegangene Gesetzesentwurf lag dem Gesetz, betreffend die Unfallversicherung der bei Bauten beschäftigten Personen vom 11. Juli 1887 zu Grunde. Das Gesetz lehnte sich „an die bisherigen Gesetze über Unfallversicherung soweit als möglich an. Dies gilt zunächst von den Bestimmungen über die Ansprüche der unter den vorliegenden Entwurf fallenden Versicherten. Die Vorschriften über die Voraussetzungen und die Höhe der Entschädigungen, über die Feststellung derselben, die dagegen zulässigen Rechtsmittel an das Schiedsgericht beziehungsweise an das Reichs- oder Landes-Versicherungsamt, über die Auszahlung der Entschädigungen durch die Postanstalten, ferner die Bestimmungen über die Zusammensetzung der Schiedsgerichte, über das Unfallmeldewesen und die Unfalluntersuchungen entsprechen den gleichartigen Vorschriften des Unfallversicherungsgesetzes". Mot. I, S. 18. Einzelne Modifikationen ergaben sich natürlich aus der Natur der Sache. Völlig abweichend dagegen von den bisher befolgten Grundsätzen mußte die Organisation der Versicherung eingerichtet werden.

Eine berufsgenossenschaftliche Zusammenfassung konnte für die neu der Unfallversicherung unterworfenen

Betriebe nur insoweit durchgeführt werden, als es sich um gewerbsmäßige Ausführung von Bauarbeiten handelt.

Der für Tiefbauten neu gebildeten Berufsgenossenschaft können das Reich und die Bundesstaaten hinsichtlich der für ihre Rechnung ausgeführten Bauarbeiten beitreten, sofern sie nicht die Versicherung auf sich selbst nehmen; das gleiche Beitrittsrecht haben die Gemeinden und andere öffentlichen Verbände hinsichtlich ihrer Regiebauten, wogegen ihnen das Recht, die Versicherung auf eigene Rechnung zu übernehmen, nur zusteht, wenn ihre Leistungsfähigkeit durch die Landes-Zentralbehörde anerkannt ist.

Die Berufsgenossenschaft ist im Wesentlichen übereinstimmend mit den auf Grund des U.V.G. errichteten Genossenschaften organisirt. Eine grundsätzlich wichtige Abweichung liegt nur darin, daß die erforderlichen Mittel durch die Genossenschaftsmitglieder nicht im Wege des Umlageverfahrens, sondern vermittelst des Deckungsverfahrens aufgebracht werden.

Dagegen mußte für die Versicherung der nicht gewerbsmäßig ausgeführten Bauarbeiten aller Art eine eigene Organisation geschaffen werden, da den Berufsgenossenschaften so fluktuirende Elemente, wie sie die hier in Betracht kommenden Unternehmer darstellen, nicht als Mitglieder zugewiesen werden konnten. Die Versicherung derartiger Bauten erfolgt daher durch eigene Versicherungsanstalten, deren Träger die Berufsgenossenschaften für Baugewerbetreibende sind, und zwar hinsichtlich der bedeutenderen Bauarbeiten, d. h. derjenigen, zu deren Ausführung im einzelnen Falle mehr als 6 Arbeitstage verwendet worden sind, gegen feste Prämien auf Kosten der einzelnen Unternehmer, hinsichtlich der übrigen durch Beiträge, welche nach Maßgabe des thatsächlichen Bedarfs auf die im Bezirk der Berufsgenossenschaft belegenen Gemeinden, eventuell größeren Verbänden unter Berücksichtigung der Bevölkerungsziffer umgelegt werden. Der Prämientarif für die größeren Regiebauten wird vom Reichs-Versicherungsamt festgestellt, und zwar für je 3 Jahre; die Beitreibung der Prämien erfolgt durch Vermittelung der Gemeindebehörden. Für die Leistungen des Unternehmers haftet zeitlich begrenzt und subsidiär der Bauherr. Zu den Versicherungsanstalten gehören auch die Regiebauten derjenigen Gemeinden rc., welche weder die Versicherung selbst übernommen haben, noch den Berufsgenossenschaften beigetreten sind.

Nicht nur die Vorschriften über die Versicherungsanstalten, sondern auch gewisse andere Normen des Gesetzes, welche ihrer Natur nach auf alle Bauarbeiten passen, sind auf die im Geltungsbereiche des U.V.G. bereits erwähnten Berufsgenossenschaften für Baugewerbetreibende (Baugewerks-Berufsgenossenschaften) ausgedehnt worden.

Die hier kurz zusammengefaßten grundsätzlichen Bestimmungen des früheren Gesetzes sind durch das Bauunfallversicherungsgesetz vom 30. Juni 1900 in der

Fassung der Bekanntmachung vom 5. Juli 1900 und die damit zusammenhängenden Gesetze von demselben Tage nicht berührt worden. Es handelte sich überhaupt bei der Abänderung der Unfallversicherungsgesetze nicht um eine grundsätzliche Umgestaltung dieser Gesetze, sondern lediglich um Abänderungen und Erweiterungen des Wirkungskreises der Gesetze, welche auf Grund der inzwischen gesammelten praktischen Erfahrungen nothwendig erschienen.

Eine Aenderung trat zunächst in der äußeren Gestalt der Unfallversicherungsgesetze ein.

Es wurden, ebenso wie bei dem Krankenversicherungsgesetz, das Gesetz über die Ausdehnung der Unfall- und Krankenversicherung vom 28. Mai 1885 mit dem Gesetz vom 6. Juli 1884 zusammengearbeitet. Dagegen sind verschiedene organisatorische Vorschriften, insbesondere diejenigen über die Schiedsgerichte und über das Reichs-Versicherungsamt und über die Landes-Versicherungsämter in einem besonderen Gesetze, dem Gesetz, betreffend die Abänderung der Unfallversicherungsgesetze vom 30. Juni 1900 (vgl. Anhang I) zusammengefaßt, dessen Anlagen das Gewerbe-Unfallversicherungsgesetz, das Unfallversicherungsgesetz für Land- und Forstwirthschaft, das Bau-Unfallversicherungsgesetz und das See-Unfallversicherungsgesetz bilden. Demgemäß sind die §§. 35, 36 des früheren Bau-Unfallversicherungsgesetzes, welche von den Schiedsgerichten handelten, gestrichen. An ihre Stelle treten die §§. 3 ff. des Abänderungs-Gesetzes (Anhang I), durch welche eine Aenderung gegenüber der früheren Rechtslage insofern herbeigeführt wird, als an Stelle der bisherigen berufsgenossenschaftlichen Schiedsgerichte nunmehr örtliche Schiedsgerichte treten, welche zugleich Unfall- und Invaliditätssachen bearbeiten.

Erweiterungen hat der Kreis der versicherten Personen erfahren. Es sind nach dem Gewerbe-Unfallversicherungsgesetz unter anderen alle Gewerbebetriebe, welche sich überhaupt auf Bauten erstrecken, in ihrem ganzen Umfange der Unfallversicherung unterstellt. Ausdrücklich in das Bau-Unfallversicherungsgesetz mit aufgenommen ist auch die Bestimmung, daß jetzt die Versicherung sich auch auf häusliche und andere Dienste erstreckt, zu denen versicherte Personen neben der Beschäftigung im Betriebe von ihren Arbeitgebern oder deren Beauftragten herangezogen werden (§. 2 a. a. O.)

Wie in das Gewerbe-Unfallversicherungsgesetz (§. 4) ist ferner auch in das Bau-Unfallversicherungsgesetz (§. 8) eine Bestimmung aufgenommen, durch welche die versicherungsrechtlichen Verhältnisse von Betrieben geregelt werden können, welche sich auf das Inland und das Ausland erstrecken.

Für die statutarische Versicherung von Gewerbetreibenden und Betriebsbeamten und für die Selbstversicherung von Unternehmern bildet nicht mehr die Grenze ein Jahresarbeitsverdienst von 2000, sondern ein solcher von 3000 Mark und nicht die Beschäftigung eines, sondern die zweier Lohnarbeiter. Auch hat sich das Bedürfniß geltend gemacht, gewisse Personen zu versichern, welche unmittelbar mit dem Betriebe nichts zu thun haben, aber doch gezwungen sind, sich den Gefahren des Betriebes auszusetzen (§. 4).

Um Kommunalverbänden und öffentlichen Korporationen die selbstständige Durchführung der Unfallversicherung zu erleichtern, ist ferner den Landes-Zentralbehörden die Berechtigung ertheilt, dieselben zu einem Verbande zu vereinigen (§. 6).

Für Unfälle in fremden Betrieben ist der Berufsgenossenschaft die Entschädigungspflicht für den Fall auferlegt, daß sie sich bei Betriebshandlungen ereignen, zu welchen ein der Genossenschaft angehörender Unternehmer den Auftrag gegeben und für welche er Löhne gezahlt hat (§. 7).

Die weitere Ansammlung eines Reservefonds ist bei der Tiefbau-Berufsgenossenschaft im Hinblick auf die durch das Kapitaldeckungsverfahren gegebene Sicherheit, für entbehrlich erachtet worden (§. 15).

Die vierwöchigen Fristen zur Einlegung von Rechtsmitteln sind, wie auch in den andern Unfallversicherungsgesetzen, durchweg in solche von 1 Monat umgewandelt worden.

Streitigkeiten, welche zwischen den Versicherungsanstalten und den Bauherren oder Zwischenunternehmern über die Haftung emstehen, entscheidet jetzt mit Ausschluß des Rechtsweges das Reichs-Versicherungsamt (§. 29).

Endlich enthält das abgeänderte Gesetz neue Vorschriften über die Regreßpflicht von Unternehmern und ihren Beauftragten (§§. 46 bis 48).

Im Uebrigen wird auf die durch den Druck gekennzeichneten Stellen der einzelnen Paragraphen sowie die Anmerkungen zu demselben verwiesen.

Bau-Unfallversicherungsgesetz.

Vom 30. Juni 1900, in der Fassung der Bekanntmachung vom 5. Juli 1900.

(Reichs-Gesetzblatt Nr. 29, S. 698.)

NB. Die durch das neue Gesetz hervorgerufenen Aenderungen gegenüber dem alten Gesetz sind mit gesperrten Lettern gedruckt. Die in Klammern stehenden Zahlen bezeichnen die Paragraphen des früheren Gesetzes.

I. Allgemeine Bestimmungen.

Umfang der Versicherung.

§. 1. (1. Abs. 1—3.)

Arbeiter, welche bei der Ausführung von Bauarbeiten beschäftigt und nicht auf Grund des Gewerbe-Unfallversicherungsgesetzes oder des Unfallversicherungsgesetzes für Land- und Forstwirthschaft gegen Unfall versichert sind, werden gegen die Folgen der bei den Bauarbeiten sich ereignenden Unfälle nach Maßgabe der Bestimmungen dieses Gesetzes versichert.

Dasselbe gilt von den Betriebsbeamten und den ihnen im Sinne dieses Gesetzes gleichgestellten Werkmeistern und Technikern, sofern ihr **Jahresarbeitsverdienst** an Lohn oder Gehalt **dreitausend Mark** nicht übersteigt.

Auf die im §. 1 des Gesetzes, betreffend die Fürsorge für Beamte und Personen des Soldatenstandes in Folge von Betriebsunfällen, vom 15. März 1886 (Reichs-Gesetzbl. S. 53) bezeichneten Personen, auf Beamte, welche in Betriebsverwaltungen eines Bundesstaats oder eines Kommunalverbandes mit festem Gehalt und Pensionsberechtigung angestellt sind, sowie auf andere Beamte eines Bundesstaats oder eines Kommunalverbandes, für welche die im §. 12 a. a. O. vorgesehene Fürsorge in Kraft getreten ist, findet dieses Gesetz keine Anwendung. Die Ausführung von Bauarbeiten gilt als Betrieb im Sinne des Gesetzes vom 15. März 1886.

1. Die Aenderungen im ersten Absatz sind rein redaktioneller Natur und bezwecken lediglich eine Vereinfachung des Gesetzestextes entsprechend den Aenderungen des G.-U.V.G.

2. Die im zweiten Absatz enthaltene Ausdehnung der Versicherungspflicht auf die im Sinne der Unfallversicherungsgesetze den Betriebsbeamten gleichgestellten Werkmeister und Techniker entspricht dem §. 2 Abs. 1 des G.U.V.G. und §. 2b K.V.G. — Die Grenze für die Versicherungspflicht der Betriebsbeamten wurde von der Kommission deshalb von 2000 auf 3000 M. Jahresarbeitsverdienst erhöht, weil es unbillig sei, diese Personen, die oft ihr Leben in die Schanze schlagen und durch pflichttreue Selbstopferung vielleicht Hunderte gerettet haben, unter Umständen leer ausgehen zu lassen.

3. In Abs. 1 und 2 ist das Prinzip festgestellt, daß „fortan alle bei der Ausführung von Bauarbeiten be-

schäftigten Arbeiter und kleineren Betriebsbeamten gegen die Folgen der bei der Bauausführung sich ereignenden Unfälle versichert sein sollen" (Mot. I, S. 21), mag es sich um einen gewerbsmäßigen Betrieb handeln oder nicht und mag der Umfang der Arbeiten auch noch so geringfügig sein.

Der Begriff des „Arbeiters" im Sinne des B.U.V.G. deckt sich mit demjenigen des G.U.V.G. und des L.U.V.G. Eine Definition ist in keinem dieser Gesetze gegeben. Aus der Rechtsprechung des R.V.A. ist zur Begriffsbestimmung des Arbeiters folgendes zu bemerken: Das Alter ist für die Zugehörigkeit zum Arbeiterstande unerheblich. Auch schulpflichtige Kinder können versicherte Arbeiter sein. Wesentlich ist nur, daß sie im Einverständniß mit dem Unternehmer im Interesse des Betriebes thätig sind (R.E. 772, 1005, 1257 A.N. 1889 S. 398, 1891 S. 232, 1893 S. 215). Auf das Geschlecht kommt es ebenfalls nicht an. Auch Verwandte können versicherungspflichtige Arbeiter sein, wenn nur ein wirkliches Arbeitsverhältniß vorliegt. Unter Ehegatten ist ein versicherungspflichtiges Arbeitsverhältniß ausgeschlossen (Besch. 341, R.E. 592 A.N. 1887 S. 142, 1888 S. 313). Auch Ausländer sind versichert, wenn sie in einem inländischen Betriebe thätig sind. Strafgefangene sind keine Arbeiter im Sinne des Gesetzes.

Maurer beim Ausfugen (kunstgerechtem Auskratzen und sauberem Ausstreichen des Fugenmörtels an Backsteinbauten) als selbständiger Baugewerbetreibender, nicht Arbeiter A.N. 1898 S. 554 Z. 1731.

Mitglieder einer Arbeiterkolonie sind versichert, solange sie in einem versicherungspflichtigen Betriebe thätig sind. Soldaten, die außerhalb ihres militärischen Dienstverhältnisses bei Bauten thätig sind, unterliegen der Versicherungspflicht (R.E. 1012 A.N. 1891 S. 287). Der Unternehmer wird nicht zum Arbeiter dadurch, daß er im eigenen Betriebe mitarbeitet. Unternehmer sind auch die **Mitglieder** einer sogenannten **Arbeiterkolonne**. Im **fremden Betriebe kann der Unternehmer** Arbeiter sein, ebenso wie ein **Genossenschaftsmitglied** gegenüber der Genossenschaft. **Merkmale zur Unterscheidung** von **selbständigen Baugewerbetreibenden und Bauarbeitern** hat das R.V.A. in dem Rundschreiben vom 29. Juni 1895 gegeben. (Vgl. Anhang VII.) Gemeindemitglieder, die bei Wegebauten der Gemeinde Hand- und Spanndienste leisten, sind versicherungspflichtige Arbeiter der Gemeinde (Besch. 511, 527 A.N. 1888 S. 208, 232). Ueber die Gemeinde als Unternehmerin vgl. § 5. Ob nachbarliche Hülfeleistungen als versicherungspflichtige Arbeiten anzusehen, ist von Fall zu Fall zu entscheiden. Dafür R.E. 1106, dagegen 1105 A.N. 1892 S. 287.

Herstellung von Entwässerungsanlagen auf einem städtischen Rieselgute mit besonders angenommenen Arbeitern als Bauarbeiter A.N. 1899 S. 583 Z. 1768.

4. Bei der Ausführung der Bauarbeit ist es gleichgültig, ob Handbetrieb oder Motorbetrieb vorliegt.

5. Der Begriff der „Bauarbeiten" bedarf der ausdehnendsten Auslegung.

Es fallen darunter auch die Eisenbahn-, Kanal-, Strom-, Deich-, Festungs-, Wege- und ähnlichen Bauarbeiten, und zwar ohne Rücksicht darauf, für wessen Rechnung die Bauausführung erfolgt, und ohne Unterschied, ob es sich um einen Neubau oder um die Unterhaltung und Wiederherstellung bestehender Bauwerke handelt. Mot. I.

Im Uebrigen vergl. hierzu Anhang III Anleitung des R.V.A. vom 14. Juli 1887 Ziffer 1 bis 3. Aus der Rechtsprechung des R.V.A. ist zu bemerken, daß zu den Bauarbeiten gehören: Abbrucharbeiten (Besch. 128, R.E. 1289 A.N. 1886 S. 16, 1893 S. 442); Pflaster- und Asphaltirarbeiten (Besch. 624 A.N. 1888 S. 343); Festungsbauarbeiten (Besch. 619 A.N. 1888 S. 337); Anlage von Gas- und Wasserleitungen (Besch. 197 A.N. 1886 S. 205); Glaser-, Klempner-, Maler-, Stuckateurarbeiten für Bauten auch in der Werkstatt. (R.E. 837, 918, 1023 A.N. 1890 S. 455, 599, 1891 S. 243); Steinbildhauerei (Besch. 400 A.N 1887 S. 212); Arbeiten an Fensterläden (R.E. 1301 A.N. 1893 S. 447). — Wegen Regiebauarbeiten vgl. § 4. — Scheuerfrauen, welche bei der Reinigung von Neubauten beschäftigt werden, sind regelmäßig während ihrer Thätigkeit bei der zuständigen Baugewerks-B.G. versichert (R.E. 1542 A.N. 1896 S. 422).

6. Der Begriff des „Unfalls" ist ebenfalls derselbe, wie nach dem G.U.V.G. (vgl. Handbuch Anm. 33ff. zu § 1 U.V.G.).

7. Wegen der Betriebsbeamten und ihres Jahresarbeitsverdienstes vgl. § 4.

8. Der erste Satz des Abs. 3 entspricht dem § 6 L.U.V.G. Die weitere Bestimmung, daß die Ausführung von Bauarbeiten als Betrieb im Sinne des Ges. vom 15. März 1886 gelten soll, „war mit Rücksicht auf die Wortfassung des §. 1 des letzteren erforderlich, um alle Zweifel darüber zu beseitigen, daß die bei Bauausführungen des Reichs beschäftigten Beamten in einem „der Unfallversicherung unterliegenden Betriebe" beschäftigt sind. Diese Personen haben daher von demselben Tage ab, mit welchem die Unfallversicherung für die unter den vorliegenden Entwurf fallenden Betriebe in Kraft tritt, nach den Bestimmungen des Gesetzes vom 15. März 1886 Anspruch auf Unfallfürsorge. Dasselbe gilt nach Maßgabe der landesgesetzlichen bezw. statutarischen Bestimmungen für die bei der Ausführung von Bauarbeiten beschäftigten Beamten von Bundesstaaten und Kommunalverbänden, für deren Beamte nach Landesgesetzgebung bezw. statutarischer Bestimmung eine gleichartige Fürsorge getroffen ist". Mot. I, S. 21, 22. Vgl. Preuß. Gesetz vom 18. Juni 1887.

9. Die in dem ehemaligen Absatz 4 enthaltene Bestimmung darüber, welche Regiebauarbeiten dem Betriebe der Land- und Forstwirthschaft zuzurechnen sind, ist hier gestrichen und in §. 1 des L.U.V.G. aufgenommen.

10. Der Absatz 4 führte diejenigen Bauarbeiten auf, welche keinesfalls unter das vorliegende Gesetz, sondern unter das L.U.V.G. fallen. Bedingung ist, daß die Arbeiten von dem landwirthschaftlichen Unternehmer in eigener Regie ausgeführt werden. Welche Betriebszweige hiernach als land- und forstwirthschaftliche Betriebe anzusehen sind, entscheidet nach §. 1 Abs. 8 L.U.V.G. im Zweifelsfalle das R.V.A. „Laufende Reparaturen" sind kleinere Arbeiten, die zur Erhaltung der Gebäude in Dach und Fach erforderlich sind. Ob umfangreichere Regiebauten und Neubauten noch zu den laufenden Reparaturen zu rechnen sind, hängt davon ab, welchen Umfang die Arbeiten im Verhältniß zum landwirthschaftlichen Betriebe haben.

Dient das Gebäude auch zu anderen, als zu landwirthschaftlichen Zwecken, und die Reparatur erstreckt sich auf einen nicht zur Landwirthschaft gebrauchten Raum, so fällt die Arbeit nicht unter Abs. 4 (R.E. 1296 A.N. 1893 S. 445). Bodenkulturarbeiten eines Wiesenverbandes, der selbst Grundeigenthum nicht besitzt, sind als Theil des landw. Betriebes der Wiesenbesitzer anzusehen (Besch. 713 A.N. 1889 S. 821). Verpflichtet sich ein Gutsherr, die in seinem Gutsbezirk gelegenen Wege zu unterhalten, so gehören die Arbeiten zu seiner Landwirthschaft (Besch. 679, R.E. 1514 A.N. 1889 S. 164, 1896 S. 287). Deicharbeiten, die für größere Bezirke von Nutzen sind, können als landw. Arbeiten nicht mehr angesehen werden. Dagegen können Steinbrüche und Gräbereien, die ausschließlich den Zwecken des Abs. 4 dienen, noch als landw. Betriebe gelten (Besch. 716 A.N. 1889 S. 822). Das Entfernen von Steinen aus dem Acker ist landw. Arbeit, wenn es lediglich dazu dient, den Acker zu verbessern (R.E. 947 A.R. 1891 S. 195). Anders dagegen, wenn die Steine zu nicht landw. Bauten verwendet werden sollen (R.E. 953 a. a. O. S. 198).

Gelegentliche Hülfeleistungen des landwirthschaftlichen Betriebspersonals bei Bauten, welche ein Landwirth durch einen selbständigen Baugewerbetreibenden für seinen Betrieb ausführen läßt, gehören zum landwirthschaftlichen Betriebe (A.R. 1900 S. 533 Z. 1799).

§. 2.

Die Versicherung erstreckt sich auf häusliche und andere Dienste, zu denen versicherte Personen neben der Beschäftigung im Betriebe von ihren Arbeitgebern oder von deren Beauftragten herangezogen werden.

1. Nach den Beobachtungen des R.V.A. hatte es vielfach zu Unzuträglichkeiten geführt, daß gewerbliche Arbeiter, die zu privaten Dienstleistungen herangezogen wurden und dabei verunglückten, der Wohlthaten der Unfallversicherung nicht theilhaftig wurden. Es ist deshalb aus Zweckmäßigkeitsgründen die vorliegende Bestimmung, ebenso wie in das G.U.V.G. (§. 8) so auch in das B.U.V.G. aufgenommen worden.

2. Zu den „versicherten Personen“ gehören nicht die selbstversicherten Unternehmer.

§. 3.

Der Reichskanzler wird ermächtigt, unter Zustimmung des Bundesraths mit den Regierungen solcher Staaten, die für Arbeiter und Betriebsbeamte eine der deutschen

Unfallversicherung entsprechende Fürsorge durchgeführt haben, im Falle der Gegenseitigkeit Abkommen zu schließen, durch welche die Anwendung dieses Gesetzes

1. auf Betriebe im Inlande, welche Bestandtheile eines ausländischen Betriebs darstellen, ausgeschlossen,
2. auf Betriebe im Auslande, welche Bestandtheile eines versicherungspflichtigen inländischen Betriebs darstellen, erstreckt wird.

Durch diese, auch in das G.U.V.G. (§. 4) aufgenommene Bestimmung soll vermieden werden, daß bei Betrieben, welche sich auf das Gebiet eines anderen Staates erstrecken, für die verschiedenen Bestandtheile verschiedene gesetzliche Bestimmungen Platz greifen, und daß, wenn in den in Betracht kommenden Staaten die Frage der Selbständigkeit oder Abhängigkeit des abgezweigten Betriebstheils verschieden beurtheilt wird, eine doppelte Belastung eintritt. (Mot. II, S. 48.)

§. 4. (2)

Durch Statut kann die Versicherungspflicht auf Gewerbetreibende, deren Jahresarbeitsverdienst dreitausend Mark nicht übersteigt oder welche nicht regelmäßig mehr als zwei Lohnarbeiter beschäftigen, sowie auf Betriebsbeamte mit einem dreitausend Mark übersteigenden Jahresarbeitsverdienst erstreckt werden.

Bei der Versicherung von Betriebsbeamten ist der volle Jahresarbeitsverdienst zu Grunde zu legen.

Unternehmer von Bauarbeiten, deren Jahresarbeitsverdienst dreitausend Mark nicht übersteigt oder welche nicht regelmäßig mehr als zwei Lohnarbeiter beschäftigen, sind berechtigt, gegen die Folgen von Betriebsunfällen sich selbst zu versichern. Durch Statut kann diese Berechtigung auf Unternehmer mit einem höheren Jahresarbeitsverdienst erstreckt werden.

Durch Statut kann ferner bestimmt werden, daß und unter welchen Bedingungen gegen die Folgen der bei dem Betrieb oder Dienste sich ereignenden Unfälle versichert werden können

a) im Betriebe beschäftigte, aber nach §. 1 nicht versicherte Personen durch den Betriebsunternehmer;

b) nicht im Betriebe beschäftigte, aber die Betriebsstätte besuchende oder auf derselben verkehrende Personen durch den Betriebsunternehmer oder den Vorstand der Berufsgenossenschaft;

c) Organe und Beamte der Berufsgenossenschaft durch deren Vorstand.

1. Die vorgenommenen Aenderungen sollen nach den Motiven zur Uebertragung der in §. 5. G.U.V.G. enthaltenen Aenderungen auf das vorliegende Gesetz dienen. Die statutarische Versicherung und die Selbstversicherung kleiner Betriebsunternehmer, soweit sie in das G.U.V.G. neu eingeführt ist, war in dem B.U.V.G. bereits früher enthalten. Nur ist auch hier als Grenze stets ein Jahres-

arbeitsverdienst von 3000 M. genommen (vgl. §. 1 Abs. 2 und Anm. 2). Ferner dürfen jetzt nicht nur die erwähnten kleinen Unternehmer, welche wenigstens einen Lohnarbeiter, sondern auch diejenigen, welche nicht regelmäßig zwei Lohnarbeiter beschäftigen (vgl. Invalidenversicherungsgesetz §. 14 Abs. 1 Ziff. 2), sich gegen die Folgen von Betriebsunfällen versichern, und zwar auch ohne statutarische Bestimmung. Endlich hat sich nach den Motiven zum G.U.V.G. (Mot. II, Seite 45) das Bedürfniß geltend gemacht, unter Umständen auch solche Personen zu versichern, welche dem Betriebe nicht angehören. Es ist dabei die Erwägung maßgebend gewesen, daß häufig Personen, die theils nur anderweit, theils überhaupt nicht gegen Unfall versichert sind, den Gefahren des Betriebes, oft sogar in regelmäßiger Wiederkehr, ausgesetzt sind. Die Möglichkeit des Schutzes solcher Personen ist durch den letzten Absatz dieses Paragraphen gegeben. Da aber das Bedürfniß nach der Versicherung solcher Personen nicht in allen Betriebszweigen gleichmäßig hervorgetreten ist und von den betreffenden Personen selbst vielfach kaum empfunden wird, so ist keine allgemeine Versicherung vorgeschrieben. Es ist vielmehr statutarische Bestimmung vorgeschrieben.

2. Von der im früheren Gesetz enthaltenen Berechtigung, durch das Statut das Recht zur Selbstversicherung auf Unternehmer mit einem 2000 Mark übersteigenden Jahresarbeitsverdienst zu erstrecken, haben sämmtliche Baugewerks-B.G.en Gebrauch gemacht. Als Höchstbetrag ist festgesetzt bei der Nordöstlichen, Sächsischen, Thüringischen, Hessen-Nassauischen, Rheinisch-Westfälischen, Bayerischen und Württembergischen B.B.G. 3000 M., bei der Hamburgischen und Südwestlichen 4000 M., bei der Magdeburgischen 5000 M., bei der Tiefbau-B.G. 6000 M., bei der Hannoverschen B.B.G. 6600 M. und bei der Schlesisch-Posenschen B.B.G. 9000 M. (Vgl. die Nachweisung Anhang VI.)

3. Unternehmer von Bauarbeiten im Sinne des

§. 4 sind beide der in §. 5 bezeichneten Arten von Bauunternehmern. (Vgl. auch §. 18 Abs. 3.)

4. Die Bestimmung, betr. die statutarische Zwangsversicherung der Betriebsbeamten entspricht dem §. 5 G.U.V.G. Alle Baugewerks-B.G.en haben davon Gebrauch gemacht. Der Höchstbetrag ist bei der Tiefbau-B.G. 6000 M., bei der Württembergischen und Südwestlichen Baugewerks-B.G. 4000 M. und bei den übrigen B.G.en 3000 M. (Vgl. Anhang VI.) Die Betriebsbeamten, deren Gehalt höher ist, können nach Abs. 1 freiwillig versichert werden (Besch. 720 A.N. 1889 S. 323).

5. Ueber den Begriff des „Gewerbetreibenden" vgl. Anm. 5 zu §. 1. Größere Bauunternehmer und Architekten fallen nicht unter §. 2 (Besch. 926 A.N. 1896 S. 602). Wohl dagegen Gewerbetreibende, die keinen Arbeiter beschäftigen, sondern allein arbeiten (Besch. 503 A.N. 1888 S. 197).

6. Soweit die Versicherungspflicht durch Statut begründet wird, kann sie durch die Baugewerks-B.G.en nicht festgesetzt werden für Gewerbetreibende, die andern B.G.en angehören, insbesondere also nicht auf Gewerbetreibende, die Schreiner-, Tischler-, Einsetzer-, Schlosser- und Anschlägerarbeiten bei Bauten übernehmen (Besch. 536 A.N. 1888 S. 248).

7. Ist die Selbstversicherung durch Statut eingeführt, so tritt sie auch ohne Anmeldung kraft Gesetzes ein, wie die Zwangsversicherung (R.E. 1021 A.N. 1891 S. 242).

8. Betriebsbeamte dürfen nicht nur mit einem Theil ihres Jahreseinkommens versichert werden. Bei der Berechnung der Rente kommt jedoch der 4 Mark für den Arbeitstag übersteigende Lohn oder Gehalt nach §. 9 nur mit einem Drittel zur Anrechnung.

9. Der letzte Absatz stimmt wörtlich mit dem letzten Absatz des §. 5 G.U.V.G. überein.

10. Das förmliche Fortbestehen der Zwangsversicherung

baugewerblicher Kleinmeister kann auch stillschweigend durch das Verhalten der Betheiligten ausgeschlossen werden. (A.N. 1899 S. 643 Z. 1783).

Unternehmer.

§. 5. (8.)

Als Unternehmer im Sinne dieses Gesetzes gilt

1. bei Bauarbeiten, welche in einem gewerbsmäßigen Baubetriebe ausgeführt werden, der Baugewerbetreibende, für dessen Rechnung dieser Betrieb erfolgt;
2. bei anderen Bauarbeiten derjenige, für dessen Rechnung sie ausgeführt werden.

1. Die Bestimmungen des §. 5 haben nach den Motiven insbesondere den Zweck, ausdrücklich hervorzuheben, daß auch der Bauherr, welcher für eigene Rechnung Bauten ausführt, als Betriebsunternehmer im Sinne dieses Gesetzes anzusehen sei.

2. Gewerbsmäßig ist die Ausführung von Bauarbeiten, wenn aus dieser Ausführung ein Gewerbe gemacht wird, der Betrieb also zu Zwecken des Erwerbes für einige Dauer erfolgt. (Vgl. Anhang III, Anleitung Ziffer 4.) Die Frage, ob ein gewerbsmäßiger Baubetrieb vorliegt, oder nicht, ist von Fall zu Fall zu beantworten. Landwirthschaftliche Arbeiter und Unternehmer kleiner landw. Betriebe, die vereinzelt auf dem Lande Reparaturen an Gebäuden insbesondere an Dächern vornehmen, sind nicht für gewerbsmäßige Bauunternehmer zu halten (Besch. 701 A.N. 1889 S. 194; R.E. 866 A.N. 1890 S. 497; Besch. 876 A.N. 1890 S. 500; R.E. 943, 1007 A.N. 1891 S. 185, 233; A.N. 1899 S. 470 Z. 1759).

3. Unternehmer, für dessen Rechnung Bauarbeiten ausgeführt werden, ist derjenige, dem das ökonomische

Ergebniß des Betriebes Vortheil oder Nachtheil bringt, der das Risiko des Betriebes trägt. Auf das Eigenthum an der Anlage kommt es nicht an. Auch der Pächter oder Nießbraucher kann der Unternehmer sein.

4. Die Frage, inwieweit Bauarbeiten unter Ziffer 1 oder Ziffer 2 fallen, ist von dem R.V.A. in zahlreichen Entscheidungen behandelt. Sie ist besonders schwer zu beantworten, wenn der Gebäudebesitzer oder Bauherr und der Baugewerbtreibende gemeinschaftlich wirken. Stellt in solchen Fällen der Bauherr nur Arbeiter, so treten diese lediglich in den gewerblichen Baubetrieb über (R.E. 877 A.N. 1887 S. 201; 608 A.N. 1888 S. 326; 958 A.N. 1891 S. 200). Behält sich dagegen der Bauherr einen Theil der Bauausführung selbst vor, so hat er bezüglich dieses Theiles die Rechte und Pflichten des Regiebauunternehmers gemäß Ziffer 2 (R.E. 864 bis 866 A.N. 1890 S. 496 ff.; R.E. 1027 A.N. 1891 S. 244).

5. Bei Gemeindewegebauten, die von Gemeindemitgliedern ausgeführt werden, ist im Allgemeinen die Gemeinde als Unternehmerin anzusehen. (Vgl. Besch. 511, 527 A.N. 1888 S. 208, 232.)

6. Ueber die Bedeutung der von den Baugewerks-B.G.en ertheilten Ablehnungs- und Löschungsbescheide für die Bauherrn vgl. A.N. 1899 S. 470 Z. 1759.

Träger der Versicherung.

§. 6. (4.)

Die Versicherung erfolgt:

1. bei der gewerbsmäßigen Ausführung von Eisenbahn-, Kanal-, Wege-, Strom-, Deich- und anderen Bauarbeiten, welche nicht unter die Bestimmungen des Gewerbe-Unfallversicherungsgesetzes oder unter die nach §. 1

Abs. 1 Ziffer 2 a. a. O. vom Bundesrath erlassenen Anordnungen fallen, unbeschadet der Bestimmungen in den Ziffern 2 und 3, auf Gegenseitigkeit durch die Unternehmer. Die Letzteren werden zu diesem Zwecke in eine Berufsgenossenschaft vereinigt (§§. 12 bis 17);

2. bei Bauarbeiten, welche von dem Reiche oder von einem Bundesstaat als Unternehmer (§. 5) ausgeführt werden und nicht zu den Bauten der im §. 128 Abs. 1 des Gewerbe-Unfallversicherungsgesetzes aufgeführten Reichs- und Staatsverwaltungen gehören, vorbehaltlich der Bestimmung des §. 8 Abs. 1 auf Kosten des Reichs oder des Staates durch das Reich beziehungsweise den Staat, für dessen Rechnung die Bauarbeit erfolgt, durch Ausführungsbehörden (§§. 12, 13);

3. bei Bauarbeiten, welche in anderen als Eisenbahnbetrieben von einem Kommunalverband oder einer anderen öffentlichen Korporation als Unternehmer (§. 5) ausgeführt werden, vorbehaltlich der Bestimmung des §. 8 Abs. 2 auf Kosten dieses Kommunalverbandes oder dieser Korporation, sofern die Landes-Zentralbehörde auf deren Antrag erklärt, daß der Verband oder die Korporation zur Uebernahme der durch die Versicherung entstehenden Lasten für leistungsfähig zu erachten

ist, durch Ausführungsbehörden (§§. 42, 43).

Die Landes-Zentralbehörden sind berechtigt, mehrere Kommunalverbände oder andere öffentliche Korporationen zum Zwecke der gemeinsamen Durchführung der Unfallversicherung bei den von ihnen als Unternehmern ausgeführten Bauarbeiten zu einem Verbande zu vereinigen.

Das Ausscheiden solcher Korporationen aus Berufsgenossenschaften darf nur am Schlusse des Rechnungsjahrs erfolgen;

4. bei Bauarbeiten, deren Ausführung entweder von anderen als den in Ziffer 2 und 3 bezeichneten Verbänden und Korporationen oder deren Ausführung nicht gewerbsmäßig erfolgt, auf Kosten der Unternehmer (§. 5) beziehungsweise Gemeindeverbände durch die Berufsgenossenschaften der Baugewerbetreibenden (§§. 1, 6 Ziffer 1, §§. 12 ff. dieses Gesetzes, §§. 1, 28 ff. des Gewerbe-Unfallversicherungsgesetzes) nach näherer Bestimmung der §§. 18 ff. (Unfallversicherungsanstalten).

Bezüglich der Bauten, welche von Eisenbahnverwaltungen für eigene Rechnung ausgeführt werden, sowie bezüglich solcher Bauarbeiten, welche als Nebenbetriebe oder Theile

eines andern Betriebs anderweit versicherungspflichtig sind, behält es bei den sonstigen Bestimmungen sein Bewenden.

1. Nach den Motiven zu diesem Paragraph sind die Berichtigungen der Allegate unter Ziffer 1, 2 und 4 lediglich Nachwirkungen anderweiter Aenderungen, während durch Fassungsänderungen die verschiedenen Formen für die Durchführung der Versicherung deutlicher hervorgehoben sind (Mot. II S. 134).

2. In §. 6 ist festgesetzt, an welcher Stelle die Versicherung der einzelnen Unternehmerkategorien erfolgt. a. Die Baugewerbetreibenden für Erd- und Wasserbauten, welche unter das Gesetz fallen, werden zu einer Berufsgenossenschaft vereinigt und bei dieser versichert. Die sonstigen Baugewerbetreibenden bleiben bei den auf Grund des U.V.G. errichteten Bau-B.G.en versichert. — b. Das Reich und die Bundesstaaten müssen die Versicherung bei Betrieben der Eisenbahn-, Post-, Telegraphen-, Marine- und Heeresverwaltungen selbst übernehmen. Mit ihren übrigen Bauarbeiten können sie einer B.G. beitreten (§. 8), sie können aber auch die Versicherung selbst übernehmen. — c. Kommunalverbände können mit ihren sämmtlichen Bauarbeiten, außer solchen in Eisenbahnbetrieben einer B.G. beitreten. Sie können sich aber auch für leistungsfähig erklären lassen und die Versicherung selbst übernehmen. Eisenbahnbetriebe der Kommunalverbände sind bei andern als den Bau-B.G.en (Privatbahn-, Straßenbahn-B.G.) versichert. — d. Für Regiebauunternehmer, soweit es Kommunalverbände, andere öffentliche oder nicht-öffentliche Korporationen oder Privatpersonen sind, erfolgt die Versicherung bei der Unfallversicherungsanstalt (§§. 18 ff.). Das Reich und die Bundesstaaten fallen niemals unter diese letzteren Unternehmerkategorien. — e. Der Abs. 1 Ziffer 4 will unnöthige Neuerungen

in den schon bestehenden berufsgenossenschaftlichen Organisationen vermeiden.

3. Zu Ziffer 1. Gewerbsmäßig vgl. Anhang III. — Die hiernach gebildete B.G. hat den Namen Tiefbau-B.G. erhalten. Sie hat ihren Sitz in Berlin. Zu ihr gehören alle Arbeiten, die an der Erdoberfläche vorgenommen werden, oder in die Tiefe gehen. (Vgl. R.E. 939 A.N. 1891 S. 178.) Unter den „andern" Bauarbeiten sind Festungs-, Meliorations-, Bewässerungs-, Entwässerungs-, Drainirungs-, Bodenkultur-, Siel-, Uferschutz-Bauten u. dergl. zu verstehen. Strom- und Kanal-Bauten, die wegen der dazu nöthigen Maurerarbeiten schon früher bei den Baugewerks-B.G.en versichert waren, bleiben bei diesen. Alle andern derartigen Arbeiten gehören zur Tiefbau-B.G. Durch Bundesrathsbeschluß sind den Baugewerks-B.G.en ausdrücklich die Brunnen-, Plasterer-, Asphaltirerarbeiten u. s. w. (vergl. Anhang III Ziffer 2) überwiesen. — Reinigen von Straßen ist im Allgemeinen nicht versicherungspflichtig, Besch. 609 A.N. 1888 S. 328; unter Umständen versicherungspflichtig, Besch. 680 A.N. 1889 S. 164.

Wegen Pflege und Obstnutzung von Bäumen an Straßen vgl. Besch. 657 A.N. 1889 S. 139. Wegewärter sind event. versicherungspflichtig (Besch. 676 A.N. 1889 S. 163). Bezüglich des Walzens einer Landstraße vgl. R.E. 1291 A.N. 1893 S. 448. Bezüglich des Heranschaffens und Zerkleinerns von Steinen vgl. Besch. 677, 678 A.N. 1889 S. 163 ff. Festungsarbeiten gehören zur Baugewerks-B.G., wenn der Hauptbetrieb ein Hochbaubetrieb ist (R.E. 1304 A.N. 1893 S. 449).

4. Zu Ziffer 3. Kommunalverbände sind Provinz, Kreis u. s. w. — Ob eine Korporation eine öffentliche ist, richtet sich nach Landesrecht. Es gehören hierzu besonders Deich- oder Meliorationsverbände und Stiftungen. Die Leistungsfähigkeit richtet sich nicht

nur nach der Vermögenslage, sondern auch nach dem Umfang der Arbeiten, der Anzahl der Arbeiter, und der Brauchbarkeit des Verwaltungsapparats. Der Kommunalverband übernimmt, wenn andere Vereinbarungen nicht getroffen sind, die Versicherung von dem auf die Leistungsfähigkeitserklärung folgenden Tage ab (Besch. 628 A.N. 1888 S. 344). Ein in Folge der Leistungsfähigkeit aus der Versicherungsanstalt einer Baugewerks-B.G. ausscheidender Kommunalverband ist nicht verpflichtet, Renten aus Unfällen in seinem Baubetriebe zu übernehmen, für welche die Versicherungsanstalt aus der Zeit vor erfolgter Leistungsfähigkeitserklärung einzutreten hatte (Besch. 686 A.N. 1889 S. 166; 962 A.N. 1891 S. 208). Die Leistungsfähigkeitserklärung kann zurückgenommen werden. Korporationen können bei der Baugewerks-B.G. versichert bleiben, auch wenn sie für leistungsfähig erklärt sind (Besch. 1340 A.N. 1894 S. 272).

5. Der Zusatz zu Ziffer 3 kommt nach den Motiven einem bei der Durchführung der Bau-Unfallversicherung in Kommunalverbänden und anderen öffentlichen Korporationen hervorgetretenen Bedürfnisse entgegen. Er soll einerseits leistungsfähigen Kommunalverbänden die oft lästige Nothwendigkeit, eine eigene Ausführungsbehörde errichten zu müssen, ersparen, andererseits nicht unbedingt leistungsfähigen Korporationen die selbstständige Durchführung der Unfallversicherung ermöglichen (Mot. II S. 184).

6. Nach einer Entscheidung des R.V.A (A.N. 1898 S. 169 Z. 1692) geht die Entschädigungspflicht für einen Unfall, der sich in einem an sich nicht versicherungspflichtigen, aber im Kataster der Tiefbau-B.G. eingetragenen Betriebe eines Kommunalverbandes ereignet hat, auf den nach dem Unfall für leistungsfähig erklärten Kommunalverband auch dann nicht über, wenn die 18. Woche nach dem Unfall erst nach dem für die Eigenversicherung bestimmten Anfangstermin abläuft.

7. Zu Ziffer 4 Abs. 1. Unter Regie-Bauarbeiten sind solche Arbeiten zu verstehen, die der Bauherr für eigene Rechnung mit selbst angenommenen Arbeitern ausführen läßt. Ob es sich um Neubauten oder um Reparaturen handelt, ist unerheblich. Die Thätigkeit eines selbstversicherungspflichtigen Baugewerbetreibenden, der sich zu seinen Bauarbeiten Steine aus seinem eigenen Steinbruch holte, ist als zur Versicherungsanstalt gehörig angesehen, weil der Baubetrieb die Hauptsache war (R.E. 1021 A.N. 1898 S 242). In den Versicherungsanstalten der Baugewerks-B.G.en sind auch die Personen versichert, welche im Nebenbetriebe mit Schreiner- (Tischler-), Einsetzer-, Schlosser- oder Anschlägerarbeiten bei Bauten beschäftigt werden. (Rundschreiben des R.V.A. vom 12. November 1887, A.N. 1887 S. 362.)

Abs. 2. Für eigne Rechnung bedeutet so viel als in eigner Regie. Der Eisenbahnbetrieb als solcher muß schon bestehen, wenn Ziffer 4 Abs. 2 zur Anwendung gelangen soll. Handelt es sich erst um Vorarbeiten zur Begründung des Eisenbahnbetriebes, so kommt §. 6 Ziffer 1 oder Ziffer 4 Abs. 1 B.U.V.G. in Betracht (Besch. 719 A.N. 1889 S. 323). Bei der anderweiten Versicherung handelt es sich um Regiebauarbeiten, die Bestandtheile von landwirthschaftlichen oder durch das U.V.G. versicherten gewerblichen Betrieben bilden. Die Frage, ob eine Bauarbeit zum landwirthschaftlichen, oder Fabrik-Betriebe des Unternehmers gehört, oder einen selbständigen Baubetrieb darstellt, ist nach der Rechtsprechung des R.V.A. von Fall zu Fall zu beantworten. Laufende Reparaturen sind im Allgemeinen keine selbständigen Regiebauten (vgl. Anhang V Ziffer 4 Buchstabe d). Als laufende Reparaturen wurden angesehen die Herstellung eines neuen Wasserrades für eine Wassermühle durch die Arbeiter des Müllers; Ausbesserung von Dammbrüchen an dem Graben einer Mühle durch 2 Mühlenarbeiter und 4 Tagelöhner; Erneuerung und Einsetzen eines

Windmühlenflügels (R.E.en 831, 832, 834 A.N. 1890 S. 451 ff.); Ausbesserung der Röhrenleitung einer Brennerei (R.E. 1127 A.N. 1892 S. 300). Dagegen wurde die Ausbesserung eines durch Hochwasser zerstörten Mühlendammes durch 80 eigens dazu angenommene Tagelöhner nicht mehr als laufende Reparatur erachtet (Besch. 700 A.N. 1880 S. 194).

Als Theil eines gewerblichen Betriebes sind nicht die von den ständigen Maurern einer Brauerei im Auftrage des Brauereibesitzers an einer Dorfkirche ausgeführten Arbeiten anzusehen (Besch. 764 A.N. 1889 S. 379). Ebenso nicht Arbeiten an dem mit der Fabrik in keinem Zusammenhang stehenden Wohnhause des Fabrikbesitzers (Besch. 764 A.N. 1889 S. 379). Andrerseits können auch größere Um- und Neubauten Theile eines Fabrikbetriebes sein, wenn sie durch eine eigne Fabrik-Bauverwaltung mit ständigen Arbeitern ausgeführt werden (Besch. 764 Abs. 2 und 3) und speziell Betriebszwecken dienen. (Vgl. Besch. 823 A.N. 1890 S. 197; R.E. 833 a. a. O. S. 452; R.E. 1026 A.N. 1891 S. 243.)

Als Regiebau wurde dagegen angesehen der überwiegend mit fremden Arbeitern ausgeführte Neubau eines Kesselhauses für eine Brauerei (Besch. 764 Abs. 6). Ebenso umfangreiche Umbauten eines Mühlwerkes, bei denen die fremden Arbeiter überwogen (R.E. 961 A.N. 1891 S. 202). Ist eine Bauarbeit Bestandtheil eines Fabrikbetriebes, so treten auch die fremden Arbeiter in diesen ein, und ebenso im umgekehrten Fall die Fabrikarbeiter in den Regiebaubetrieb (Besch. 764 Abs. 1 und Besch. 315 A.N. 1887 S. 121).

8. In Ziffer 4 Abs. 2 ist das Wort „sonstigen" für das früher vorhandene Wort „bisherigen" von der Kommission zur größeren Klarheit eingesetzt.

9. Die Rechnungsergebnisse der zur Unfallversicherung ihrer Bauarbeiten für leistungsfähig erklärten Kommunal-

verbände für das Jahr 1897 s. A.N. 1899 S. 2 ff., 59, 781; für das Jahr 1898 s. A.N. S. 2 ff., 54 ff.

§. 7.

Unfälle in fremden Betrieben hat die Berufsgenossenschaft (§. 6 Abs. 1 Ziffer 1) dann zu entschädigen, wenn sie sich bei Betriebshandlungen ereignen, zu welchen ein der Genossenschaft angehörender Unternehmer den Auftrag gegeben und für welche er die Löhne zu zahlen hat.

Diese Bestimmung entspricht dem ebenfalls neuen Abs. 4 in §. 28 des G.U.V.G. Es sollen dadurch die Zweifel darüber, welche Genossenschaft bei zwei versicherungspflichtigen, in einandergreifenden Betrieben zur Gewährung der Unfallentschädigung verpflichtet ist, beseitigt werden. Genügt die Bestimmung für die Entscheidung nicht, so kann eventuell von der nach §. 85 G.U.V.G. zugelassene Vertheilung der Entschädigungspflicht auf mehrere Genossenschaften Gebrauch gemacht werden. Auf Personen, die gegen Unfall nicht versichert sind (Handwerker ꝛc.) findet die Bestimmung keine Anwendung (Mot. II S. 69, 70).

§. 8. (5. Abs. 1, 3.)

Das Reich und die Bundesstaaten sind berechtigt, bezüglich aller oder einzelner Arten der unter §. 6 Ziffer 2 fallenden, von ihnen als Unternehmer ausgeführten Bauarbeiten derjenigen Berufsgenossenschaft, welche in dem betreffenden Bezirke für die Gewerbetreibenden der betreffenden Art errichtet ist, durch eine von dem Reichskanzler beziehungsweise

der Landes-Zentralbehörde abzugebende entsprechende Erklärung als Mitglied beizutreten.

Dieselbe Berechtigung (Abs. 1) steht den Kommunalverbänden und anderen öffentlichen Korporationen zu. Die Erklärung ist von ihrem Vorstand abzugeben.

1. In dem zweiten Abschnitt dieses Paragraphen war in dem ursprünglichen Gesetz die Bestimmung enthalten, daß das Reich und die Bundesstaaten die nach Abs. 1 zulässige Beitrittserklärung vor Genehmigung des Statuts der Tiefbau-B.G. abzugeben hatten, während für Kommunalverbände und andre öffentliche Korporationen diese Frist nicht bestand. Der Absatz ist gestrichen, da es an einem ausreichenden Bedürfniß fehlte, diese Unterscheidung aufrecht zu erhalten. Daraus folgte eine Vereinfachung in der Fassung des letzten Abschnitts (Mot. II S. 135).

2. Die Bestimmungen des §. 8 finden auch bei den auf Grund des U.V.G. errichteten Baugewerks-B.G.en Anwendung (§. 41). Das Reich und die Bundesstaaten können also auch den Baugewerks-B.G.en beitreten. Mitglied wird nicht das Reich oder der Staat, sondern die Behörde, die den Bau ausführt.

3. Es waren der Tiefbau-B.G. zunächst beigetreten das Reich und 11 Bundesstaaten. (Vgl. A.N. 1889 S. 132.) Das Reich ist mit dem Betriebe des Kaiser-Wilhelmskanals vom 1. April 1896 ab wieder ausgeschieden. Es gehören jetzt zur Tiefbau-B.G. nur noch Sachsen-Meiningen, Anhalt und Bremen.

4. Der Austritt des Reichs und der Bundesstaaten aus der Tiefbau-B.G. kann nur nach Maßgabe des §. 52 G.U.V.G. erfolgen, also mit Genehmigung des Bundesraths. Scheiden Kommunalverbände aus, weil sie für leistungsfähig erklärt werden, so findet §. 52 a. a. O. keine Anwendung.

Jahresarbeitsverdienst, Gegenstand der Versicherung, Umfang der Entschädigung, Verhältniß zu Krankenkassen 2c.

§. 9. (6. Abs. 1.)

Die Ermittelung des Jahresarbeitsverdienstes, der Gegenstand der Versicherung, der Umfang der Entschädigung und das Verhältniß der Unfallversicherung zu den eingeschriebenen Hülfskassen, zu den sonstigen Kranken-, Sterbe-, Invaliden- und anderen Unterstützungskassen, zu den Leistungen der zur Unterstützung hülfsbedürftiger Personen verpflichteten Gemeinden oder Armenverbände sowie der Unternehmer und Kassen, welche die den Gemeinden und Armenverbänden obliegende Verpflichtung zur Unterstützung auf Grund gesetzlicher Vorschrift erfüllt haben, bestimmt sich, vorbehaltlich der Vorschriften der §§. 10, 11 dieses Gesetzes, nach den §§. 6, 8 bis 27 des Gewerbe-Unfallversicherungsgesetzes.

1. Wegen der in Abs. 1 citirten Bestimmungen des G.U.V.G. vergl. Anhang II.

2. Nach §§. 10, 11 finden §§. 12 bis 14 G.U.V.G. hier keine Anwendung.

3. Als Jahresarbeitsverdienst der in Baubetrieben beschäftigten Personen gilt bei der Rentenberechnung das Dreihundertfache des in dem Baubetriebe während des letzten Jahres vor dem Betriebsunfall durchschnittlich erzielten täglichen Arbeitsverdienstes, und zwar auch dann, wenn der Baubetrieb einige Zeit des Jahres entsprechend einem ortsüblichen Brauche geruht hat (A.N. 1899 S. 539 Z. 1761).

§. 10. (7.)

Bei Unfällen eines Arbeiters, welche sich bei Bauarbeiten der im §. 6 Ziffer 4 Abs. 1 bezeichneten Art ereignen, finden die Bestimmungen der §§. 12 bis 14 des Gewerbe-Unfallversicherungsgesetzes keine Anwendung.

Bei solchen Unfällen hat die Gemeinde, in deren Bezirke der verletzte Arbeiter beschäftigt war, demselben während der ersten dreizehn Wochen nach dem Unfalle die im §. 6 Abs. 1 Ziffer 1 des Krankenversicherungsgesetzes bezeichneten Leistungen zu gewähren, sofern nicht der verletzte Arbeiter sich im Ausland aufhält oder auf Grund der Krankenversicherung oder anderer Rechtsverhältnisse Anspruch auf eine mindestens gleiche Fürsorge hat. Soweit solchen Personen diese Leistungen von den zunächst Verpflichteten nicht gewährt werden, hat die Gemeinde dieselben zu übernehmen.

Die zu diesem Zwecke gemachten Aufwendungen sind von dem Verpflichteten zu ersetzen.

Für außerhalb des Gemeindebezirkes wohnhafte versicherte Personen hat auf Verlangen der verpflichteten Gemeinde die Gemeinde ihres Wohnorts die im Abs. 2 bezeichneten Leistungen, vorbehaltlich des Kostenersatzes, zu übernehmen.

Als Ersatz der Kosten gilt die Hälfte des nach dem Krankenversicherungsgesetze zu gewährenden Mindestbetrages des Krankengeldes sofern nicht höhere Aufwendungen nachgewiesen werden.

Der weitere Kommunalverband ist befugt, statutarische Anordnungen zu erlassen, nach welchen den Gemeinden die ihnen durch Abs. 2 auferlegten Kosten des Heilverfahrens aus Mitteln des weiteren Kommunalverbandes zu ersetzen sind.

Die Versicherungsanstalt (§. 18) ist befugt, die im Abs. 2 bezeichneten Leistungen selbst zu übernehmen.

1. Die getroffenen Abänderungen sind meistens im Hinblick auf die Aenderungen im G.U.V.G. vorgenommen worden. Der dem §. 10 hinzugefügte Absatz 5 beruht nach den Motiven auf der Erwägung, „daß die der Gemeinde des Beschäftigungsortes auferlegte Krankenfürsorge beispielsweise bei schweren Operationen für leistungsfähige Gemeinden zu einer empfindlichen Belastung führen oder dazu die Veranlassung geben kann, daß aus Besorgniß vor einer solchen Belastung die Fürsorge nur in ungenügender Weise durchgeführt wird. Es kann deshalb angezeigt sein, zwar die Bethätigung der Fürsorge bei der Gemeinde, als dem nächsten erreichbaren öffentlichen Organe, zu belassen, aber die finanzielle Last auf einen weiteren Kommunalverband zu übernehmen." (Mot. II. S. 186). Statutarische Anordnung schien zweckmäßig.

2. Die Bestimmungen des §. 10 gelten nur für Unfälle bei Bauarbeiten der in §. 6 Ziffer 4 Abs. 1 bezeichneten Art; für alle Unfälle bei andern Bauten finden nach §. 9 die Vorschriften der §§. 6, 8 bis 27 G.U.V.G. Anwendung.

3. Die „andern Rechtsverhältnisse" können sehr verschiedener Natur sein; z. B. Entschädigungsansprüche gegen Arbeitgeber (§. 45 Abs. 1), Alimentationsansprüche von Eheleuten, Eltern und Kindern, Ansprüche von Dienstboten auf Grund der Gesinde-Ordnung.

4. Der Mindestbetrag des Krankengeldes (Abs. 4) ist die Hälfte des für die Beschäftigungsgemeinde ermittelten ortsüblichen Tagelohnes gewöhnlicher Tagearbeiter (§§. 6 Abs. 1 Ziffer 2, 8 K.V.G.).

§. 11. (8.)

Streitigkeiten über Unterstützungsansprüche, welche aus der Bestimmung des §. 10 zwischen den Verletzten einerseits und den Gemeinden andererseits entstehen, werden von der Aufsichtsbehörde entschieden. Die Entscheidung ist vorläufig vollstreckbar. Dieselbe kann innerhalb eines Monats im Verwaltungsstreitverfahren, wo ein solches nicht besteht, im Wege des Rekurses nach Maßgabe der Vorschriften der §§. 20, 21 der Gewerbeordnung angefochten werden.

Streitigkeiten über Ersatzansprüche, welche aus den Bestimmungen des §. 10 entstehen, werden im Verwaltungsstreitverfahren, wo ein solches nicht besteht, von der Aufsichtsbehörde der in Anspruch genommenen Gemeinde, Gemeindekrankenversicherung oder Krankenkasse entschieden. Gegen die Entscheidung der Letzteren findet der Rekurs nach Maßgabe der Vorschriften der §§. 20, 21 der Gewerbeordnung statt.

Der Landes-Zentralbehörde bleibt überlassen, vorzuschreiben, daß anstatt des Rekursverfahrens die Berufung auf den Rechtsweg mittelst Erhebung der Klage stattfindet.

1. Die Fristbestimmung im ersten Absatz entspricht

dem §. 26 Abs. 2 G.U.B.G. (Mot. II, S. 136). „Innerhalb eines Monats“ selbstverständlich nach der Zustellung der Entscheidung.

2. Für Preußen vgl. die Verordnung, betreffend die Zuständigkeit der Verwaltungsgerichte und den Instanzenzug für Streitigkeiten, welche nach reichsgesetzlicher Vorschrift im Verwaltungsstreitverfahren zu entscheiden sind, vom 28. März 1888 (G.S. S. 73).

II. Berufsgenossenschaft.

Umfang.

§ 12. (9 Abs. 1, 2.)

Die Berufsgenossenschaft (§. 6 Ziffer 1) umfaßt, unbeschadet der Bestimmungen des §. 8, alle Baubetriebe der im §. 6 Ziffer 1 bezeichneten Art.

Bei Baubetrieben, welche sich auf verschiedene Arten von Bauarbeiten erstrecken, entscheidet für die Zugehörigkeit zur Berufsgenossenschaft der Hauptbetrieb. Auch im Uebrigen folgen Nebenbetriebe den Hauptbetrieben.

1. Nach §. 44 gelten die Bestimmungen des §. 12 nicht soweit das Reich oder ein Bundesstaat, ein Kommunalverband oder eine andere öffentliche Korporation die Versicherung selbst übernimmt.

2. Abs. 2 findet auch bei den Baugewerks-B.G.en Anwendung. Er entspricht den in §. 28 Abs. 2 G.U.B.G. (§ 28 Abs. 2 G.U.B.G.) aufgestellten Grundsätzen.

3. Die Frage, welches der Hauptbetrieb ist, kann nur von Fall zu Fall entschieden werden. Ausschlaggebend wird im Wesentlichen der Umfang und die Bedeutung der Bauarbeiten der einen und der andern Art sein. Ausnahmsweise können allerdings auch in einem Betriebe, in welchem überwiegend Hochbauten ausgeführt

werden, Tiefbauarbeiten den Charakter eines selbstständigen Baubetriebes annehmen, ebenso wie Hochbauarbeiten in Tiefbaubetrieben, wenn das einzelne Unternehmen einen besonders großen Umfang hat, vom Sitz des Hauptbetriebes weit entfernt ist, eine größere Anzahl von Arbeitern in Anspruch nimmt, eine eigene Bauleitung besitzt, und aus ähnlichen Gründen. (Vgl. R.E. 1571 A.N. 1897 S. 259; 1623 A.N. 1897 S. 348.)

4. Ein landwirthschaftlicher Betrieb kann niemals Nebenbetrieb eines gewerblichen Betriebes sein, also auch nicht eines Baubetriebes (Besch. 520, 618 A.N. 1888 S. 220, 336).

5. Der fortgefallene dritte Absatz des §. 12 lautete:

„Unternehmer, deren Hauptbetrieb unter das vorliegende Gesetz fällt, welche aber mit Rücksicht auf Nebenbetriebe bereits einer anderen Berufsgenossenschaft angehören, scheiden aus der letzteren mit den aus §. 32 des Unfallversicherungsgesetzes sich ergebenden Rechtswirkungen zu dem Zeitpunkte aus, mit welchem dieses Gesetz für die im §. 4 Ziffer 1 bezeichneten Betriebe seinem ganzen Umfange nach in Kraft tritt."

Diese Vorschrift ist nach Ablauf der Uebergangszeit entbehrlich geworden. Die Vorschrift, daß Nebenbetriebe dem Hauptbetriebe folgen, findet sich in Abs. 2 und die Rechtswirkungen des Ausscheidens aus einer B.G. sind in §. 14 geregelt, indem §. 53 des G.U.V.G. allgemein für anwendbar erklärt ist.

Aufbringung der Mittel.

§. 13. (10 Abs. 1.)

Die Mittel zur Deckung der von der Berufsgenossenschaft zu leistenden Entschädigungsbeträge und

der Verwaltungskosten werden, vorbehaltlich der Bestimmungen der §§. 23 ff., von den Mitgliedern durch Beiträge aufgebracht. Die Beiträge sind so zu berechnen, daß durch dieselben außer den sonstigen Leistungen der Berufsgenossenschaft der Kapitalwerth der ihr im abgelaufenen Rechnungsjahre zur Last gefallenen Renten gedeckt wird. Die Grundsätze für die Berechnung des Kapitalwerths werden durch das Reichs-Versicherungsamt festgestellt. Die Ausschreibung der Beiträge erfolgt nach Maßgabe der in den Betrieben der Mitglieder von den Versicherten verdienten Löhne und Gehälter beziehungsweise des nach §. 10 Abs. 4 des Gewerbe-Unfallversicherungsgesetzes anzurechnenden ortsüblichen Tagelohns gewöhnlicher erwachsener Tagearbeiter sowie des statutenmäßigen Gefahrentarifs (§. 49 a. a. O.).

Der §. 29 Abs. 2, §§. 30 bis 33 des Gewerbe-Unfallversicherungsgesetzes finden Anwendung.

1. Die Aenderung im ersten Absatz war die Folge der entsprechenden Aenderungen im G.U.V.G.

2. Die früheren Absätze 2 bis 4 dieses Paragraphen konnten nach den Motiven durch Verweisung auf die §§. 30 bis 32 G.U.V.G. ersetzt werden, wo entsprechende Vorschriften nunmehr allgemein gegeben sind. Auch § 33 ist für die Tiefbau-B.G. anwendbar, weil hier besonders der Fall vorkommt, daß Unternehmer von Betrieben, die ihren Sitz im Auslande haben, sich an inländischen Arbeiten betheiligen, wobei dann eine besondere Sicherung der Genossenschaft angezeigt ist. (Mot. II, S. 136.)

3. Der Entwurf des alten B.U.V.G. schrieb für die Aufbringung der Mittel entsprechend dem U.V.G. das „Umlageverfahren" vor, d. h. die Mittel zur Deckung sollten durch Beiträge aufgebracht werden, welche jährlich auf die Mitglieder in Höhe der in dem betreffenden Jahr geleisteten Ausgaben umgelegt werden. Die Berathungen in der Kommission führten jedoch zur Einrichtung des Kapitaldeckungsverfahrens, bei dem „nach Maßgabe der Wahrscheinlichkeitsberechnung jede durch einen Unfall eintretende Belastung ihrem Kapitalwerthe nach berechnet und diese in jedem Jahre sich ergebenden Kapitalbeträge nebst den jährlichen Verwaltungskosten auf die Genossen vertheilt und von ihnen aufgebracht werden". Insbesondere wurde hierbei in Erwägung gezogen, daß es sich bei der Tiefbau-B.G. weit weniger um ständige Elemente handle, als bei den andern B.G.en.

4. Die Grundsätze für die Berechnung des Kapitalwerthes sind zuletzt festgestellt durch die Bekanntmachung des R.V.A. vom 5. Februar 1894 A.N. 1894 S. 141 ff.

5. Der in den A.N. 1888 S. 323 ff. veröffentlichte Gefahrentarif der Tiefbau-B.G. ist durch den am 13. Juli 1893 von dem R.V.A. genehmigten, für die Jahre 1893 bis 1897 gültigen neuen Gefahrentarif ersetzt worden.

6. Nach §. 38 Abs. 2 werden die Vorschüsse bei der jährlichen Umlegung der Beiträge verrechnet. Ueber die Sicherstellung der voraussichtlich den geleisteten Vorschuß übersteigenden Beiträge, für welche der Ausscheidende noch haftet, hat das Statut Bestimmungen zu treffen (§. 14 Abs. 1 B.U.V.G. und §. 87 Ziffer 7 U.V.G.). Es kann dem Ausscheidenden eine Kaution auferlegt werden, die eventuell, gleich rückständigen Vorschüssen wie Gemeindeabgaben beigetrieben wird (§. 89).

7. Die Erhebung von Vorschüssen haben sämmtliche Baugewerks-B.G.en mit Ausnahme der Hamburgischen und Bayerischen vorgeschrieben.

8. Die im früheren Abs. 4 enthaltene besondere Vorschrift über die Beitreibung der Vorschüsse war überflüssig, nachdem §. 39 die Bestimmungen des §. 108 G.U.V.G. für anwendbar erklärt hat.

Organisation.

§. 14. (12 Abs. 1.)

Auf die Berufsgenossenschaft finden die Bestimmungen des §. 28 Abs. 5, 6 und der §§. 36 bis 54 des Gewerbe-Unfallversicherungsgesetzes Anwendung.

1. In dem früheren Paragraphen waren die an die obige Bestimmung sich anschließenden Worte enthalten: „. . . und zwar die des §. 31 Ziffer 2 und 4 mit der Maßgabe, daß der Bundesrath auch ohne Beschluß der Genossenschaftsversammlungen die im §. 1 Abs. 8 a. a. O. bezeichneten Betriebe aus der nach §. 4 Ziffer 1 des gegenwärtigen Gesetzes gebildeten Berufsgenossenschaften ausscheiden und einer anderen Berufsgenossenschaft zutheilen kann."

Dieser Zusatz ist überflüssig geworden, weil, wie die Motive ausführen, solche Betriebe gegenwärtig nicht mehr vorhanden sind. (Mot. II, S. 186, 187.)

2. Gemäß §. 43 gilt §. 12 nicht für die in Anm. 1 zu §. 12 angeführten fiskalischen Betriebe u. s. w.

3. Wegen der angezogenen Bestimmungen des G.U.V.G. vgl. Anhang II.

4. Der in den Motiven angezogene Bundesrathsbeschluß vom 14. Januar 1888 lautet:

Bekanntmachung, betreffend die Unfallversicherung von Arbeitern und Betriebsbeamten in Betrieben, welche sich auf die Ausführung von Bauarbeiten erstrecken. Vom 14. Januar 1888.

(R.G.Bl. S. 1 A.N. 1888 S. 71.)

Auf Grund des §. 1 Absatz 8 des Unfallversicherungsgesetzes vom 6. Juli 1884 (Reichs-Gesetzbl S. 69) in Verbindung mit §. 12 Absatz 1 des Gesetzes, betreffend die Unfallversicherung der bei Bauten beschäftigten Personen, vom 11. Juli 1887 (Reichs-Gesetzbl. S. 287) hat der Bundesrath in seiner Sitzung vom 15. Dez. 1887 beschlossen,

1. daß Arbeiter und Betriebsbeamte, welche von einem Gewerbetreibenden, dessen Gewerbebetrieb sich erstreckt:

a) auf das Bohnen der Fußböden, auf die Anbringung, Abnahme oder Reparatur von Oefen und anderen Feuerungsanlagen oder von Tapeten bei Bauten,

b) auf die Anbringung, Abnahme oder Reparatur von Wettervorhängen und Läden (Rouleaux, Marquisen, Jalousien) oder von Ventilatoren bei Bauten,

c) auf die Ausführung anderer, noch nicht gegen Unfall versicherter Arbeiten bei Bauten, die ihrer Natur nach der Ausführung von Hochbauten näher stehen, als der Ausführung von Eisenbahn-, Kanal-, Wege-, Strom-, Deich- und ähnlichen Bauarbeiten,

in diesem Gewerbebetriebe beschäftigt werden, vom 1. Januar 1888 ab versicherungspflichtig sind;

2. daß diese Betriebe aus der auf Grund des Gesetzes vom 11. Juli 1887 (Reichs-Gesetzbl. S. 287) gebildeten Tiefbau-Berufsgenossenschaft ausgeschieden werden;

3. daß die unter Ziffer 1 a aufgeführten Betriebe den örtlich zuständigen Hochbaugewerks-Berufsgenossenschaften zugetheilt werden;

4. daß die unter Ziffer 1 b und 1 c aufgeführten Betriebe, soweit sich dieselben lediglich auf das Anbringen oder Abnehmen der Wettervorhänge und Läden 2c. bei Bauten erstrecken, den Baugewerks-Berufsgenossenschaften, soweit sie sich dagegen auch mit der Herstellung der be-

treffenden Gegenstände befassen, denjenigen Berufsgenossenschaften zugewiesen werden, welchen sie angehören würden, sofern sie mindestens zehn Arbeiter regelmäßig beschäftigen und demgemäß schon nach §. 1 Absatz 4 des Unfallversicherungsgesetzes vom 6. Juli 1884 versicherungspflichtig sein würden.

Berlin, den 14. Januar 1888.

Der Reichskanzler.
In Vertretung:
von Boetticher.

5. Der frühere zweite Absatz, welcher lautete:

„Das Genossenschaftsstatut muß auch über die Anmeldung und das Ausscheiden der nach §. 2 versicherten Unternehmer Vorschriften enthalten, sofern nicht von der Bestimmung des §. 16 Abs. 3 Gebrauch gemacht wird."

ist gestrichen, da der im Abs. 1 angezogene §. 37 G.U.V.G. in Ziffer 12 die nöthigen Bestimmungen enthält. Die dort gegebenen Vorschriften sind im Genossenschaftsstatut nicht erforderlich, wenn die Versicherung der Unternehmer bei der Versicherungsanstalt erfolgt (§. 18 Abs. 3); dann muß das Statut der letzteren die nöthigen Vorschriften enthalten (§. 20 Abs. 2).

§. 15. (13.)

Der vorhandene Reservefonds ist in seinem Bestande zu erhalten; seine Zinsen können zur Deckung der Genossenschaftslasten verwendet werden. In dringenden Fällen kann die Genossenschaft mit Genehmigung des Reichs-Versicherungsamts auch den Kapitalbestand angreifen. Die Wiederergänzung erfolgt alsdann nach näherer Anordnung des Reichs-Versicherungsamts.

1. Der Paragraph gilt nicht für die in Anm. 1 zu §. 12 genannten fiskalischen Betriebe u. s. w. §. 48.

2. Der vorhandene Reservefonds der Tiefbau-B.G. betrug nach den Rechnungsergebnissen für das Jahr 1897 M. 1 121 500,—. Die weitere Ansammlung eines besonderen Reservefonds, wie sie im alten Gesetz vorgeschrieben war, erschien neben dem für die Tiefbau-B.G. eingeführten Kapitaldeckungsverfahren nicht erforderlich (Mot. II, 187). Es sind deshalb die früher in diesem Paragraphen enthaltenen Vorschriften über die Aufbringung des Reservefonds, insbesondere auch die Detailvorschriften der ehemaligen Absätze 2 und 3 fortgefallen.

Mitgliedschaft.

§. 16. (14.)

Mitglied der Genossenschaft ist jeder Unternehmer eines Betriebs der im §. 12 bezeichneten Art sowie das Reich, die Bundesstaaten, Kommunalverbände und andere öffentliche Korporationen, soweit diese auf Grund der Bestimmungen des §. 8 der Berufsgenossenschaft beigetreten sind.

Die Mitgliedschaft beginnt für das Reich und die Bundesstaaten, für Kommunalverbände und andere öffentliche Korporationen (§. 6 Ziffer 2, 3) mit dem in der Beitrittserklärung angegebenen Zeitpunkt, im Uebrigen mit der Eröffnung des Betriebs.

1. Nach §. 48 gilt §. 16 nicht für die in Anm. 1 zu § 12 bezeichneten fiskalischen Betriebe u. s. w.

2. §. 16 entspricht §. 58 Abs. 1 See-U.V.G.

3. Die Miegliedschaft tritt auch hier kraft Gesetzes ein, unabhängig von der Aufnahme ins Genossenschafts-

Kataster und der Ertheilung eines Mitgliedscheins (§. 55 U.V.G.).

4. Der Absatz 2 hatte früher folgenden Wortlaut:

„Die Mitgliedschaft beginnt für das Reich und die Bundesstaaten, für Kommunalverbände und andere öffentliche Korporationen (§. 4 Ziffer 2, 3) sowie für die Unternehmer der zur Zeit der Genehmigung des Genossenschaftsstatuts versicherungspflichtigen Betriebe der im §. 4 Ziffer 1 bezeichneten Art mit diesem Zeitpunkte beziehungsweise im Falle des §. 5 Absatz 3 mit der späteren Beitrittserklärung, für die Unternehmer später entstehender Betriebe der im §. 4 Ziffer 1 gedachten Art mit der Eröffnung des Betriebes."

Nach den Motiven ist die Fassung durch Streichung der nur für die Zeit des Inkrafttretens des Gesetzes vom 11. Juli 1887 in Betracht kommenden Bestimmungen übersichtlicher, und zugleich der durch die nunmehrige Fassung des §. 8 geschaffene Rechtslage entsprechend gestaltet.

§. 17. (15.)

Jedes Mitglied der Genossenschaft, welches seinen Betrieb nicht bereits angemeldet hat, ist verpflichtet, binnen einer Woche nach dem Beginne der Mitgliedschaft (§. 16) der unteren Verwaltungsbehörde, in deren Bezirke der Betrieb belegen ist, über denselben Anzeige zu erstatten. Auf die Anzeige und die Ueberweisung des Betriebs finden die Bestimmungen der §§. 56, 57 des Gewerbe-Unfallversicherungsgesetzes entsprechende Anwendung. Dasselbe gilt von den Bestimmungen der §§. 58 bis 62 a. a. O.

über die Genossenschaftskataster und die Betriebsveränderungen.

1. Nach §. 48 gilt §. 17 nicht für die in Anm. 1 zu §. 12 bezeichneten fiskalischen Betriebe u. s. w.

2. Für die Anmeldung wird das von dem R.V.A. empfohlene Formular (Anhang IV) auch hier anwendbar sein.

3. Die Unternehmer nicht angemeldeter Betriebe können durch die untere Verwaltungsbehörde zur Auskunft innerhalb einer gewissen Frist durch Geldstrafen bis zu 100 Mark angehalten werden. §§. 56 Abs. 2, 35 Abs. 3 G.U.V.G. Außerdem Strafbestimmung in §. 147 G.U.V.G. §. 45 Abs. 2 B.U.V.G.

4. Die Verlegung eines Betriebes in den Bezirk einer anderen unteren Verwaltungsbehörde gilt als Eröffnung eines neuen Betriebes (Besch. 103 A.N. 1886 S. 2).

5. Bei der Tiefbau-B.G. haben die Mitglieder nach §. 27 des revidierten Statuts jede selbstständige Bauarbeit die länger als 10 Tage dauert, binnen einer Woche nach Beginn beim Genossenschaftsvorstand schriftlich anzumelden.

6. Die vorhandenen Aenderungen sind hervorgerufen durch die Aufhebung des §. 40 U.V.G.; die hier vorgeschriebenen Mitgliederverzeichnisse sind nach einer generellen Dispensation des R.V.A. niemals aufgestellt worden. Es erschien deshalb die Streichung der niemals praktisch gewordenen Vorschrift angezeigt, wonach die früher am Schluß dieses Paragraphen vorhandenen Worte „und das Mitgliederverzeichniß" in Fortfall kommen mußten.

III. Unfallversicherungsanstalten.

Bildung, Umfang und Organisation.

§. 18. (16.)

In jeder Berufsgenossenschaft von Baugewerbetreibenden besteht für die Versicherung derjenigen Personen, welche in deren Bezirken von den unter §. 6 Ziffer 4 Abs. 1 fallenden Unternehmern bei Bauarbeiten, wie sie in der Berufsgenossenschaft versichert sind, beschäftigt werden, einschließlich der selbstversicherten Unternehmer dieser Art, eine Versicherungsanstalt.

Den Versicherungsanstalten der auf Grund des Gewerbe-Unfallversicherungsgesetzes errichteten Berufsgenossenschaften von Baugewerbetreibenden werden außer denjenigen Arten von Bauarbeiten, für welche sie errichtet sind, die Eisenbahn-, Kanal-, Wege-, Strom-, Deich- und andere Bauarbeiten (vergl. §. 6 Ziffer 1), zu deren Ausführung, einzeln genommen, nicht mehr als sechs Arbeitstage thatsächlich verwendet worden sind (vergl. §. 23 lit. b), sofern diese Bauarbeiten von den im §. 6 Ziffer 4 Abs. 1 bezeichneten Unternehmern ausgeführt werden, innerhalb ihrer Bezirke zugewiesen.

Durch das Genossenschaftsstatut kann bestimmt werden, daß auch die Versicherung von Unternehmern (§. 4), welche als Baugewerbetreibende Mitglieder der Genossenschaften sind, sowie anderer von diesen Baugewerbetreibenden bei der Bauausführung beschäftigten, nach §. 1 nicht versicherten Personen (§. 4) bei der Versicherungsanstalt zu erfolgen hat.

Träger der Versicherungsanstalt ist die Berufsgenossenschaft. Der Genossenschaftsvorstand und die

Genossenschaftsversammlung sowie die sonstigen Organe der Berufsgenossenschaft führen die Verwaltung der Versicherungsanstalt, unbeschadet der Bestimmungen des §. 21 dieses Gesetzes, nach Maßgabe der §§. 41, 42, 45, 46 des Gewerbe-Unfallversicherungsgesetzes.

1. Die vorgenommenen Aenderungen betreffen nur die Fassung, wobei im ersten Absatz berücksichtigt ist, daß die Versicherungsanstalten zur Zeit schon bestehen (Mot. II, S. 138).

2. §. 18 gilt nicht für die in Anm. 1 zu §. 12 bezeichneten fiskalischen Betriebe u. s. w. (§. 43), findet aber auch auf die Baugewerks-B.G.en Anwendung (§. 44).

3. „Die Versicherungsanstalt bewirkt die Unfallversicherung für alle Unternehmer und für Bauherrn, welche nicht einer B.G. als Mitglied angehören oder von der Befugniß, die Unfallversicherung auf eigne Rechnung durchzuführen, Gebrauch gemacht haben. In der Versicherungsanstalt erfolgt daher die Unfallversicherung nicht für die bei den Bauarbeiten dieser Unternehmer und Bauherrn beschäftigten Arbeiter und Betriebsbeamten, sondern auch für diese Unternehmer und Bauherrn selbst, sofern sie von der Berechtigung des §. 4 Abs. 1 Gebrauch gemacht haben, sowie die Versicherung anderer bei den Bauarbeiten beschäftigten, zwar nicht nach §. 1, wohl aber gemäß §. 4 Abs. 1 freiwillig versicherten Personen. Baugewerbetreibende dagegen sind auch bezüglich der Selbstversicherung, mag diese eine freiwillige oder eine obligatorische sein, sowie bezüglich der Versicherung anderer von ihnen bei der Bauausführung beschäftigten, nach §. 1 nicht versicherten Personen an die B.G. gewiesen. (Mot. I).

4. Bezüglich der Versicherung der einzelnen Unter-

nehmerkategorien bei der B.G. oder der Versicherungsanstalt vgl. Anm. 2 zu §. 6.

5. Die in Abs. 2 enthaltene Ausnahme von dem Prinzip, daß Tiefbauarbeiter nicht bei den Versicherungsanstalten der Baugewerks-B.G.en versichert werden sollen, ist nöthig gewesen wegen der Bestimmungen des §. 23, da die Tiefbau-B.G. sich auf das ganze Reich erstreckt, und sonach bei ihr die in §. 23 vorgeschriebene Umlegung der Beiträge auf die Verbände nach Bezirken nicht möglich gewesen wäre. — Zuweisung einer Erdarbeit für eine Blitzableiteranlage ist in einem Falle zur Baugewerks-B.G. gerechnet, weil sie weniger als 6 Tage dauerte, (R.E. 1498 A.N. 1896 S. 248. Vgl. auch R.E. 1415 A.N. 1895 S. 212).

6. Bei den Versicherungsanstalten der Baugewerks-B.G.en sind auch solche Personen versichert, die im Regiebetriebe mit Schreiner- (Tischler-), Einsetzer-, Schlosser- oder Anschlägerarbeiten bei Bauten beschäftigt werden (Rundschreiben des R.V.A. vom 12. November 1887 A.N. S. 362). Im gewerblichen Betriebe sind diese Personen bei den Holz- bezw. Eisen- und Stahl-B.G.en versichert.

7. Inwieweit die B.G.en von der Befugniß des Abs. 8 Gebrauch gemacht haben, vgl. A.N. 1888 S. 187 und 1891 S. 191.

8. Von der Befugniß des § 18 haben weder die Tiefbau-B.G. noch die Baugewerks-B.G.en Gebrauch gemacht.

9. Die B.G. hat das Risiko der Versicherung zu tragen; andrerseits fallen ihr etwaige Ueberschüsse zu, die für die Zwecke der Versicherungsanstalt entbehrlich sind. Reichen die Einnahmen der Versicherungsanstalt nicht aus, den Reservefonds (§ 19) anzusammeln, so muß die B.G. den Fehlbetrag decken. Sie kann allerdings aus späteren Ueberschüssen Ersatz beanspruchen (Besch. 749 A.N. 1889 S. 356).

10. Die Versicherung der bei selbstversicherten Kleinmeistern beschäftigten Bauarbeiter erfolgt stets durch die Baugewerks-B.G., auch wenn die Selbstversicherung der Kleinmeister der Versicherungsanstalt überwiesen ist (A.N. 1899 S. 471 Z. 1760).

11. Die Rechnungsergebnisse der Versicherungsanstalten für das Jahr 1898 s. A.N. 1900 S. 118 ff.

§. 19. (17.)

Die Einnahmen und Ausgaben der Versicherungsanstalt sind besonders zu verrechnen und ihre Bestände gesondert zu verwahren.

Für die Versicherungsanstalt ist ein besonderer Reservefonds anzusammeln. Seine Verwendung zu Zwecken der Berufsgenossenschaft ist unstatthaft.

Das für die Zwecke der Versicherungsanstalt bestimmte sonstige Vermögen darf für die übrigen Zwecke der Berufsgenossenschaft nur mit Genehmigung des Reichs-Versicherungsamts verwendet werden. Die Genehmigung darf nur ertheilt werden, wenn der Nachweis erbracht ist, daß der für die Zwecke der Versicherungsanstalt verbleibende Theil dieses Vermögens zur dauernden Befriedigung der bisher festgestellten, von der letzteren zu zahlenden Renten und der sonstigen Verbindlichkeiten der Versicherungsanstalt voraussichtlich ausreichen wird.

Die für den Geschäftsbetrieb der Versicherungsanstalt etwa erforderlichen Mittel hat die Berufsgenossenschaft, soweit nöthig aus ihrem Reservefonds, vorzuschießen.

Die Versicherungsanstalt darf andere als die im §. 18 bezeichneten Versicherungen nicht übernehmen.

Die von der Versicherungsanstalt aufzubringenden Verwaltungskosten bestimmen sich nach den durch die besondere Verwaltung derselben thatsächlich erforderlich gewesenen Aufwendungen; neben denselben kann nach näherer Bestimmung des Reichs-Versicherungsamts als Ersatz des auf die Versicherungsanstalt entfallenden Antheils an den gemeinsamen Verwaltungskosten ein Pauschbetrag erhoben werden.

1. Die vorgenommenen Aenderungen betreffen lediglich die Fassung.

2. §. 19 gilt nicht für die in Anm. 1 zu §. 12 bezeichneten fiskalischen Betriebe u. s. w. (§. 48); dagegen findet er auch auf die Baugewerks-B.G.en Anwendung.

3. Das für die Zwecke der Versicherungsanstalt bestimmte Vermögen ist, obwohl es gesondert verrechnet und verwahrt werden muß, juristisch betrachtet, Eigenthum der Berufsgenossenschaft. Dieses Vermögen darf ebenso, wie das sonstige Vermögen der Berufsgenossenschaft, nur gemäß §. 108 G.U.V.G., also in öffentlichen Sparkassen oder mündelsicheren Werthen angelegt werden. Ueber die Art der Aufbewahrung §. 89. Wegen der Vertheilung der Verwaltungskosten zwischen den B.G.en und den Versicherungsanstalten siehe den Bescheid 1696 (A.N. 1898 S. 28a ff.).

4. Die Forderung eines Reservefonds (Abs. 2) beruht auf einem Beschlusse der Reichstags-Kommission. Ueber die Höhe und Ansammlung muß das Nebenstatut Bestimmungen treffen (§. 20 Abs. 1 Ziffer 3). Der Reservefonds darf nie zu Zwecken der Berufsgenossenschaft verwendet werden; Abs. 3 bezieht sich nur auf das „sonstige Vermögen“.

5. Zu Abs. 3 und 4. Für etwaige Fehlbeträge steht die Berufsgenossenschaft ein. Vgl. Anm. 9 zu §. 18.

6. Die Bestimmung des Abs. 5 ergiebt sich mit Nothwendigkeit aus dem Charakter der Versicherungsanstalt als öffentlichrechtliche Einrichtung für bestimmt begrenzte Zwecke. Mot. I, S. 29.

7. Nach Abs. 6 ist es vor allem Pflicht der Genossenschaft, alle Ausgaben, welche durch die ihnen obliegenden Verwaltungen erforderlich werden, thunlichst auszuscheiden und getrennt zu halten, je nachdem sie einerseits für die B.G. selbst, oder andrerseits für die V.A. erwachsen. Soweit hierbei die Verwaltungskosten ausscheidbar sind, werden dieselben je nach ihrer Veranlassung der B.G. oder der Versicherungsanstalt zur Last zu legen sein. Als Ersatz für den auf die Versicherungsanstalt entfallenden Antheil an unausscheidbaren (gemeinsamen) Verwaltungskosten wird der B.G. ein Pauschalsatz bewilligt (Besch. 704 A.N. 1889 S. 195).

8. An die Stelle des R.V.A. tritt ev. das Landes-Versicherungsamt (§. 41).

§. 20. (18.)

Für die Versicherungsanstalt hat die Genossenschaftsversammlung ein Nebenstatut zu errichten. Dasselbe muß Bestimmungen treffen:

1. über die Erfordernisse der An- und Abmeldung der im §. 6 Ziffer 4 Abs. 1 bezeichneten Unternehmer, welche von der Befugniß des §. 4 Abs. 3 Gebrauch machen wollen;
2. über die Abgrenzung der Befugnisse des Vorstandes und der Genossenschaftsversammlung bei der Verwaltung der Versicherungsanstalt;

3. über die Ansammlung des vorgeschriebenen Reservefonds;
4. über die Aufstellung, Prüfung und Abnahme der Jahresrechnung;
5. über die Veröffentlichung der Rechnungsabschlüsse;
6. über die Voraussetzungen einer Abänderung des Nebenstatuts.

Sofern von der Bestimmung des §. 18 Abs. 3 Gebrauch gemacht ist, muß das Nebenstatut über die An- und Abmeldung der demnach versicherten Personen, sowie über die Einzahlung der für dieselben zu entrichtenden Prämien Vorschriften enthalten.

1. §. 18 gilt nicht für die in Anm. 1 zu §. 12 bezeichneten fiskalischen Betriebe u. s. w. (§. 43); er findet jedoch auch Anwendung bei den Baugewerks-B.G.en (§. 44).

2. Normal-Nebenstatut s. A.N. 1887 S. 383 ff.

3. Zu Ziffer 3. In allen Nebenstatuten findet sich die Vorschrift, daß für die Bildung eines besonderen Reservefonds für die Versicherungsanstalt vorerst ein Zuschlag von 10 Prozent des dem Prämientarif als Grundlage dienenden Kapitalwerths der in Aussicht stehenden Leistungen zu erheben ist (Nachweisung Ziffer 7 A.N. 1888 S. 188).

4. Zu Ziffer 4 und 5 vgl. das Rundschreiben des R.V.A. vom 5. April 1889 (A.N. S. 313 ff.)

§. 21. (19).

Durch das Nebenstatut können für die Verwaltung der Versicherungsanstalt besondere Organe bestimmt werden. Enthält dasselbe Vorschriften dieser Art, so ist zugleich über den Sitz dieser Organe, über ihre Zusammensetzung, über die Abgrenzung ihrer Bezirke, sowie über den Umfang ihrer Befugnisse Bestimmung zu treffen.

Die Abgrenzung der Bezirke dieser Organe und die Wahl ihrer Mitglieder kann von der Genossenschaftsversammlung dem Genossenschaftsvorstand übertragen werden.

Die Bezirke und die Zusammensetzung dieser besonderen Organe hat der Genossenschaftsvorstand durch den Reichsanzeiger bekannt zu machen.

1. §. 19 gilt nicht für die in Anm. 1 zu §. 12 bezeichneten fiskalischen Betriebe u. s. w. (§. 43); er findet jedoch auch Anwendung auf die Baugewerks-B.G.en.

2. Von der Befugniß des §. 21 hat keine B.G. Gebrauch gemacht. Ueberall wird also die Verwaltung der Versicherungsanstalten durch die Organe der B.G.en geführt.

§. 22. (20 Abs. 1, 2, 4.)

Das Nebenstatut sowie die Abänderungen desselben bedürfen der Genehmigung des Reichs-Versicherungsamts.

Gegen die Entscheidung desselben, durch welche die Genehmigung versagt wird, findet innerhalb eines Monats vom Tage der Zustellung der Entscheidung an den Genossenschaftsvorstand ab die Beschwerde an den Bundesrath statt.

Die Berathungen der Genossenschaftsversammlungen über das Nebenstatut finden in Gegenwart eines Vertreters des Reichs-Versicherungsamts statt, welcher auf sein Verlangen jederzeit gehört werden muß.

1. In Uebereinstimmung mit dem G.U.V.G. sind auch im vorliegenden Gesetz die vierwöchigen Fristen zur Einlegung von Rechtsmitteln aus Zweckmäßigkeitsgründen in solche von einem Monat umgewandelt.

2. §. 22 gilt nicht für die in Anm. 1 zu §. 12 bezeichneten fiskalischen Betriebe u. s. w. Er findet jedoch auch Anwendung auf die Baugewerks-B.G.en (§§. 43, 44).

3. Die in dem früheren Absatz 3 enthalten gewesenen Bestimmungen über das Verfahren, wenn ein Nebenstatut nicht zu Stande kommt, konnten gestrichen werden, weil die Nebenstatuten für alle Versicherungsanstalten der Bau-B.G.en inzwischen bereits genehmigt sind.

4. Abs. 3 ist nicht blos Uebergangsbestimmung; er muß nach den Motiven vielmehr beibehalten werden, weil es sich darum handelt, die anderweit nicht vertretenen Interessen der der Versicherungsanstalt zugetheilten Unternehmer, welche nicht Mitglieder der B.G. sind, zu wahren (Mot. II, S. 138).

5. An Stelle des R.V.A. tritt ev. das Landes-Versicherungsamt.

§. 23. (21.)

In der Versicherungsanstalt erfolgt die Unfallversicherung:

a) bei Bauarbeiten, zu deren Ausführung, einzeln genommen, mehr als sechs Arbeitstage thatsächlich verwendet worden sind, auf Kosten des Unternehmers (§. 5 Ziffer 2) gegen feste, im voraus bemessene Prämien nach Maßgabe eines Prämientarifs (§§. 24 ff.);

b) bei Bauarbeiten von geringerer Dauer auf Kosten der Gemeinden und der sonstigen

im §. 32 bezeichneten Verbände, über deren Bezirke die Berufsgenossenschaft sich erstreckt, gegen Beiträge, welche auf diese Gemeinden oder Verbände nach Maßgabe der in den einzelnen Jahren für Unfälle bei solchen Bauarbeiten thatsächlich erforderlich gewordenen Zahlungen jährlich umgelegt werden.

1. Die vorgenommenen Aenderungen betreffen nur die Fassung.

2. §. 23 gilt nicht für die in Anm. 1 zu §. 12 bezeichneten fiskalischen Betriebe u. s. w. (§. 43). — lit. a findet auch auf die Baugewerks-B.G.en Anwendung; lit. b ebenfalls, jedoch nicht auf die Versicherungsanstalt der Tiefbau-B.G. (§§. 44, 18 Abs. 2).

3. Vgl. Anhang III Anleitung Ziffer 2.

4. Entscheidend für die Einreihung der Bauarbeiten unter die Kategorien a oder b ist lediglich der Umstand, ob auf die einzelne Arbeit thatsächlich mehr als sechs Arbeitstage verwendet worden sind oder nicht; unerheblich ist es daher, wie die Dauer der Arbeit vor Beginn derselben abgeschätzt worden ist. Eine Bauarbeit gehört unter die Kategorie a sowohl dann, wenn ein Arbeiter mehr als sechs Arbeitstage thätig gewesen ist, als auch dann, wenn mehr als sechs Arbeiter einen Arbeitstag thätig waren, und auch, wenn überhaupt Arbeiter zusammen mehr als sechs Arbeitstage (Arbeitsschichten, Tagewerke) aufgewendet haben. Endlich fällt hierunter auch eine Bauarbeit, die in einem längeren Zeitraum mehr als 6 Arbeitstage in Anspruch genommen hat, die Gesammtarbeit muß nur eine einheitliche sein.

5. In der Kommission herrschte Einverständniß darüber, daß unter dem Ausdruck „Verbände" auch Einzelgemeinden zu verstehen seien.

Versicherung auf Kosten der Unternehmer (§. 23 lit. a).

§. 24. (22.)

Die im §. 6 Ziffer 4 Abs. 1 aufgeführten Unternehmer, welche Bauarbeiten der im §. 23 lit. a bezeichneten Art ausführen, haben der von der Landes-Zentralbehörde bestimmten Behörde nach einem von dem Reichs-Versicherungsamte vorzuschreibenden Formulare längstens binnen drei Tagen nach Ablauf eines jeden Monats eine Nachweisung der in diesem Monate bei Ausführung der Bauarbeiten verwendeten Arbeitstage und der von den Versicherten dabei verdienten Löhne und Gehälter vorzulegen.

Soweit die Verpflichteten die Nachweisung nicht rechtzeitig oder nicht vollständig einreichen, hat die in Gemäßheit des ersten Absatzes von der Landes-Zentralbehörde bestimmte Behörde diese Nachweisungen nach ihrer Kenntniß der Verhältnisse selbst aufzustellen oder zu ergänzen. Sie kann zu diesem Zwecke die Verpflichteten zu einer Auskunft innerhalb einer zu bestimmenden Frist durch Geldstrafen bis zu einhundert Mark anhalten.

Die Nachweisungen sind binnen zwei Wochen nach Ablauf des Kalendervierteljahrs an den Genossenschaftsvorstand oder das von diesem bezeichnete Organ der Genossenschaft einzureichen. Dabei hat die in Gemäßheit des ersten Absatzes von der Landes-Zentralbehörde bestimmte Behörde zu bescheinigen, daß ihr über die Ausführung weiterer Bauarbeiten, für welche nach den vorstehenden Vorschriften in ihrem Bezirke Nachweisungen vorzulegen wären, nichts bekannt geworden sei.

1. §. 24 gilt nicht für die in Anm. 1 zu §. 9 bezeichneten fiskalischen Betriebe u. s. w. (§. 47); er findet jedoch auch Anwendung auf die Baugewerks-B.G.en.

2. Vgl. zu diesem Paragraph die Bekanntmachung des R.V.A., betreffend die Nachweisungen von Regie-Bauarbeiten vom 12. Dezember 1887 (Anhang IV).

3. Die früher in Abs. 1 enthaltene Bestimmung, daß die Nachweisung „von einem vom R.V.A. zu bestimmenden und öffentlich bekannt zu machenden Zeitpunkt ab" vorzulegen sei, ist gestrichen, weil sie nur für die Zeit des Inkrafttretens des alten Gesetzes Bedeutung hatte.

4. Die allmonatliche Einreichung der im Abs. 1 vorgeschriebenen Nachweisungen ist erforderlich, um alle Unternehmer, welche Bauarbeiten der hierher gehörigen Art betreiben, zur Zahlung der Prämien heranziehen zu können und eine richtige Berechnung der letzteren zu ermöglichen.

5. Für Preußen ist die Gemeindebehörde zuständig, in deren Bezirk die Bauarbeiten ausgeführt werden; die Gemeindebehörde hat sich vor Ausstellung der in Abs. 3 bezeichneten Bescheinigung mit der Baupolizeibehörde ins Benehmen zu setzen, welche verpflichtet ist, der Gemeindebehörde auf deren Antrag bei der Ermittelung der betr. Bauarbeiten und erforderlichenfalls bei der Aufstellung oder Ergänzung der Nachweisungen behülflich zu sein. Bek. vom 16. Dezember 1887 (R.A. Nr. 804) sub I. Auch in den übrigen Theilen Deutschlands ist die Gemeindebehörde für zuständig erklärt worden.

Bei Bauarbeiten an Wegen, Kanälen u. s. w., die sich über mehrere Gemeindebezirke erstrecken, sind die Nachweisungen der Gemeindebehörde desjenigen Ortes einzureichen, in welchem der Baubetrieb seinen Sitz hat. In diesen Fällen bedarf es bei Ausstellung der in §. 22 Abs. 3 bezeichneten Bescheinigung der Zuziehung der die Baupolizei in der betr. Gemeinde führenden Behörde nicht. Bek. vom 25. Februar 1888 (R.A. Nr. 100).

6. Abs. 2 ist dem §. 85 Abs. 2 und 3 G.U.V.G. nachgebildet. Abgesehen von der der Behörde gestatteten Erzwingung der Auskunft durch Exekutivstrafen, kann der Genossenschaftsvorstand die Nichterfüllung der durch Absatz 1 festgesetzten Verpflichtung noch durch Ordnungsstrafen bis zu 300 Mark ahnden. §. 147 G.U.V.G. in Verbindung mit §. 45 Abs. 2 dieses Ges.

7. Nach §§. 24, 27, 28 sind die Obliegenheiten der Gemeindebehörden folgende:

a) die Entgegennahme und Prüfung oder Aufstellung und Ergänzung der Nachweisungen über die Regie-Bauarbeiten;

b) die Verpflichtung und Berechtigung, von den zur Vorlegung jener Nachweisungen Verpflichteten Auskunft zu verlangen und sie nöthigenfalls zur Ertheilung der Auskunft mittels Geldstrafen anzuhalten;

c) die vierteljährliche Einsendung der Nachweisungen an die Genossenschaftsvorstände mit der in §. 22 Abs. 3 vorgeschriebenen Bescheinigung;

d) die Auslegung der von den Genossenschaftsvorständen übersandten Auszüge aus den Heberollen während 2 Wochen und die öffentliche Bekanntmachung des Beginns dieser Frist;

e) die Einziehung der Prämien und die Einsendung derselben in ganzer Summe binnen 4 Wochen — nach Abzug der Portoauslagen und der Hebegebühren im Betrage von 4 Prozent unter Beifügung einer Berechnung derselben, — eventuell vorschußweise, an die Genossenschaftsvorstände;

f) Haftung der Gemeinden für die Prämien mit Ausnahme der nicht beitreibbaren Prämien (vgl. §. 29);

g) die Beitreibung der rückständigen Prämien in derselben Weise wie Gemeindeabgaben.

(Rundschreiben des R.V.A. vom 31. Januar 1888).

Prämientarif.

§. 25. (23).

Der Prämientarif (§. 23 lit. a) muß die der Berechnung der Prämien zu Grunde zu legenden Einheitssätze nach Verhältniß der bei der Bauausführung von den Versicherten verdienten Löhne oder Gehälter (vergl. §. 27 Abs. 2) beziehungsweise des in Betracht kommenden Jahresarbeitsverdienstes (§. 4) dergestalt ersichtlich machen, daß sich ergiebt, wieviel für jede angefangene halbe Mark des in Betracht kommenden Lohnes an Prämie zu entrichten ist.

Sofern nach dem für die Berufsgenossenschaft bestehenden Gefahrentarife die einzelnen Arten von Bauarbeiten zu verschieden bemessenen Beiträgen herangezogen werden, sind auch die Einheitssätze der an die Versicherungsanstalt zu entrichtenden Prämien nach dem durch den Gefahrentarif der Genossenschaft festgestellten Verhältnisse verschieden zu berechnen.

1. §. 25 gilt nicht für die in Anm. 1 zu §. 12 bezeichneten fiskalischen Betriebe u. s. w. (§. 48); er findet jedoch Anwendung auf die Baugewerks-B.G.en (§. 44).

2. „Aehnlich wie die Höhe der Jahresbeiträge der Berufsgenossen, so muß auch die Höhe der Prämien dem Risiko entsprechen, mit welchem jede Bauausführung die Versicherungsanstalt belastet. Bei Verletzungen werden die Renten nach den verdienten Löhnen oder, sofern diese niedriger sind, als der ortsübliche Tagelohn gewöhnlicher Tagearbeiter, nach dem letzteren berechnet; diese Löhne müssen daher auch für die Höhe der Prämien maßgebend sein. Daneben kann aber, wie bei den Umlagen in der Berufsgenossenschaft, auch die Verschiedenheit der Unfallgefahr der einzelnen Bauarbeiten nicht unberücksichtigt bleiben, sofern dieselbe ohne schwieriges Einschätzungsverfahren nach allgemeinen objektiven Gesichtspunkten leicht erkennbar ist. Dies ist der Fall, wenn die Unfallgefährlichkeit nach Kategorien von Bauarbeiten, nicht aber, wenn sie nach Besonderheiten einzelner Bauarbeiten derselben Kategorie abgestuft wird.

Aus diesen Gründen bestimmt der Entwurf, daß die Prämien nach dem Verhältniß der Löhne auf Grund von Einheitssätzen bemessen, diese Einheitssätze aber in Bruchtheilen einer Mark durch Prämientarife festgestellt und, sofern die Genossenschaft nach ihrem Gefahrentarif die einzelnen Arten von Bauarbeiten zu verschieden bemessenen Beiträgen heranzieht, ebenfalls nach diesem Gefahrentarif abgestuft werden sollen. Die Prämie selbst ist also ein Vielfaches dieses Einheitssatzes; den Multiplikator bildet für jede Bauarbeit der Betrag der bei Ausführung derselben von den Versicherten verdienten Löhne und Gehälter oder der ortsübliche Tagelohn gewöhnlicher Tagearbeiter, falls der letztere höher ist wie der erstere. Uebersteigen die verdienten Löhne eines Versicherten den Betrag von täglich vier Mark, so ist zwar bei Berechnung der Rente der überschießende Theil des Lohnes nur mit einem Drittel in Anrechnung zu bringen, und es müßte daher eigentlich auch bei Berechnung der Prämien diese Kürzung vorgenommen werden. Hiervon ist jedoch um deswillen abgesehen worden, weil die Umständlichkeiten dieser Berechnung zu der Geringfügigkeit der dem Unternehmer daraus erwachsenen Ersparniß in keinem Verhältniß stehen, und weil deshalb die Betriebsunternehmer, wie sich bei der Ausführung des Unfallversicherungsgesetzes herausgestellt hat, auf diese Kürzung keinen Werth legen." Mot. I, S. 29.

§. 26. (24.)

Der Prämientarif wird alle drei Jahre von dem Reichs-Versicherungsamte für jede Berufsgenossenschaft nach Anhörung des Vorstandes derselben im voraus festgesetzt. Als Grundlagen dienen der Kapitalwerth derjenigen Leistungen, welche der Versicherungsanstalt aus den bei Bauarbeiten der im §. 23 lit. a bezeichneten Art im Jahre durchschnittlich zu erwartenden Unfällen voraussichtlich erwachsen werden, ferner die zur Bildung des vorgeschriebenen Reservefonds (§. 19) erforderlichen Zuschläge sowie ein Pauschbetrag für Verwaltungskosten, welcher nach der Höhe der in der vorangegangenen Periode im Jahresdurchschnitte für die Versicherungsanstalt entstandenen Verwaltungskosten (§. 19 Abs. 6) unter Berücksichtigung des auf die Gemeinden nach §. 33 entfallenden Betrags derselben zu berechnen ist. In Abzug zu bringen sind die Zinsen des Reservefonds, soweit dieselben nicht nach den Bestimmungen des Nebenstatuts (§. 20 Ziffer 3) dem Reservefonds selbst zufließen.

Die näheren Bestimmungen über die Berechnung des Zuschlags für Verwaltungskosten hat das Reichs-Versicherungsamt zu erlassen.

Der Prämientarif ist durch den Reichsanzeiger und diejenigen Blätter zu veröffentlichen, welche zu den amtlichen Bekanntmachungen der Landes-Zentralbehörden oder der höheren Verwaltungsbehörden, in deren Bezirken er Geltung haben soll, bestimmt sind. Die Veröffentlichung erfolgt durch das Reichs-Versicherungsamt.

Die Veröffentlichung muß mindestens zwei Wochen vor demjenigen Zeitpunkt erfolgt sein, mit welchem der Tarif in Kraft treten soll. Bis zu diesem Zeitpunkte sind die Prämien nach dem bisherigen Tarife zu erheben.

1. §. 26 gilt nicht für die in Anm. 1 zu §. 12 bezeichneten fiskalischen Betriebe u. s. w. (§. 48); er findet jedoch auch Anwendung auf die Baugewerks-B.G.en. (§. 44).

2. Die Frist von 8 Jahren ist die Maximalfrist. Es kann auch schon früher eine anderweite Festsetzung des Prämientarifs erfolgen.

3. Die Prämien sind nach einem Rundschreiben des R.V.A. so zu bemessen, daß daraus gedeckt wird

a) der Kapitalwerth der Unfallrenten;
b) die für die Unfälle daneben besonders aufzubringenden Entschädigungen;
c) die Zuschläge zum Reservefonds;
d) die Verwaltungskosten;
e) die uneinziehbaren Prämien und etwa vorhandene Fehlbeträge.

4. Wegen der geltenden Prämientarife vergleiche im Uebrigen die Bekanntmachungen vom 24. November 1890 und vom 25. November 1898 (A.N. 1890 S. 592, 1898 S. 457).

5. An Stelle des R.V.A. treten ev. die Landes-Versicherungsämter.

6. Die früher in Absatz 2 enthaltene Vorschrift: „Für die erstmalige Berechnung wird der Zuschlag für Verwaltungskosten von dem R.V.A. nach Anhörung des Genossenschaftsvorstandes bestimmt", ist als Uebergangsbestimmung gestrichen worden.

7. Wegen der Prämientarife für die Versicherungsanstalten der Tiefbau-B.G. und der dem R.V.A. unmittelbar unterstehenden Baugewerks-B.G.en vergl. Anhang VII.

Entrichtung der Prämien.

§. 27. (25.)

Nach Ablauf des Kalendervierteljahrs wird auf der Grundlage des Prämientarifs und der nach §. 24 Abs. 3 eingereichten Nachweisungen vom Genossenschaftsvorstande die Prämie berechnet, welche auf jeden Unternehmer entfällt, und die Heberolle aufgestellt.

Für diejenigen Personen, deren bei der Ausführung der Bauarbeit verdiente Löhne und Gehälter für den Arbeitstag den Betrag des von der höheren Verwaltungsbehörde für den Ort der Beschäftigung festgesetzten ortsüblichen Tagelohns gewöhnlicher erwachsener Tagearbeiter nicht erreichen, ist dieser letztere Betrag der Berechnung der Prämie zu Grunde zu legen.

Den Gemeindebehörden sind bezüglich der dem Gemeindebezirk angehörenden Unternehmer Auszüge aus der Heberolle mit der Aufforderung zuzustellen, die Beiträge einzuziehen und in ganzer Summe innerhalb eines Monats an den Genossenschaftsvorstand oder das nach §. 21 zuständige andere Organ der Genossenschaft nach Abzug der Portoauslagen einzusenden.

Den Gemeindebehörden ist hierfür von der Berufsgenossenschaft eine Vergütung zu gewähren, deren Höhe von der Landes-Zentralbehörde im Einvernehmen mit dem Reichs-Versicherungsamte festzusetzen ist. Für Bauarbeiten, welche von der Gemeinde selbst für eigene Rechnung ausgeführt werden, wird diese Vergütung nicht gezahlt.

Die Gemeinde haftet für diejenigen Prämien, bei denen sie den wirklichen Ausfall oder die fruchtlos erfolgte Zwangsvollstreckung nicht nachweisen kann, und muß sie vorschußweise mit einsenden.

1. §. 27 gilt nicht für die in Anm. 1 zu §. 12 bezeichneten fiskalischen Betriebe u. s. w. (§. 43); er findet jedoch auch Anwendung auf die Baugewerks-B.G.en. (§. 44).

2. Die Höhe der Prämie ergiebt sich durch Multiplikation des Einheitssatzes (§. 25) mit dem Betrage der bei der Ausführung der einzelnen Bauarbeit von den Versicherten verdienten Löhne oder Gehälter, bez. soweit diese bei bestimmten Personen den ortsüblichen Tagelohn gewöhnlicher erwachsener Tagearbeiter nicht erreichen, mit

dem Betrage dieses Tagelohns (Abs. 2). Letztere Vorschrift entspricht dem nach §. 15 Abs. 1 auch hier anwendbaren Grundsatze des §. 10 G.U.V.G., wonach bei der Bemessung der Rente der ortsübliche Tagelohn gewöhnlicher erwachsener Tagearbeiter (§. 8 K.V.G.) zu Grunde zu legen ist, falls der Arbeitsverdienst des Verletzten diesen Tagelohn nicht erreicht; dementsprechend muß hier auch die Prämie bemessen werden.

3 Bei der Berechnung der Prämien sind die 4 Mark übersteigenden Löhne voll zur Anrechnung zu bringen (Besch. 510 A.N. 1888 S. 208).

4. Wenn bei Leistung von Gemeindediensten (Frohnden) eine Vergütung nicht gewährt wird, so sind die Prämien nach dem ortsüblichen Tagelohn, wie er von der höheren Verwaltungsbehörde festgesetzt ist, zu berechnen (Besch. 646 A.N. 1889 S. 76).

5. Der von der höheren Verwaltungsbehörde für Erwachsene festgesetzte, auch für die Prämienberechnung maßgebende ortsübliche Tagelohn gewöhnlicher Tagearbeiter (Abs. 2) umfaßt den Werth der üblicher Weise etwa gewährten Naturalien mit (A.N. 1899 S. 617 Z. 1775).

6. Im Abs. 3 ist, wie überall in den neuen Gesetzen die Frist von 4 Wochen durch eine solche von 1 Monat ersetzt.

7. Die Gemeindebehörden haben auch die Prämien der Gewerbetreibenden, die sich selbst versichert haben, einzuziehen, falls nicht das Nebenstatut abweichende Bestimmungen enthält (Besch. 644 A.N. 1889 S. 64).

8. Der Versicherungsanstalt steht es frei, zur Kostenersparniß der Prämien von größeren Unternehmern unmittelbar einzuziehen (Besch. 648 A.N. 1888 S. 349). Hat die Gemeinde vorher die Zwangsvollstreckung vergeblich vorgenommen, so steht ihr auch die Hebegebühr zu (Besch. 1510 A.N. 1896 S. 267).

9. Alle Zentralbehörden haben die Vergütung der

Gemeinden für die Einziehung der Prämien auf 4 Prozent festgesetzt.

10. Die Gemeinden dürfen die Hebegebühr und die Portoauslagen von der einzusendenden Prämie abziehen (A.N. 1888 S. 40). Portoauslagen dürfen sie auch anrechnen, wenn es sich um Regie-Bauarbeiten der Gemeinden selbst handelt (Besch. 1081 A.N. 1892 S. 200).

11. Neben dem Anspruch auf Hebegebühr dürfen die Gemeinden Erstattung etwaiger Auslagen im Beitreibungsverfahren nicht fordern (Besch. 1650 A.N. 1897 S. 469).

§. 28. (26.)

Der Auszug aus der Heberolle (§. 27) muß diejenigen Angaben enthalten, welche die Zahlungspflichtigen in den Stand setzen, die Richtigkeit der angestellten Prämienberechnung zu prüfen. Die Gemeindebehörde hat den Auszug während zweier Wochen zur Einsicht der Betheiligten auszulegen und den Beginn dieser Frist auf ortsübliche Weise bekannt zu machen. Binnen einer weiteren Frist von zwei Wochen kann der Zahlungspflichtige, unbeschadet der Verpflichtung zur vorläufigen Zahlung, gegen die Prämienberechnung bei dem Genossenschaftsvorstand oder dem nach §. 21 zuständigen anderen Organe der Genossenschaft Einspruch erheben.

Der Einspruch ist nur zulässig, wenn sich derselbe auf unrichtigen Ansatz der Löhne, auf unrichtige Anwendung des Prämientarifs, auf Rechenfehler oder auf die Behauptung stützt, daß der in Anspruch Genommene zur Entrichtung von Prämien für die von ihm beschäftigten Personen nicht verpflichtet sei.

Auf unrichtigen Ansatz der Löhne kann der Einspruch in den Fällen nicht gestützt werden, in welchen die Nachweisung wegen Säumniß des Verpflichteten von der Behörde (§. 24 Abs. 2) aufgestellt worden war.

Wird dem Einspruch überhaupt nicht oder nicht in dem beantragten Umfange Folge gegeben, so steht dem Zahlungspflichtigen binnen zwei Wochen nach der Zustellung der Entscheidung des zuständigen Genossenschaftsorgans die Beschwerde an die untere Verwaltungsbehörde zu. Gegen die Entscheidung derselben ist binnen zwei Wochen nach der Zustellung Rekurs an das Reichs-Versicherungsamt zulässig. Derselbe darf aber nur auf die Behauptung gestützt werden, daß eine Verpflichtung zur Entrichtung von Prämien nicht vorliege.

Ergiebt sich nachträglich, daß ein ohne Widerspruch (Abs. 1) bezahlter Betrag ganz oder theilweise zu Unrecht erhoben worden ist, so kann die Rückerstattung auf dem im Abs. 1 bezeichneten Wege verlangt werden. Der Anspruch verjährt in zwei Jahren nach Ablauf des Kalenderjahrs, in welchem der Betrag gezahlt worden ist.

1. §. 28 gilt nicht für die in Anm. 1 zu §. 12 bezeichneten fiskalischen Betriebe u. s. w. (§. 48); er findet jedoch auch Anwendung bei den Baugewerks-B.G.en (§. 44).

2. Abs. 1 entspricht dem §. 111 Abs. 1 und 2 L.U.V.G. Die Beitreibung erfolgt im Falle der Zahlungsverweige-

rung nach den für die Beitreibung von Gemeindeabgaben geltenden Vorschriften (§. 89) und wird durch den Einspruch nicht aufgehalten.

3. In Abs. 2 waren irrthümlicher Weise früher die Worte „von der Gemeindebehörde" statt „von der Behörde (§. 22 Abs. 2)" unverändert aus dem Entwurf übernommen worden, obwohl nach §. 22 Abs. 1 gemäß den Beschlüssen der Kommission die Bestimmung der die Nachweisung aufstellenden Behörde der Landes-Zentralbehörde obliegt, also nicht ohne Weiteres die Gemeindebehörde zuständig ist. Dieser Irrthum ist in der jetzigen Fassung berichtigt.

4. An Stelle des R.V.A. tritt eventuell das Landes-Versicherungsamt.

5. Der Abs. 4 entspricht dem §. 102 Abs. 5 des G.U.V.G.

§. 29. (27.)

Für die Prämien und die sonstigen den unter §. 6 Ziffer 4 Abs. 1 fallenden Unternehmern in diesem Gesetz auferlegten Leistungen haftet im Falle der Zahlungsunfähigkeit des Bauunternehmers der Bauherr während eines Jahres nach der endgültigen Feststellung der betreffenden Verbindlichkeit.

Sind Zwischenunternehmer vorhanden, so haften diese vor dem Bauherrn.

Streitigkeiten, welche zwischen den Versicherungsanstalten und den Bauherren oder Zwischenunternehmern über die Haftung entstehen, entscheidet mit Ausschluß des Rechtswegs das Reichs-Versicherungsamt.

1. Die Bestimmungen entsprechen den nach §. 89 hier anwendbaren Vorschriften der §§. 104, 105 G.U.V.G.

2. §. 29 gilt nicht für die in Anm. 1 zu §. 12 bezeichneten fiskalischen Betriebe u. s. w. (§. 48); er findet jedoch auch Anwendung bei den Baugewerks-B.G.en (§. 44.)

3. Die Bestimmung des §. 29 gilt nur für Regie-Bauarbeiten, nicht auch für die andern unter dieses Gesetz fallenden Bauarbeiten; ebenso nicht für die Selbstversicherung der Unternehmer.

4. Der Bauherr und die Zwischenunternehmer können gemäß §. 13 des Gerichtsverfassungsgesetzes nur im ordentlichen Prozeßverfahren zur Erfüllung ihrer subsidiären Verpflichtung herangezogen werden. Denn in einem der Mitgliedschaft analogen Verhältniß zur Versicherungsanstalt stehen nur die „Unternehmer", wie auch aus §. 30 hervorgeht: nur auf sie können die Vorschriften über die Zulässigkeit administrativer Zwangsvollstreckung (§§. 39, 45 dieses Gesetzes, §. 152 G.U.V.G.) bezogen werden.

5. Endgültig bedeutet so viel als rechtskräftig.

6. Die Frage, ob die endgültige Feststellung der Prämie gegen den Bauunternehmer Angriffe des Bauherrn gegen die Höhe der Prämie ausschließt, ist von dem R.V.A. verneint worden (Besch. 1592 A.N. 1887 S. 285).

7. Abs. 3 entspricht dem §. 105 Abs. 3 G.U.V.G., wo ebenfalls die Entscheidung von Streitigkeiten aus Zweckmäßigkeitsgründen dem R.V.A. übertragen ist.

Uebrigens hatten sich die ordentlichen Gerichte der von dem R.V.A. vorgenommenen Auslegung des Begriffs „Bauherr" im Wesentlichen angeschlossen (vgl. A.N. 1898 S. 250 ff.).

§. 30. (28.)

Weitere Zahlungen als die nach diesem Gesetze zu entrichtenden Prämien und die wegen Verletzung bestehender Verpflichtungen einzuziehenden Strafen

und Kosten können seitens der Berufsgenossenschaft von den Unternehmern nicht gefordert werden.

1. §. 30 gilt nicht für die in Anm. 1 zu §. 12 bezeichneten fiskalischen Betriebe u. s. w. (§. 43); er findet jedoch Anwendung bei den Baugewerks-B.G.en (§. 44).

§. 31. (29.)

Für Kommunalverbände, öffentliche Korporationen und andere Bauherren, welche regelmäßig ohne Uebertragung an andere Unternehmer Bauarbeiten ausführen, kann auf ihren Antrag der Betrag der der Berechnung der Prämien zu Grunde zu legenden Arbeitslöhne und Gehälter nach Maßgabe der Zahl der im Jahresdurchschnitte verwendeten Arbeitstage in einem Pauschbetrage festgesetzt werden. Solche Festsetzungen müssen Bestimmungen über die Termine, zu welchen die Prämien einzuzahlen sind, enthalten. Soweit solche Festsetzungen getroffen sind, finden die Bestimmungen der §§. 24 und 27 keine Anwendung.

1. §. 31 gilt nicht für die in Anm. 1 zu §. 12 bezeichneten fiskalischen Betriebe u. s. w. (§. 43); er findet jedoch auch Anwendung bei den Baugewerks-B.G.en (§. 44).

2. „Die Bestimmung .... soll denjenigen Bauherren, welche regelmäßig Regiebauten auszuführen pflegen, insbesondere solchen Gemeinden, welche wegen ihrer Regiebauten der Berufsgenossenschaft nicht beigetreten sind, die Möglichkeit gewähren, durch Jahresbeiträge in Pausch und Bogen die Vorlegung monatlicher Nachweisungen und die vierteljährliche Einzahlung der Prämien zu vermeiden. Der Entwurf knüpft diese Vergünstigung an die

Zustimmung der Versicherungsanstalt; eine Nöthigung der letzteren, auf entsprechende Anträge von Bauherren einzugehen, erschien bedenklich. Es läßt sich erwarten, daß auch ohne solche Nöthigung die hier vorgesehene Vereinbarung überall eintreten wird, wo sie sachlich begründet erscheint, weil durch dieselbe nicht nur den Bauherren, sondern auch den Versicherungsanstalten erhebliche Erleichterungen erwachsen werden." Mot. I, S. 31.

3. Ende 1895 hatte die Tiefbau-B.G. mit 26000 Gemeinden Vereinbarungen gemäß §. 31 getroffen.

4. Auch ein Kreisverband kann eine Vereinbarung über Pauschalversicherung seiner sämmtlichen Gemeinden abschließen (Besch. 944 Abs. 2 A.N. 1891 S. 198).

5. Haben Kommunalverbände von der Befugniß des §. 8 Abs. 2 Gebrauch gemacht, so findet §. 31 keine Anwendung.

6. Ist ein derartiges Abkommen getroffen, so sind die im §. 24 vorgeschriebenen Nachweisungen nicht einzureichen, und es sind die Beiträge nicht gemäß §. 27 sondern direkt von dem betreffenden Unternehmer beizutreiben, eventuell aber wie sonst im Verwaltungszwangsverfahren (§. 39), vorbehaltlich der landesgesetzlichen Bestimmungen über die Zwangsvollstreckung gegen Gemeinden rc. Die Bestimmungen des §. 28, der auf der Anwendbarkeit des §. 27 beruht, müssen ebenfalls als ausgeschlossen gelten; etwaige Ansprüche des Schuldners werden daher gemäß §. 18 des Gerichtsverfassungsgesetzes im ordentlichen Rechtswege zu erledigen sein.

7. Die vorgenommenen kleinen Aenderungen betreffen nur die Fassung.

Versicherung auf Kosten von Gemeinden. (§ 23 lit. b.)

§. 32. (30.)

Die Mittel zur Deckung der Entschädigungsbeträge und Verwaltungskosten, welche der Versicherungsanstalt aus Unfällen bei den im §. 23 lit. b bezeichneten Bauarbeiten erwachsen sind, werden durch Beiträge der Gemeinden, über deren Bezirke die Berufsgenossenschaft sich erstreckt, aufgebracht und auf dieselben nach dem Verhältnisse der Bevölkerungsziffer jährlich umgelegt. Als Bevölkerungsziffer gilt diejenige Zahl von Einwohnern, welche aus Anlaß der nächstvorhergegangenen Volkszählung von der zuständigen Behörde amtlich festgestellt ist, und zwar von dem auf die Feststellung folgenden Rechnungsjahr ab.

Durch die Landes-Zentralbehörde kann bestimmt werden, daß an Stelle der Gemeinden weitere Kommunalverbände treten, oder daß innerhalb bestimmter Bezirke einzelne Gemeinden zur gemeinschaftlichen Uebernahme der aus der Unfallversicherung bei der Versicherungsanstalt ihnen erwachsenden Last vereinigt werden. Bestimmungen der letzteren Art müssen Festsetzungen über die Vertretung und Verwaltung dieser Vereinigung sowie darüber enthalten, nach welchen Grundsätzen die diesen Vereinigungen zur Last fallenden Beträge auf die einzelnen Gemeinden zu vertheilen sind.

Die Landes-Zentralbehörde kann ferner bestimmen, daß die Umlegung statt auf Gemeinden oder weitere Kommunalverbände auf Verwaltungsbezirke erfolge, und wie von den letzteren die auf sie umgelegten Beträge auf die einzelnen Gemeinden zu vertheilen sind.

Soweit derartige Bestimmungen der Landes-

Zentralbehörde nicht erlassen sind, können Gemeinden durch übereinstimmende Beschlüsse zur gemeinsamen Uebernahme der gemäß §. 23 lit. b ihnen zufallenden Lasten sich vereinigen. Solche Vereinbarungen müssen Bestimmungen über die Vertretung und Verwaltung dieser Vereinigungen enthalten und bedürfen der Genehmigung der Landes-Zentralbehörde.

Diese Bestimmungen und Vereinbarungen sind den betreffenden Berufsgenossenschaften sowie dem Reichs-Versicherungsamte mitzutheilen.

1. §. 32 gilt nicht für die in Anm. 1 zu §. 12 bezeichneten fiskalische Betriebe u. s. w. (§. 48): er findet auch nur Anwendung bei den Versicherungsanstalten der Baugewerks-B.G.en (§§. 18 Abs. 2, 44).

2. Die §§. 32—36 sind durch die Berathungen der Reichstags-Kommission hinzugefügt „zur Regelung des Verfahrens zur Ausführung der zu §. 5 (jetzt 6) Ziffer 4 und §. 19 (jetzt 28) gefaßten Beschlüsse wegen Auferlegung der Versicherung der kleinen Regiebauarbeiten auf die Gemeindeverbände.“ Komm.-Ber. S. 26.

3. Weitere Kommunalverbände sind in Preußen die Kreise und Provinzen; Verwaltungsbezirke sind die Amtsbezirke und Regierungsbezirke.

4. Auf Grund des Abs. 2 bestimmt für Preußen die Bekanntmachung vom 16. Dezember 1887 (R.A. Nr. 304), daß die Unfallversicherung bezüglich der in §§. 6 Ziffer 4, 28 lit. b bezeichneten Bauarbeiten auf Kosten der Kreise (Stadtkreise, Oberamtsbezirke) erfolgen soll. Eine besondere Bestimmung ist bezüglich der Enklave Gesell getroffen. Wegen der übrigen Bundesstaaten vgl. Handbuch S. 722 ff.

5. Was zu einem Beschluß der Gemeinde erforderlich ist, regelt sich nach Landesrecht.

6. Die Mittheilung des Abs. 5 an die B.G.en ist nöthig, damit diese danach die Umlegung der Beiträge (§. 38 Abs. 3) vornehmen.

7. An Stelle des R.V.A. treten ev. die Landesversicherungsämter (§. 41 Abs. 2).

§. 33. (31.)

Der Betrag der auf die Verbände umzulegenden Verwaltungskosten wird nach Maßgabe der Vorschriften des §. 26 festgesetzt.

1. §. 33 gilt nicht für die in Anm. 1 zu §. 12 bezeichneten fiskalischen Betriebe u. s. w. (§. 43); er findet auch nur Anwendung bei den Versicherungsanstalten der Baugewerks-B.G.en (§§. 18 Abs. 2, 44).

2. Für die ausschließlich dem R.V.A. unterstellten Baugewerks-B.G.en ist die Festsetzung durch die Bekanntmachung vom 28. März 1889 (A.N. S. 159) erfolgt, und zwar dahin, daß für jeden Unfall ein Pauschalbetrag von 80 Mark zu erheben ist.

3. An die Stelle des R.V.A. tritt ev. das Landes-Versicherungsamt (§. 41 Abs. 2).

§. 34. (32.)

Innerhalb der einzelnen Gemeinden oder weiteren Kommunalverbände werden die aus den Bestimmungen des §. 23 lit. b auf dieselben entfallenden Lasten wie Gemeindeabgaben aufgebracht.

Durch die Landesgesetzgebung oder durch statutarische Bestimmung der einzelnen Gemeinden beziehungsweise weiteren Kommunalverbände, welche der Genehmigung der höheren Verwaltungsbehörde bedarf, kann ein anderer Vertheilungsmaßstab festgestellt, insbesondere bestimmt werden, daß die Lasten von den Grund- oder Gebäudebesitzern zu tragen sind.

1. §. 34 gilt nicht für die in Anm. 1 zu §. 12 bezeichneten fiskalischen Betriebe u. s. w. (§. 43); er findet auch nur Anwendung bei den Versicherungsanstalten der Baugewerks-B.G.en (§§. 18 Abs. 2, 44).

2. Abs. 1 soll nicht besagen, daß die auf die einzelnen Gemeinden ꝛc. entfallenden Lasten in Form einer besonderen Auflage aufgebracht werden müssen. Es muß vielmehr als zulässig erachtet werden, die voraussichtlich erwachsenden Ausgaben in den Etat einzustellen und entweder dieselben, wie alle anderen Ausgaben, aus den Einkünften des sonstigen kommunalen Vermögens zu bestreiten, oder, soweit dies nicht ausreicht, jene Ausgaben bei der Bemessung der zur Balanzirung des Etats erforderlichen allgemeinen Kommunalabgaben in Berechnung zu ziehen. Abs. 1 soll im Gegensatz zum Abs. 2 nur feststellen, daß die in Rede stehenden Lasten nicht durch Heranziehung besonderer Kategorien der Gemeindeangehörigen aufgebracht werden sollen.

3. Die im Abs. 2 zugelassene besondere Regelung kann sowohl durch die Gestattung von Zuschlägen zur Grund- oder Gebäudesteuer ꝛc., als auch durch die Einführung besonderer Abgaben für die betreffenden Kategorien von Gemeindeangehörigen getroffen werden.

4. Höhere Verwaltungsbehörden sind in Preußen im Allgemeinen die Regierungspräsidenten bez. Regierungen.

§. 35. (33.)

Auf den besonderen Reservefonds der Versicherungsanstalt haben die Gemeinden und sonstigen im §. 32 bezeichneten Verbände rücksichtlich der aus der Bestimmung des §. 23 lit. b ihnen erwachsenden Lasten keinen Anspruch.

1. Nach den Motiven sollen durch den Zusatz die Verbände, um die es sich handelt, lediglich deutlicher bezeichnet werden (Mot. II, S. 189).

2. §. 35 gilt nicht für die in Anm. 1 zu §. 12 bezeichneten fiskalischen Betrieben u. s. w. (§. 48); er gilt auch nur bei den Versicherungsanstalten der Baugewerks-B.G.en (§§. 18 Abs. 2, 44).

3. Nach §§. 23 lit. b, 33 werden die Leistungen der Verbände nur nach den thatsächlich geleisteten Entschädigungen nebst einem Zuschlag für Verwaltungskosten bemessen; dagegen tragen die Verbände nicht, wie die einzelnen Regiebauunternehmer (§. 26), zur Ansammlung des Reservefonds der Versicherungsanstalt bei. Hieraus rechtfertigt sich obige Vorschrift.

§. 36. (34.)

Den Gemeinden im Sinne dieses Gesetzes stehen die selbständigen Gutsbezirke und Gemarkungen gleich. Soweit den Gemeinden aus diesem Gesetze Rechte oder Verbindlichkeiten erwachsen, tritt an die Stelle der Gemeinden der Gutsherr oder der Gemarkungsberechtigte.

1. §. 36 gilt nicht bei den in Anm. 1 zu §. 12 bezeichneten fiskalischen Betrieben u. s. w. (§. 48); er findet jedoch Anwendung auch bei den Baugewerks-B.G.en (§. 44).

2. Der Paragraph entspricht §. 165 L.U.B.G. Die Motive zu dem Letzteren sagen u. A.: „Der §. 184 ist dem §. 88 des K.B.G. nachgebildet. Derselbe war unentbehrlich, weil in diesem Entwurf den Gemeinden eine Reihe von Obliegenheiten übertragen worden ist, welche

in selbständigen Gutsbezirken oder Gemarkungen von diesen bezw. von den Gutsherrn oder Gemarkungsberechtigten wahrgenommen werden müssen. Hierdurch werden kontraktliche Abmachungen zwischen den Gutsherrn oder Gemarkungsberechtigten und Dritten über die den ersteren aus diesem Gesetzentwurf obliegenden Verpflichtungen selbstverständlich nicht ausgeschlossen; die Bestimmung des §. 181 besagt nur, daß die Behörden und die Unterstützungsberechtigten ihrerseits die Erfüllung der aus diesem Entwurf den Gemeinden obliegenden Verpflichtungen von dem Gutsherrn oder Gemarkungsberechtigten zu fordern haben."

3. §. 86 bezieht sich auf alle Vorschriften dieses Gesetzes, in welchen von Gemeinden die Rede ist, insbesondere also auch auf die Regelung der Fürsorge für die ersten 18 Wochen (§. 10).

Ebenso wie im G.U.V.G. sind auch hier die Bestimmungen der früheren §§. 35, 36 über die Schiedsgerichte gestrichen worden. Es gelten dafür jetzt die Bestimmungen der §§. 8ff. des Abänderungsgesetzes, das im Anhang I abgedruckt ist.

IV. Feststellung und Auszahlung der Entschädigungen.

Untersuchung. Entschädigung.

§. 37. (37 bis 40.)

Auf die Anzeige und Untersuchung der Unfälle, auf die Feststellung, Auszahlung und Pfändung der Enschädigungen sowie auf die Liquidationen der Postverwaltungen finden die Bestimmungen der §§. 63 bis 98 des Gewerbe-Unfallversicherungsgesetzes entsprechende Anwendung.

Die Verpflichtung zur Einreichung von Lohn-

und Gehaltsnachweisungen (§. 74 a. a. O.) erstreckt sich auch auf Unternehmer, welche nicht Mitglieder der Berufsgenossenschaft sind.

1. Der Paragraph umfaßt den Inhalt der §§. 37 bis 40 des alten Gesetzes, woraus sich die Streichung der ehemaligen §§. 38 bis 40 ergab. Ueberdies treten an Stelle des früheren §. 39 die Bestimmungen im §. 94 G.U.V.G., und in Bezug auf die Abfindung der Ausländer §. 95 G.U.V.G.

2. Auf die in Anm. 1 zu §. 12 genannten fiskalischen Betriebe u. s. w. findet §. 74 U.V.G. keine Anwendung. Der vorliegende Paragraph gilt auch bei den Baugewerks-B.G.en.

Erstattung der Vorschüsse.

§. 38. (41.)

Der Genossenschaftsvorstand stellt fest, welcher Theil der von den Zentral-Postbehörden liquidirten Beträge den Mitgliedern der Berufsgenossenschaft, und welcher Theil der Versicherungsanstalt zur Last fällt.

Der erstere Theil ist aus den verfügbaren Mitteln der Berufsgenossenschaft zu entnehmen. Gleichzeitig ist nach den Bestimmungen des §. 13 der Kapitalwerth der im vergangenen Rechnungsjahre neu entstandenen, der Berufsgenossenschaft erwachsenen Lasten zu berechnen und unter Berücksichtigung der auf Grund der §§. 50, 51 des Gewerbe-Unfallversicherungsgesetzes etwa vorliegenden besonderen Verpflichtungen oder Berechtigungen nach dem festgestellten Vertheilungsmaßstab und unter Verrechnung der erhobenen Vorschüsse (§. 13) von den Mitgliedern einzuziehen. Im Uebrigen finden die Bestimmungen des §. 99 Abs. 2 bis 4 sowie der §§. 100 bis 102 a. a. O. Anwendung.

Der der Versicherungsanstalt zur Last fallende Theil ist, soweit er durch Unfälle verursacht ist, die sich bei Bauarbeiten der im §. 23 lit. a bezeichneten Art ereignet haben, aus den verfügbaren Beständen an Prämien zu entnehmen. Soweit der Betrag aber durch Unfälle verursacht ist, die sich bei Bauarbeiten der im §. 23 lit. b bezeichneten Art ereignet haben, ist derselbe nach dem im §. 32 festgesetzten Maßstab auf die im Bezirke der Berufsgenossenschaft belegenen Gemeinden, weiteren Kommunalverbände oder Vereinigungen von Gemeinden, welche an die Stelle der Gemeinden gesetzt sind, umzulegen und von ihnen einzuziehen. Denselben ist zu diesem Zwecke ein Auszug aus der aufzustellenden Heberolle mit der Aufforderung zuzustellen, den festgesetzten Betrag bei Vermeidung der zwangsweisen Beitreibung binnen zwei Wochen einzuzahlen. Der Auszug muß diejenigen Angaben enthalten, welche die Gemeinden 2c. in den Stand setzen, die Richtigkeit der angestellten Beitragsberechnung zu prüfen. Den Gemeinden 2c. stehen gegen die Feststellung ihrer Beiträge, unbeschadet der Verpflichtung zur sofortigen Zahlung, die im §. 102 des Gewerbe-Unfallversicherungsgesetzes angegebenen Rechtsmittel zu; die Beschwerde ist jedoch nur zuläßig, wenn sich dieselbe entweder

auf Rechenfehler oder auf Irrthümer bei Ansatz der Bevölkerungsziffer gründet.

1. Die Aenderungen entsprechen der anderweiten Fassung des G.U.V.G.

2. §. 38 gilt nicht für die in Anm. 1 zu § 12 bezeichneten fiskalischen Betriebe u. s. w. (§. 43); Abs. 1 und 3 finden jedoch auch Anwendung bei den Baugewerks-B.G.en (§ 44).

3. Abs. 1. Zu der hier vorgeschriebenen Feststellung ist es nothwendig, daß der Vorstand Verzeichnisse darüber führt, welche Anweisungen für die B.G., und welche für die Versicherungsanstalt ausgestellt sind (Rundschr. d. R.V.A. vom 8. Januar 1888 A.N. S. 47).

4. Abs. 2 gilt nur bei der Tiefbau-B.G. (Kapitaldeckungsverfahren).

5. Abs. 3 erörtert die Beschaffung der auf die Versicherungsanstalt entfallenden Beträge, und zwar:

a) soweit sie den Unternehmern der größeren Regiebauten (§. 23 lit. a),

b) soweit sie den Verbänden (§. 23 lit. b)

zur Last fallen.

Die Verpflichtung zur sofortigen Zahlung trotz Einspruchs und Beschwerde folgt aus den Grundsätzen des §. 39. Für etwa bei der Versicherungsanstalt sich ergebende Fehlbeträge kommt die Genossenschaft auf.

§. 39. (42, 43.)

Die Bestimmungen der §§. 103 bis 106 des Gewerbe-Unfallversicherungsgesetzes über die Einziehung, Verjährung und Abführung der Beiträge sowie der §§. 107 bis 111 a. a. O. über die Vermögensverwaltung finden, und zwar auch auf Prämienbeträge, entsprechende Anwendung.

1. Der Paragraph umfaßt die §§. 42 und 43 des alten Gesetzes, von denen §. 42 gänzlich, §. 43 theilweise fortgefallen ist. Nach den Motiven wird §. 42 zweckmäßig durch Bezugnahme auf die gleichartigen Vorschriften des §. 108 G.U.V.G. ersetzt, wobei bemerkt wird, daß die dort nicht vorkommende Bestimmung über Strafzuschläge im Falle der Ablehnung von Wahlen nicht mehr in Betracht kommt, weil an die Stelle dieser Strafzuschläge Geldstrafen gesetzt sind. Die Vorschriften der §§. 104, 105 G.U.V.G. sind nach den Motiven für die gewerblichen Tiefbau-Unternehmungen gleichfalls hierher zu übertragen, während für die Regie-Baubetriebe §§. 29, 44 maßgebend bleiben. Für die Vermögensverwaltung sollen §§. 107, 108, 110 G.U.V.G. Anwendung finden. Die sonstigen Aenderungen betreffen nur die Fassung (Mot. II, S. 139 (140)).

2. Der Paragraph gilt auch für die Baugewerks-B.G.en (§. 44).

3. Wegen Abgrenzung der Zuständigkeit des R.V.A. und der Vollstreckungsbehörden zur Entscheidung von Streitigkeiten, welche aus Anlaß der Beitreibung rückständiger Genossenschaftsbeiträge entstehen vgl. A.N. 1898 S. 170 Z. 1694. —

V. Unfallverhütung. Beaufsichtigung.

Unfallverhütung. Ueberwachung durch die Genossenschaft.

§. 40. (44.)

Die Bestimmungen der §§. 112 bis 124 des Gewerbe-Unfallversicherungsgesetzes finden mit folgenden Maßgaben Anwendung:

1. Unfallverhütungsvorschriften können auch für die Bauarbeiten derjenigen Unternehmer erlassen werden, welche nicht Mitglieder der

Genossenschaft sind, aber in deren Bezirke Bauarbeiten ausführen.

In den Unfallverhütungsvorschriften, welche auf derartige Bauarbeiten Anwendung finden sollen, sind für die Zuwiderhandelnden Zuschläge bis zum doppelten Betrage der Prämie oder, sofern es sich um Bauarbeiten der im §. 23 lit. b bezeichneten Art handelt, Geldstrafen bis zu einhundert Mark anzudrohen. Die Vorschriften sind von der höheren Verwaltungsbehörde in geeigneter Weise zu veröffentlichen.

2. Die Berechtigung der Genossenschaft zur Ueberwachung der Betriebe und die Verpflichtungen der Unternehmer wegen Gestattung des Zutritts zu den Betriebsstätten und wegen Vorlegung ihrer Bücher und Nachweisungen erstrecken sich auch auf Unternehmer, welche, ohne Mitglied der Genossenschaft zu sein, in deren Bezirke Bauarbeiten ausführen.

1. §. 40 gilt nicht für die in Anm. 1 zu §. 12 bezeichneten Betriebe u. s. w. (§. 68 L.U.V.G.); er findet jedoch auch Anwendung bei den Baugewerks-B.G.en (§. 44).

2. Von der Befugniß des §. 40 haben die Südwestliche (A.N. 1889 S. 378), die Nordöstliche, Sächsische und die Hannoversche Baugewerks-B.G.en (A.N. 1890 S. 150, 191, 482) Gebrauch gemacht. Wegen der Unfallverhütungsvorschriften der Tiefbau-B.G. vgl. A.N. 1890 S. 148 ff.

3. Bei Erlaß von Unfallverhütungsvorschriften gemäß §. 40 sind §§. 113, 115 G.U.V.G. anzuwenden, wonach

die Arbeitervertreter der B.G. zu der Berathung und Beschlußfassung der Vorstände zuzuziehen sind (Besch. 627 A.N. 1888 S. 344).

4. Die in dem alten Gesetz (Ziffer 2) enthaltene Befugniß der Vorstände der Bau-Krankenkasse, Ordnungsstrafen wegen Uebertretung der Unfallverhütungsvorschriften zu erlassen, ist fortgefallen, nachdem diese Befugniß in §. 116 der G.U.V.G. aufgenommen ist, welcher auch hier Giltigkeit hat.

Reichs-Versicherungsamt. Landes-Versicherungsämter.

§. 41. (45.)

Wegen der Zuständigkeit des Reichs-Versicherungsamts und der Landes-Versicherungsämter bewendet es bei den Bestimmungen der §§. 125 bis 127 des Gewerbe-Unfallversicherungsgesetzes.

Soweit hiernach ein Landes-Versicherungsamt zur Beaufsichtigung der Genossenschaft und zur Entscheidung der im Bezirke derselben vorkommenden Streitigkeiten befugt ist, gehen die im §. 26 des Gesetzes, betreffend die Abänderung der Unfallversicherungsgesetze, sowie in den §§. 13, 19, 22, 26 bis 28, 32, 33, 38, 42 dem Reichs-Versicherungsamt übertragenen Zuständigkeiten auf das Landes-Versicherungsamt über.

1. Der Paragraph findet auch bei den Baugewerks-B.G.en Anwendung (§. 44).

2. Soweit es sich um die Organisation des R.V.A. handelt, wird der Paragraph durch die §§. 10 ff. des Abänderungsgesetzes ergänzt (Anhang 1).

3. Zur Zuständigkeit der Landes-Versicherungsämter gehören nur die Angelegenheiten derjenigen Berufsge-

nossenschaften, welche sich nicht über das Gebiet der betreffenden Bundesstaaten erstrecken. §. 127 Absatz 2 G.U.V.G. Die Tiefbau-Berufsgenossenschaft erstreckt sich über das ganze Reich, und von den 12 Baugewerks-Berufsgenossenschaften beschränken sich nur die Bayerische und Württembergische auf das Gebiet eines Bundesstaates. Für die in diesem Gesetz behandelten Berufsgenossenschaften kommen also nur die Landes-Versicherungsämter von Bayern und Württemberg in Betracht; die übrigen bisher errichteten (Kgr. Sachsen, Mecklenburg-Strelitz) haben, soweit es das vorliegende Gesetz betrifft, eine Zuständigkeit nur hinsichtlich der in Anm. 1 zu §. 12 genannten Betriebe der Bundesstaaten, Gemeinden ꝛc. Das Württembergische Landes-Versicherungsamt ist am 1. Januar 1888 in Wirksamkeit getreten (A.N. 1888 S. 2, 3). Daher ist der Prämientarif für die Württembergische Baugewerks-Berufsgenossenschaft noch vom Reichs-Versicherungsamt festgesetzt worden (§. 26).

VI. Bauarbeiten für Rechnung des Reichs, der Bundesstaaten, von Kommunalverbänden und Korporationen.

Ausführungsbehörden.

§. 42. (46.)

Für Bauarbeiten des Reichs, eines Bundesstaats, eines nach den Bestimmungen des §. 6 Ziffer 3 für leistungsfähig erklärten Verbandes oder einer anderen öffentlichen Korporation, bei welchen nach §. 6 Ziffer 2, 3 bei Anwendung dieses Gesetzes an die Stelle der Berufsgenossenschaft das Reich, der betreffende Bundesstaat, der betreffende Verband oder die Korporation tritt, werden die Befugnisse und Obliegenheiten der Genossenschaftsversammlung und des Genossenschaftsvorstandes durch Ausführungsbehörden wahrgenommen, welche für die Reichsverwaltungen von dem Reichskanzler, im Uebrigen von der Landes-Zentralbehörde zu bezeichnen sind. Dem Reichs-Versicherungsamt ist mitzutheilen, welche Behörden als Ausführungsbehörden bezeichnet sind.

1. §. 42 entspricht dem §. 184 L.U.V.G.

2. Ein Verzeichniß der Ausführungsbehörden ist A.N. 1895 S. 322 ff. veröffentlicht.

Versicherung durch das Reich rc.

§. 43. (47).

Soweit das Reich oder ein Bundesstaat, ein Kommunalverband oder eine andere öffentliche Korporation an die Stelle der Berufsgenossenschaft tritt (§. 6 Ziffer 2, 3), finden die §§. 12 bis 36, 38, 40 dieses Gesetzes sowie die §§. 74, 103 bis 105, 106 Abs. 2, 3, §§. 107 bis 110, 125, 126, 146 bis 151 des Gewerbe-Unfallversicherungsgesetzes keine Anwendung. Dagegen sind die Bestimmungen der §§. 130 bis 133 des Gewerbe-Unfallversicherungsgesetzes entsprechend anzuwenden.

1. Die Abänderung der Allegate ergab sich aus den Abänderungen dieses Gesetzes und des G.U.V.G.

2. Die §§. 130 bis 133 des G.U.V.G. entsprechen den §§. 3 bis 10 des Gesetzes vom 28. Mai 1885.

VII. Schluß- und Strafbestimmungen.

Erstreckung auf andere Gesetze über Unfallversicherung.

§. 44. (48.)

Die Bestimmungen der §§. 8, 12 Abs. 2, §§. 18 bis 36, 37 Abs. 2, §. 38 Abs. 1, 3, §§. 39 bis 41, 45 finden bei den im Geltungsbereiche des Gewerbe-Unfallversicherungsgesetzes errichteten Berufsgenossenschaften für Baugewerbetreibende gleichfalls entsprechende Anwendung.

1. Die Aenderung der Allegate ist eine Folge der Aenderung der gesammten Versicherungsgesetze.

2. Es „müssen Versicherungsanstalten auch bei den im Bereich des Unfallversicherungsgesetzes errichteten Berufsgenossenschaften für Baugewerbetreibende errichtet werden, weil auch Maurer-, Zimmer-, Brunnen- und ähnliche Arbeiten, sofern sie für eigene Rechnung der Bauherrn ausgeführt werden, unter die Vorschriften des vorliegenden Entwurfs fallen. Dieselben Gründe ferner, welche zu den Bestimmungen über das Versicherungsrecht und die statutarische Versicherungspflicht von Unternehmern der unter §. 1 Absatz 1 fallenden (Erd-, Wasser- 2c. bezw. Regie-) Bauarbeiten geführt haben, finden auch auf die Unternehmer der schon nach dem Unfallversicherungsgesetz der Unfallversicherung unterliegenden Maurer-, Zimmer- 2c. Arbeiten Anwendung.

Die auf die Errichtung und Verwaltung der Versicherungsanstalt, sowie die auf die Versicherung der Betriebsunternehmer sich beziehenden Bestimmungen des Entwurfs sind daher auch auf die nach dem Unfallversicherungsgesetz errichteten Berufsgenossenschaften für Baugewerbetreibende ausgedehnt worden. Dasselbe gilt aus ähnlichen Gründen von den Bestimmungen des Entwurfs über die Wahlfähigkeit und Wählbarkeit für die Vertretung der Arbeiter, über die Zuständigkeit der Schiedsgerichte bei den den Versicherungsanstalten zur Last fallenden Unfällen, über die Zustellungen und über die Auszahlung der Entschädigungen im Auslande und an Ausländer, welche letzteren insbesondere auch auf die bei Regiebauten von Eisenbahnverwaltungen beschäftigten Personen (§. 1 Ziffer 1 des Gesetzes vom 28. Mai 1885) ausgedehnt waren." Mot. I, S. 33, 34.

Haftpflicht ꝛc. Strafbestimmungen. Zustellungen.

§. 45. (49.)

Für Arbeiter, welche bei Bauarbeiten der im §. 6 Ziffer 4 Abs. 1 bezeichneten Art beschäftigt, aber nicht nach den Bestimmungen des Krankenversicherungsgesetzes gegen Krankheit versichert sind, bleiben die auf gesetzlichen Bestimmungen beruhenden Ansprüche auf Ersatz des in Folge eines Unfalls erlittenen Schadens für die Dauer der ersten dreizehn Wochen nach dem Unfalle vorbehalten.

Im Uebrigen finden die Vorschriften der §§. 135, 139 bis 155 des Gewerbe-Unfallversicherungsgesetzes entsprechende Anwendung, die Strafbestimmungen insbesondere auch bezüglich der Einreichung und Richtigkeit der für die Berechnung der Prämien maßgebenden Nachweisungen (§. 24).

1. §. 45 gilt auch für die Baugewerks-B.G.en (§. 44).

2. Die Hinzufügung der Bestimmung des Abs. 1 ist durch Einschiebung des jetzigen §. 10 erforderlich geworden und entspricht der Bestimmung des §. 146 Abs. 3 L.U.V.G.

3. Durch die Allegirung des §. 155 G.U.V.G. ist der ehemalige §. 50 des B.U.V.G., welcher von den Zustellungen handelte, entbehrlich geworden und gestrichen.

4. Der früher hier angezogene §. 96 (jetzt 186) G.U.V.G. ist jetzt fortgelassen. Dafür ist eine diesem Paragraphen entsprechende Vorschrift als §. 46 in das Gesetz aufgenommen.

§. 46.

Diejenigen Betriebsunternehmer, Bevollmächtigten oder Repräsentanten, Betriebs- oder Arbeiteraufseher, gegen welche durch strafgerichtliches Urtheil festgestellt worden ist, daß sie den Unfall vorsätzlich oder durch Fahrlässigkeit mit Außerachtlassung derjenigen Aufmerksamkeit, zu der sie vermöge ihres Amtes, Berufs oder Gewerbes besonders verpflichtet sind, oder dadurch herbeigeführt haben, daß sie bei der Leitung oder Ausführung eines Baues wider die allgemein anerkannten Regeln der Baukunst verstießen, haften für alle Aufwendungen, welche in Folge des Unfalls auf Grund dieses Gesetzes oder des Krankenversicherungsgesetzes von den Kommunalverbänden (§. 25 Abs. 1 des Gewerbe-Unfallversicherungsgesetzes, §. 10 Abs. 2, 5 dieses Gesetzes) oder Krankenkassen gemacht worden sind. Dieselben Personen haften der Genossenschaft für deren Aufwendungen auch ohne Feststellung durch strafgerichtliches Urtheil. Ist der Unfall durch Fahrlässigkeit mit Außerachtlassung derjenigen Aufmerksamkeit, zu der sie vermöge ihres Amtes, Berufs oder Gewerbes besonders verpflichtet sind, herbeigeführt, so ist die Genossenschaftsversammlung befugt, von der Verfolgung des Anspruchs abzusehen. Durch Statut kann diese Befugniß auf den Vorstand übertragen werden.

In gleicher Weise haftet als Betriebsunternehmer eine Aktiengesellschaft, eine Innung oder eingetragene Genossenschaft für die durch ein Mitglied ihres Vorstandes sowie eine Handelsgesellschaft, eine Innung oder eingetragene Genossenschaft für die durch einen der Liquidatoren herbeigeführten Unfälle.

Als Ersatz für die Rente kann in diesen Fällen deren Kapitalwerth gefordert werden.

1. Die Bestimmungen waren im Wesentlichen auch schon in dem alten B.U.V.G. vorhanden, da sie im Allgemeinen dem in dem früheren §. 49 angezogenen §. 96 (jetzt 186) G.U.V.G. entsprechen. Nachdem nunmehr in dem ehemaligen §. 49 (jetzt §. 45) das Allegat des §. 96 (186) G.U.V.G. fortgelassen, sind die Vorschriften in einem besonderen Paragraphen gefaßt.

2. Die vorstehenden Bestimmungen gehen insofern weiter, als §. 136 G.U.V.G., als die Haftung der in Betracht kommenden Personen auch dann eintritt, wenn sie „bei der Leitung oder Ausführung eines Baues wider die allgemein anerkannten Regeln der Baukunst verstießen." Durch diese Erweiterung sollen die Regiebauunternehmer getroffen werden, bei welchen von einer besonderen Pflicht zur Aufmerksamkeit aus Anlaß ihres Amtes, Berufs oder Gewerbes regelmäßig keine Rede sein kann, und die doch wiederholt zu hohen Strafen verurtheilt sind, weil sie bei der Leitung eines Baus wider die allgemeinen Regeln der Baukunst derart verstoßen haben, daß hieraus für Andere Gefahr entstand. Diese können jetzt regreßpflichtig gemacht werden, was früher nicht der Fall war (Mot. II, S. 141).

3. Die 3 letzten Sätze des Absatz 1 sind in der dritten Lesung im Hinblick auf die neue Fassung des §. 136 G.U.V.G. hinzugefügt worden. (Vgl. auch Anm. 2 zu §. 47).

§. 47.

Will der Vorstand den Ersatzanspruch aus §. 46 Abs. 1 Satz 3 geltend machen, so hat er den Beschluß dem Ersatzpflichtigen schriftlich mitzutheilen. Der Ersatzpflichtige kann hiergegen die Beschlußfassung der Genossenschaftsversammlung anrufen.

Die Klage darf nicht vor Ablauf eines Monats nach der Zustellung dieser Mittheilung und nur dann angestellt werden, wenn nicht innerhalb dieser Frist die Beschlußfassung seitens des Ersatzpflichtigen angerufen ist. Ist letzteres der Fall, so ist

die Beschlußfassung der Genossenschaftsversammlung abzuwarten.

1. Der Paragraph entspricht dem §. 187 des G.U.V.G. und ist von der Kommission in das Gesetz eingefügt. Der Bericht der XXI. Kommission (Reichstag. 10. Legislatur-Periode. I. Session 1898/1900. Nr. 528 der Drucksachen, Seite 144/145) sagt darüber Folgendes: „Dieser Antrag will den Regreßpflichtigen und den Vorstand gegenüber der Genossenschafts- oder Generalversammlung ganz gleichstellen. Beide sollen berechtigt sein, die Entscheidung der Versammlung anzurufen. Nachdem ohne Zuthun des Vorstandes eine strafgerichtliche Verurtheilung des schuldigen Unternehmers ꝛc. stattgefunden hat, tritt zunächst der Vorstand in Thätigkeit und beschließt innerhalb 6 Monaten, ob er den Anspruch geltend machen oder der Genossenschafts- bezw. General-Versammlung die Abstandnahme empfehlen will. Von seinem Beschlusse setzt er den Ersatzpflichtigen in Kenntniß, der nunmehr entweder seinerseits innerhalb eines Monats bei der Versammlung die Abstandnahme anregen, oder, wenn der Vorstand sie bereits angeregt hat, seinerseits das zur Unterstützung der Anregung Geeignete vorbringen kann. Erst wenn dieser Monat ungenützt verstrichen ist, darf der Vorstand die Regreßklage anstellen."

2. Daß der Genossenschaftsvorstand als oberstes Organ der Genossenschaft beschließen könne, von der Geltendmachung eines der Genossenschaft zustehenden Regreßanspruches Abstand zu nehmen, hat die Kommission für unzweifelhaft gehalten.

3. Der Paragraph hat in der dritten Lesung seine jetzige Fassung mit Rücksicht auf die Aenderung des §. 186 G.U.V.G. erhalten.

§. 48.

Der Anspruch (§. 46 Abs. 1 Satz 1) ver-

jährt in achtzehn Monaten von dem Tage, an welchem das strafgerichtliche Urtheil rechtskräftig geworden ist, im Uebrigen in zwei Jahren nach dem Unfalle. Die Anrufung der Beschlußfassung der Genossenschaftsversammlung (§. 47 Abs. 1) unterbricht die Verjährung.

Für das über einen solchen Anspruch erkennende ordentliche Gericht ist die Entscheidung bindend, welche in dem durch dieses Gesetz geordneten Verfahren über die Frage ergeht, ob ein Unfall vorliegt, für welchen aus der Unfallversicherung Entschädigung zu leisten ist, und in welchem Betrag Entschädigung zu gewähren ist.

1. Der Paragraph entspricht dem §. 188 Abs. 1 G.U.V.G.

2. Der erste Satz des ersten Absatzes war bereits in dem alten U.V.G. (§. 96 Abs. 4) enthalten.

3. Der zweite Absatz ist neu, so wie hier, auch in das G.U.V.G. aufgenommen (§. 135 Abs. 3). Es soll dadurch dem Mißstande begegnet werden, daß bei verschiedener Beurtheilung der Frage, ob ein entschädigungspflichtiger Betriebsunfall vorliegt, durch die Gerichte einerseits und die Genossenschaft, das Schiedsgericht und das Versicherungsamt andrerseits Verletzte zu Unrecht entweder keine, oder eine doppelte Entschädigung erstreiten. Die ordentlichen Gerichte haben in §. 148 der Civilprozeßordnung ein Mittel, die Verhandlung bis zur Entscheidung der zuständigen Organe auszusetzen, und so einer verschiedenartigen Beurtheilung vorzubeugen (Mot. II, S. 118).

Die §§. 50 und 51 des alten Gesetzes sind fortgefallen. Bezüglich §. 50 vgl. Anm. 8 zu §. 45; die Bestimmungen des ehemaligen §. 51 über Gesetzeskraft waren als Uebergangsbestimmungen überflüssig geworden.

Das Bau-Unfallversicherungsgesetz tritt nach §. 25 des Abänderungsgesetzes (vgl. Anhang I) am 1. Oktober 1900 in Kraft.

Anhang.

Bekanntmachung des Textes der Unfallversicherungsgesetze vom 30. Juni 1900.

Vom 5. Juli 1900.

(Reichs-Gesetzblatt Nr. 29, S. 573.)

Auf Grund der im §. 28 des Gesetzes, betreffend die Abänderung der Unfallversicherungsgesetze, vom 30. Juni 1900 (Reichs-Gesetzbl. S. 335) ertheilten Ermächtigung wird der Text der Unfallversicherungsgesetze unter fortlaufender Nummerufolge der Paragraphen jedes einzelnen dieser Gesetze nachstehend bekannt gemacht.

I. Gesetz, betreffend die Abänderung der Unfallversicherungsgesetze.

Abänderung der bisherigen Gesetze.

§. 1.

Das Unfallversicherungsgesetz vom 6. Juli 1884 (Reichs-Gesetzbl. S. 69), der Abschnitt A des Gesetzes, betreffend die Unfall- und Krankenversicherung der in land- und forstwirthschaftlichen Betrieben beschäftigten

Personen, vom 5. Mai 1886 (Reichs-Gesetzbl. S. 132), das Gesetz, betreffend die Unfallversicherung der bei Bauten beschäftigten Personen, vom 11. Juli 1887 (Reichs-Gesetzbl. S. 287) und das Gesetz, betreffend die Unfallversicherung der Seeleute und anderer bei der Seeschifffahrt betheiligter Personen, vom 13. Juli 1887 (Reichs-Gesetzbl. S. 329) erhalten die aus den Anlagen ersichtliche Fassung.

Das Gesetz über die Ausdehnung der Unfall- und Krankenversicherung vom 28. Mai 1885 (Reichs-Gesetzbl. S. 159) wird aufgehoben.

Wo in Gesetzen auf Bestimmungen Bezug genommen wird, welche hiernach abgeändert oder aufgehoben werden, sind darunter die an deren Stelle getretenen Bestimmungen zu verstehen.

Errichtung neuer Berufsgenossenschaften.

§. 2.

Die Errichtung von Berufsgenossenschaften für die durch §. 1 des Gewerbe-Unfallversicherungsgesetzes der Unfallversicherung neu unterstellten Gewerbszweige oder deren Zutheilung zu bestehenden Berufsgenossenschaften erfolgt durch den Bundesrath nach Anhörung von Vertretern der betheiligten Gewerbszweige und Genossenschaften.

Bis zur Genehmigung der Statuten der auf Grund dieses Gesetzes errichteten Berufsgenossenschaften können durch Beschluß des Bundesraths aus den auf Grund der Gesetze vom 6. Juli 1884 (Reichs-Gesetzbl. S. 69), vom

28. Mai 1885 (Reichs-Gesetzbl. S. 159), vom 11. Juli 1887 (Reichs-Gesetzbl. S. 287) und vom 18. Juli 1887 (Reichs-Gesetzbl. S. 329) errichteten Berufsgenossenschaften, ohne Rücksicht auf die in diesen Gesetzen vorgeschriebenen Voraussetzungen, nach Anhörung der betheiligten Genossenschaftsvorstände Gewerbszweige ausgeschieden und einer anderen Berufsgenossenschaft zugetheilt werden.

In den neu errichteten Berufsgenossenschaften wird das Statut durch eine konstituirende Genossenschaftsversammlung beschlossen. Diese besteht aus Delegirten von Handelskammern, Gewerbekammern oder ähnlichen wirthschaftlichen Vertretungen, welchen die Unternehmer der betreffenden Gewerbszweige angehören. Die Landes-Zentralbehörden bezeichnen diejenigen Stellen, welche zur Entsendung von Delegirten befugt sein sollen, und bestimmen für jede derselben unter Berücksichtigung ihrer wirthschaftlichen Bedeutung die Zahl der Delegirten. Erstreckt sich der Bezirk der Berufsgenossenschaft über das Gebiet eines Bundesstaats hinaus, so werden die zur Entsendung von Delegirten befugten Stellen und die Zahl der einer jeden derselben zustehenden Delegirten nach Benehmen mit den betheiligten Landesregierungen vom Reichskanzler bestimmt.

Die Berufung der konstituirenden Genossenschaftsversammlung und die Leitung ihrer Verhandlungen erfolgt bis zur Wahl eines provisorischen Vorstandes durch das Reichs-Versicherungsamt.

Bei den neu errichteten Genossenschaften endet die

erste Wahlperiode der Vertreter der Arbeiter mit dem 1. Januar 1906.

Schiedsgerichte.

§. 3.

Die Entscheidung von Streitigkeiten über Entschädigungen auf Grund der Unfallversicherungsgesetze wird den gemäß §§. 103 ff. des Invalidenversicherungsgesetzes errichteten Schiedsgerichten übertragen. Diese führen fortan die Bezeichnung: „Schiedsgericht für Arbeiterversicherung" mit Angabe des Bezirkes und des Sitzes. Bei Streitigkeiten über Entschädigungen für die Folgen von Unfällen in Betrieben, für welche zugelassene besondere Kasseneinrichtungen bestehen (§§. 8, 10, 11 des Invalidenversicherungsgesetzes), treten die für diese errichteten Schiedsgerichte an die Stelle der Schiedsgerichte für Arbeiterversicherung.

Die bisherigen Schiedsgerichte für die einzelnen Berufsgenossenschaften und Ausführungsbehörden werden aufgehoben. Die bei diesen Gerichten schwebenden Streitigkeiten gehen in der Lage, in welcher sie sich zu dem im §. 25 Abs. 1 bezeichneten Zeitpunkte befinden, auf die nach diesem Gesetze zuständigen Schiedsgerichte über und sind von diesen zu erledigen.

§. 4.

Die Zahl der Beisitzer der Schiedsgerichte (§. 104 Abs. 3 des Invalidenversicherungsgesetzes) kann von der Zentralbehörde des Bundesstaats, in welchem der Sitz des Schiedsgerichts belegen ist, oder von der durch sie bestimmten anderen Behörde erhöht werden; dabei kann zugleich bestimmt werden, wieviel Beisitzer am Sitze des Schiedsgerichts oder in dessen naher Umgebung wohnen oder beschäftigt sein müssen. Erstreckt sich der Bezirk des Schiedsgerichts über Gebiete oder Gebietstheile mehrerer Bundesstaaten, so wird die Bestimmung, sofern ein Einverständniß unter den betheiligten Landesregierungen nicht erzielt wird, vom Reichskanzler getroffen. Die Zahl der Beisitzer muß aus der Klasse der Arbeitgeber und der Versicherten mindestens je zwanzig betragen.

In den Schiedsgerichten, deren Bezirk Theile der Seeküste umfaßt, sind zu Vertretern der Versicherten (§. 88 Abs. 2 a. a. O.) auch befahrene Schiffahrtskundige, die nicht Rheder, Korrespondentrheder oder Bevollmächtigte (§. 33 des See-Unfallversicherungsgesetzes) sind, wählbar.

§. 5.

Die für den Sitz des Schiedsgerichts zuständige Landes-Zentralbehörde oder die durch sie bestimmte andere Behörde entscheidet, wieviel Beisitzer von dem Ausschusse der Versicherungsanstalt (§. 104 Abs. 3 des Invalidenversicherungsgesetzes) aus solchen Berufsgenossenschaften oder Ausführungsbehörden zu wählen sind, die im Bezirke des Schiedsgerichts vertreten sind. Die Bestimmung des §. 4 Abs. 1 Satz 2 findet Anwendung.

Wird eine solche Anordnung getroffen, so sind die zur Vertretung der Arbeitgeber bestimmten Beisitzer für die Berufsgenossenschaften aus den stimmberechtigten Mitgliedern der Genossenschaften, deren gesetzlichen Vertretern und bevollmächtigten Leitern ihrer Betriebe, für die Ausführungsbehörden aus den Beamten der Betriebe, für welche die Ausführungsbehörde bestellt ist, zu wählen. Den Vorständen der Berufsgenossenschaften und den Ausführungsbehörden ist Gelegenheit zu geben, geeignete Personen in Vorschlag zu bringen. Ausgeschlossen sind Personen, welche dem Vorstand einer für den Bezirk in Betracht kommenden Berufsgenossenschaft oder Sektion oder einer für den Bezirk in Betracht kommenden Ausführungsbehörde angehören, sowie die Vertrauensmänner. Die zur Vertretung der Versicherten bestimmten Beisitzer sind aus den Personen zu wählen, welche in einem der Genossenschaft zugehörenden oder der Ausführungsbehörde unterstehenden Betriebe beschäftigt sind.

Wird die im Abs. 1 bezeichnete Anordnung für eine Knappschafts-Berufsgenossenschaft getroffen, so kann durch deren Statut bestimmt werden, daß die zur Vertretung der Versicherten bestimmten Beisitzer von den Knappschaftsältesten zu wählen sind.

§. 6.

Solange und soweit die festgesetzte Zahl von Beisitzern nicht gewählt ist oder die Gewählten ihre Dienstleistung verweigern, hat die untere Verwaltungsbehörde, in deren Bezirke sich der Sitz des Schiedsgerichts befindet, die fehlenden Beisitzer aus der Zahl der wählbaren Personen zu berufen.

§. 7.

Bei der Verhandlung sind, soweit es sich um Unfälle in der Land- und Forstwirthschaft oder im Bergbaubetriebs handelt, Beisitzer aus diesen Berufszweigen, im Uebrigen Beisitzer aus den sonstigen der Versicherung unterliegenden Betrieben zuzuziehen. Ausnahmen sind nur in einzelnen Fällen aus besonderen Gründen zulässig.

Im Uebrigen kann der Vorsitzende des Schiedsgerichts auf Antrag der Berufsgenossenschaft, der Ausführungsbehörde oder eines Entschädigungsberechtigten zur Verhandlung und Entscheidung in einem einzelnen Falle, abweichend von der festgesetzten Reihenfolge, Beisitzer aus den Betrieben derjenigen Berufsgenossenschaft oder Ausführungsbehörde zuziehen, welcher der Betrieb, in dem sich der Unfall ereignet hat, angehört. Sofern solche Beisitzer nicht vorhanden sind, können Beisitzer aus anderen Betrieben bestimmt werden, die dem Betrieb, in welchem sich der Unfall ereignet hat, wirthschaftlich nahe stehen. Hat der Vorsitzende einen solchen Antrag abgelehnt, so kann vor Beginn der Verhandlung eine Entscheidung des Schiedsgerichts über den Antrag beansprucht werden, welche endgültig ist.

§. 8.

Das Schiedsgericht wählt bei Beginn eines jeden Geschäftsjahrs in seiner ersten Spruchsitzung, in der Regel nach Anhörung der für den betreffenden Bezirk oder Bundesstaat zuständigen Aerztevertretung, aus der Zahl der am Sitze des Schiedsgerichts wohnenden approbirten Aerzte diejenigen aus, welche als Sachverständige bei den Verhandlungen vor dem Schiedsgericht in der Regel nach

Bedarf zuzuziehen sind. Den zugezogenen Sachverständigen ist zur Abgabe ihres Gutachtens Einsicht in die Akten des Schiedsgerichts und der Berufsgenossenschaft zu gewähren. Die Namen der gewählten Aerzte sind öffentlich bekannt zu machen.

Im Uebrigen wird die Durchführung dieser Bestimmung durch die Landes-Zentralbehörde geregelt.

§. 9.

Das Schiedsgericht ist befugt, denjenigen Theil des Betriebs, in welchem der Unfall vorgekommen ist, in Augenschein zu nehmen. Weigert sich der Betriebsunternehmer oder dessen Stellvertreter, die Einnahme des Augenscheins zu gestatten, so ist er hierzu auf Antrag des Schiedsgerichtsvorsitzenden durch die Ortspolizeibehörde anzuhalten.

Soll die Augenscheinseinnahme in einem Dienstraum einer Behörde oder in einem Fahrzeuge der Kaiserlichen Marine stattfinden, so ist die zuständige Dienst- beziehungsweise Kommandobehörde um Gestattung derselben zu ersuchen.

Die Beisitzer haben über die Thatsachen, welche durch die Besichtigung des Betriebs zu ihrer Kenntniß kommen, Verschwiegenheit zu beobachten und sich der Nachahmung der von dem Betriebsunternehmer geheim gehaltenen, zu ihrer Kenntniß gelangten Betriebseinrichtungen und Betriebsweisen, solange als diese Betriebsgeheimnisse sind, zu enthalten.

Dem Schiedsgericht eingereichte Urkunden sind sowohl

der Berufsgenossenschaft als auch dem Verletzten rechtzeitig mitzutheilen; inwieweit ärztliche Zeugnisse in gleicher Weise mitzutheilen sind, unterliegt zunächst der Entscheidung des Vorsitzenden. Das Schiedsgericht ist befugt, anzuordnen, daß die unterlassene Mittheilung nachzuholen ist.

Das Schiedsgericht ist befugt, den Verletzten, deren Erscheinen bei der Verhandlung als erforderlich bezeichnet ist oder angesehen wird, eine Reiseentschädigung zuzubilligen.

§. 10.

Die Kosten des Schiedsgerichts sind nach Ablauf des Rechnungsjahrs der Versicherungsanstalt von den betheiligten Berufsgenossenschaften und Ausführungsbehörden antheilig zu erstatten. Dabei wird das Verhältniß zu Grunde gelegt, in welchem die Zahl derjenigen gegen ihre Bescheide eingelegten Berufungen, welche in diesem Jahre erledigt worden sind, zur Gesammtzahl der vor dem Schiedsgericht in demselben Zeitraum erledigten Berufungen steht. Die Vertheilung der Kosten auf die Versicherungsanstalten, die Berufsgenossenschaften und Ausführungsbehörden erfolgt durch den Vorsitzenden des Schiedsgerichts.

Die Kosten des Verfahrens, welche durch die einzelnen Streitfälle erwachsen, sowie solche besondere Kosten, welche durch die ausnahmsweise Zuziehung von Beisitzern gemäß §. 7 Abs. 2 entstehen, sind von demjenigen Träger der Versicherung zu zahlen, gegen dessen Bescheid die Berufung eingelegt ist.

Das Reichs-Versicherungsamt ist befugt, hierüber nähere Bestimmungen zu erlassen.

Das Schiedsgericht ist befugt, den Betheiligten solche Kosten des Verfahrens zur Last zu legen, welche durch Muthwillen oder durch ein auf Verschleppung oder Irreführung berechnetes Verhalten derselben veranlaßt worden sind.

Reichs-Versicherungsamt.

§. 11.

Das Reichs-Versicherungsamt hat seinen Sitz in Berlin und besteht aus ständigen und nichtständigen Mitgliedern.

Der Präsident und die übrigen ständigen Mitglieder werden auf Vorschlag des Bundesraths vom Kaiser auf Lebenszeit ernannt. Aus den ständigen Mitgliedern werden vom Kaiser die Direktoren und die Vorsitzenden der Senate ernannt. Die übrigen Beamten des Reichs-Versicherungsamts werden vom Reichskanzler ernannt.

Von den nichtständigen Mitgliedern werden sechs vom Bundesrath, und zwar mindestens vier aus seiner Mitte, sechs als Vertreter der Arbeitgeber von den Vorständen der Berufsgenossenschaften und den Ausführungsbehörden sowie sechs als Vertreter der Versicherten von den dem Arbeiterstand angehörenden Beisitzern der Schiedsgerichte gewählt.

Die Vertreter der Arbeitgeber und der Versicherten werden auf die Berufsgenossenschaften und Ausführungsbehörden in der Weise vertheilt, daß

a) für den Bereich des Gewerbe- und des Bau-Unfallversicherungsgesetzes,

b) für den Bereich des Unfallversicherungsgesetzes für Land- und Forstwirthschaft,

c) für den Bereich des See-Unfallversicherungsgesetzes

je zwei Vertreter der Arbeitgeber und je zwei Vertreter der Versicherten gewählt werden.

Bei der Wahl der Vertreter der Versicherten sind wahlberechtigt

a) für die Land- und Forstwirthschaft nur die land- und forstwirthschaftlichen Beisitzer der Schiedsgerichte,

b) für die See-Unfallversicherung nur die auf Grund des See-Unfallversicherungsgesetzes versicherten oder auf Grund des §. 4 Abs. 2 berufenen Beisitzer der Schiedsgerichte,

c) für die gewerbliche und die Bau-Unfallversicherung die sonstigen Beisitzer der Schiedsgerichte einschließlich der Beisitzer der auf Grund der §§. 8, 10 des Invalidenversicherungsgesetzes errichteten Schiedsgerichte.

§. 12.

Wählbar sind deutsche, männliche, volljährige, im Reichsgebiete wohnende Personen. Nicht wählbar ist, wer zum Amte eines Schöffen unfähig ist (§. 32 des Gerichtsverfassungsgesetzes).

Wählbar zu Vertretern der Arbeitgeber sind die stimmberechtigten Mitglieder der Genossenschaften, deren gesetzliche Vertreter sowie die bevollmächtigten Leiter ihrer Betriebe, außerdem für Ausführungsbehörden die die Geschäfte der Genossenschaftsvorstände führenden Beamten sowie die sonstigen Beamten der Betriebe, für welche die Ausführungsbehörde bestellt ist.

Wählbar zu Vertretern der Versicherten sind Personen, die auf Grund der betreffenden Unfallversicherungsgesetze versichert sind, für den Bereich der See-Unfallversicherung auch befahrene Schiffahrtskundige, welche nicht Rheder, Mitrheder, Korrespondentrheder oder Bevollmächtigte (§. 83 des See-Unfallversicherungsgesetzes) sind.

§. 13.

Für die Vertreter der Arbeitgeber und der Versicherten sind in der gleichen Weise nach Bedürfniß Stellvertreter zu wählen, welche die Mitglieder in Behinderungsfällen zu vertreten haben. Scheidet ein solches Mitglied während der Wahlperiode aus, so haben für den Rest derselben die Stellvertreter in der Reihenfolge ihrer Wahl als Mitglied einzutreten.

§. 14.

Die Wahl der Vertreter der Arbeitgeber und der Versicherten erfolgt unter Leitung des Reichs-Versicherungsamts in getrennter Wahlhandlung mittelst schriftlicher Abstimmung nach relativer Mehrheit der Stimmen; bei Stimmengleichheit entscheidet das Loos. Das Stimmenverhältniß der einzelnen Wahlkörper bestimmt der Bundesrath unter Berücksichtigung der Zahl der versicherten Personen. Der Bundesrath kann bestimmen, daß und in welcher Weise die Wahlen nach Bezirken zu erfolgen haben und wie die zu wählenden Personen auf einzelne Bezirke zu vertheilen sind. Das Ergebniß der Wahl ist öffentlich bekannt zu machen.

Die Amtsdauer der nichtständigen Mitglieder und ihrer Stellvertreter währt fünf Jahre. Die Gewählten bleiben nach Ablauf dieser Zeit solange im Amte, bis ihre Nachfolger ihr Amt angetreten haben. Die Ausscheidenden sind wieder wählbar.

Werden hinsichtlich eines Gewählten Thatsachen bekannt, welche dessen Wählbarkeit nach Maßgabe dieses Gesetzes ausschließen, oder welche sich als grobe Verletzungen der Amtspflicht darstellen, so ist der Gewählte, nachdem ihm Gelegenheit zur Aeußerung gegeben worden ist, durch Beschluß des Reichs-Versicherungsamts seines Amtes zu entheben.

§. 15.

Die Entscheidungen des Reichs-Versicherungsamts sind endgültig, soweit in den Gesetzen nicht ein Anderes bestimmt ist.

§. 16.

Die Entscheidungen des Reichs-Versicherungsamts erfolgen in der Besetzung von fünf Mitgliedern einschließlich des Vorsitzenden, unter denen sich je ein Vertreter der Arbeitgeber und der Versicherten befinden muß, und unter Zuziehung von zwei richterlichen Beamten, wenn es sich handelt

1. um die Entscheidung auf Rekurse gegen die Entscheidungen der Schiedsgerichte;

2. um die Entscheidung vermögensrechtlicher Streitigkeit bei Veränderungen des Bestandes der Berufsgenossenschaften;
3. um die Entscheidung in den Fällen des §. 78 Abs. 2, §§. 82, 83 Abs. 1, 2, §§. 85, 116, 124 Abs. 3 des Gewerbe-Unfallversicherungsgesetzes, §. 79 Abs. 2, §§. 88, 89 Abs. 1, 2, §§. 91, 124, 130 Abs. 3 des Unfallversicherungsgesetzes für Land- und Forstwirthschaft, §. 78 Abs. 2, §§. 86, 87 Abs. 1, 2, §§. 89, 122 Abs. 1, §. 126 Abs. 3 des See-Unfallversicherungsgesetzes.

Beschlüsse, durch welche Rekurse ohne mündliche Verhandlung zurückgewiesen werden (Gewerbe-Unfallversicherungsgesetz §. 81 Abs. 1, Unfallversicherungsgesetz für Land- und Forstwirthschaft §. 87 Abs. 1, See-Unfallversicherungsgesetz §. 85 Abs. 1), erfolgen in der Besetzung mit drei Mitgliedern, unter denen sich je ein Vertreter der Arbeitgeber und der Versicherten befinden muß.

Die Vertreter der Arbeitgeber und der Versicherten sind, sofern es sich nicht um allgemeine Angelegenheiten handelt, nur zu denjenigen Verhandlungen zuzuziehen, bei denen es sich um Angelegenheiten der Berufsgenossenschaften handelt, für welche sie gewählt sind.

§. 17.

Will ein Senat des Reichs-Versicherungsamts in einer grundsätzlichen Rechtsfrage von der Entscheidung eines anderen Senats abweichen, so ist die Sache zur

Entscheidung an einen erweiterten Senat zu verweisen. Dieser entscheidet unter dem Vorsitze des Präsidenten des Reichs-Versicherungsamts in der Besetzung mit zwei nichtständigen Mitgliedern des Reichs-Versicherungsamts aus den vom Bundesrathe gewählten Mitgliedern, zwei ständigen Mitgliedern, zwei richterlichen Beamten und je zwei Vertretern der Arbeitgeber und der Arbeitnehmer.

An Stelle der vom Bundesrathe gewählten Mitglieder können ständige Mitglieder des Reichs-Versicherungsamts zugezogen werden.

Das Gleiche gilt, wenn ein Senat von der Entscheidung des erweiterten Senats abweichen will.

§. 18.

In folgenden Angelegenheiten:

1. bei der Vorbereitung der Beschlußfassung des Bundesraths über die Bestimmung, welche Betriebe mit besonderer Unfallgefahr nicht verbunden und deshalb nicht versicherungspflichtig sind (§. 1 Abs. 3 des Gewerbe-Unfallversicherungsgesetzes);
2. bei der Vorbereitung der Beschlußfassung des Bundesraths über die Genehmigung von Veränderungen des Bestandes der Berufsgenossenschaften (§. 52 a. a. O., §. 62 des Unfallversicherungsgesetzes für Land- und Forstwirthschaft), über die Auflösung einer leistungsunfähigen Genossenschaft (§. 54 des Gewerbe-Unfallversicherungsgesetzes, §. 64 des Unfallversicherungsgesetzes für Land- und Forstwirthschaft, §. 57 des See-Unfallversicherungsgesetzes);

3. bei der Beschlußfassung über die Genehmigung von Vorschriften zur Verhütung von Unfällen (§. 112 des Gewerbe-Unfallversicherungsgesetzes, §. 120 des Unfallversicherungsgesetzes für Land- und Forstwirthschaft, §. 118 des See-Unfallversicherungsgesetzes)

ist mindestens je ein nichtständiges Mitglied aus den Vertretern der Arbeitgeber und der Versicherten zuzuziehen.

§. 19.

Die Kosten des Reichs-Versicherungsamts und des Verfahrens vor demselben trägt das Reich.

Das Reichs-Versicherungsamt ist befugt, den Betheiligten solche Kosten des Verfahrens zur Last zu legen, welche durch Muthwillen oder durch ein auf Verschleppung oder Irreführung berechnetes Verhalten derselben veranlaßt worden sind.

Die nichtständigen Mitglieder erhalten für die Theilnahme an den Arbeiten und Sitzungen des Reichs-Versicherungsamts eine nach dem Jahresbetrage festzusetzende Vergütung, und diejenigen, welche außerhalb Berlins wohnen, außerdem Ersatz der Kosten der Hin- und Rückreise nach den für die vortragenden Räthe der obersten Reichsbehörden geltenden Sätzen (Verordnung vom 21. Juni 1875, Reichs-Gesetzbl. S. 249). Die Bestimmungen im §. 16 des Gesetzes, betreffend die Rechtsverhältnisse der Reichsbeamten, vom 31. März 1873 (Reichs-Gesetzbl. S. 61) finden auf sie keine Anwendung.

Im Uebrigen werden die Formen des Verfahrens

und der Geschäftsgang des Reichs-Versicherungsamts durch Kaiserliche Verordnung unter Zustimmung des Bundesraths geregelt.

Regelung des Gebührenwesens.

§. 20.

Die Gebühren der Rechtsanwälte im Verfahren vor den Schiedsgerichten und dem Reichs-Versicherungsamte werden durch Kaiserliche Verordnung mit Zustimmung des Bundesraths, die Gebühren im Verfahren vor den Landes-Versicherungsämtern von den Landesregierungen festgesetzt.

Eine Vereinbarung über höhere Beträge ist nichtig.

Landes-Versicherungsämter.

§. 21.

In den einzelnen Bundesstaaten können für das Gebiet und auf Kosten derselben Landes-Versicherungsämter errichtet werden.

Die Wirksamkeit des Landes-Versicherungsamts beschränkt sich auf Berufsgenossenschaften, welche nur solche Betriebe umfassen, deren Sitz im Gebiete des betreffenden Bundesstaats belegen ist.

§. 22.

Das Landes-Versicherungsamt besteht aus ständigen und nichtständigen Mitgliedern.

Die ständigen Mitglieder werden von dem Landesherrn des betreffenden Bundesstaats auf Lebenszeit ernannt. Von den nichtständigen Mitgliedern werden in getrennter Wahlhandlung unter Leitung des Landes-Versicherungsamts mittelst schriftlicher Abstimmung vier als Vertreter der Arbeitgeber und vier als Vertreter der Versicherten und zwar in der Art gewählt, daß aus jeder Kategorie mindestens zwei auf die Land- und Forstwirthschaft und, soweit sonstige Träger der Unfallversicherung unter der Aufsicht des Landes-Versicherungsamts stehen, auf diese Träger mindestens je einer entfallen.

Die Wahl erfolgt unter entsprechender Anwendung der Vorschriften des §. 11 Abs. 5, der §§. 12, 13, 14 Abs. 1, 2 mit der Maßgabe, daß an die Stelle des Bundesraths die Landes-Zentralbehörde tritt. Jedoch nehmen an der Wahl der Vertreter der Arbeitgeber nur die Vorstände derjenigen Berufsgenossenschaften Theil, welche Betriebe, deren Sitz im Gebiet eines anderen Bundesstaats belegen ist, nicht umfassen, sowie die auf das Gebiet des Bundesstaats beschränkten Ausführungsbehörden, und an der Wahl der Vertreter der Versicherten nehmen nur die Beisitzer derjenigen Schiedsgerichte Theil, deren Sitz im Gebiete des Bundesstaats belegen ist.

Umfaßt der Wirkungskreis des Landes-Versicherungsamts außer land- und forstwirthschaftlichen Betrieben nur noch Ausführungsbehörden für Bauarbeiten, so brauchen demselben als nichtständige Mitglieder nur je zwei Vertreter der Land- und Forstwirthschaft anzugehören.

Das Stimmenverhältniß der einzelnen Wahlkörper bestimmt die Landesregierung unter Berücksichtigung der

Zahl der bei den betreffenden Genossenschaften und Ausführungsbehörden versicherten Personen.

Die Enthebung eines Vertreters der Arbeitgeber oder der Versicherten (§. 14 Abs. 8) erfolgt durch das Landes-Versicherungsamt.

Die Bestimmungen der §§. 16, 18, 19 Abs. 2 finden auf das Landes-Versicherungsamt entsprechende Anwendung.

Im Uebrigen regelt die Landesregierung die Formen des Verfahrens und den Geschäftsgang bei dem Landes-Versicherungsamte sowie die den nichtständigen Mitgliedern zu gewährende Vergütung.

Weitere Einrichtungen der Berufsgenossenschaften.

§. 28.

Die Berufsgenossenschaften sind berechtigt, Einrichtungen zu treffen

1. zur Versicherung der Betriebsunternehmer und der ihnen in Bezug auf Haftpflicht gleichgestellten Personen gegen Haftpflicht;
2. zur Errichtung von Rentenzuschuß- und Pensionskassen für Betriebsbeamte sowie für die Mitglieder der Berufsgenossenschaft, die bei ihr versicherten Personen und die Beamten der Berufsgenossenschaft sowie für die Angehörigen dieser Personen.

Die Theilnahme an diesen Einrichtungen ist freiwillig. Soweit es sich um Haftpflichtansprüche aus der reichsgesetzlichen Unfallversicherung handelt, darf bei der

Einrichtung unter 1 nicht mehr als zwei Drittel durch Versicherung gedeckt werden.

Beschlüsse der Genossenschaftsversammlung, durch welche Einrichtungen der im Abs. 1 bezeichneten Art getroffen werden, sowie die hierfür erlassenen Statuten und deren Abänderung bedürfen der Genehmigung des Bundesraths.

Die Berufsgenossenschaften unterliegen auch in Bezug auf diese Einrichtungen der Aufsicht des Reichs-Versicherungsamts.

Uebergangsbestimmung.

§. 24.

Die Wahlperiode der nach den bisherigen Bestimmungen gewählten Vertreter der Versicherten und nichtständigen Mitglieder des Reichs-Versicherungsamts sowie der Landes-Versicherungsämter und die Wahlperiode ihrer Stellvertreter endet mit dem 1. Januar 1902. Die Ausscheidenden bleiben jedoch solange im Amte, bis die nach den neuen Bestimmungen an deren Stelle Gewählten ihr Amt angetreten haben.

Gesetzeskraft.

§. 25.

Der Zeitpunkt, von welchem ab

1. die im §. 3 bezeichneten Schiedsgerichte an die Stelle der bisherigen nach Berufsgenossenschaften errichteten Schiedsgerichte treten;
2. die Unfallversicherung für solche Betriebszweige in Kraft tritt, welche durch §§. 1, 2 des Gewerbe-

Unfallversicherungsgesetzes und durch §§. 152 ff. des See-Unfallversicherungsgesetzes der Unfallsicherung neu unterstellt sind,

wird mit Zustimmung des Bundesraths durch Kaiserliche Verordnung bestimmt.

Die Bestimmungen des §. 20 dieses Gesetzes, der §§. 25 bis 27 des Gewerbe-Unfallversicherungsgesetzes, der §§. 30 bis 32, 51, 53 Abs. 3, §§. 57, 107, 108, 109 des Unfallversicherungsgesetzes für Land- und Forstwirthschaft sowie der §§. 29 bis 31, 49, 104 des Seeunfallversicherungsgesetzes treten erst am 1. Januar 1902 an die Stelle der bisherigen Bestimmungen.

Im Uebrigen tritt dieses Gesetz am 1. Oktober 1900 in Kraft.

§. 26.

Sofern bis zum 1. Januar 1902 die Statuten einer Berufsgenossenschaft die nach dem gegenwärtigen Gesetz erforderlichen Aenderungen nicht rechtzeitig erfahren sollten, werden diese Abänderungen durch das Reichs-Versicherungsamt von Aufsichtswegen vollzogen.

§. 27.

Die Bestimmungen dieses Gesetzes, insoweit sie für die Berechtigten günstiger sind, finden auch Anwendung auf die erste Feststellung von Entschädigungsansprüchen aus Unfällen, welche sich vor dem Inkrafttreten dieses Gesetzes ereignet haben, sofern diese Ansprüche bereits nach den bisherigen Unfallversicherungsgesetzen begründet waren und zu jenem Zeitpunkt über dieselben noch nicht rechtskräftig entschieden ist.

II. Gewerbe-Unfallversicherungsgesetz.

I. Allgemeine Bestimmungen.

Umfang der Versicherung.

§. 1.

Alle Arbeiter und Betriebsbeamte, letztere sofern ihr Jahresarbeitsverdienst an Lohn oder Gehalt dreitausend Mark nicht übersteigt, werden nach Maßgabe dieses Gesetzes gegen die Folgen der bei dem Betriebe sich ereignenden Unfälle versichert, wenn sie beschäftigt sind:

1. in Bergwerken, Salinen, Aufbereitungsanstalten, Steinbrüchen, Gräbereien (Gruben), auf Werften und Bauhöfen sowie in Fabriken, gewerblichen Brauereien und Hüttenwerken;
2. in Gewerbebetrieben, welche sich auf die Ausführung von Maurer-, Zimmer-, Dachdecker- oder sonstigen durch Beschluß des Bundesraths für versicherungspflichtig erklärten Bauarbeiten oder von Steinhauer-, Schlosser-, Schmiede- oder Brunnenarbeiten erstrecken, sowie im Schornsteinfeger-, Fensterputzer- und Fleischergewerbe;
3. im gesammten Betriebe der Post-, Telegraphen- und Eisenbahnverwaltungen sowie in Betrieben der Marine- und Heeresverwaltungen, und zwar einschließlich der Bauten, welche von diesen Verwaltungen für eigene Rechnung ausgeführt werden;
4. im gewerbsmäßigen Fuhrwerks-, Binnenschifffahrts-, Flößerei-, Prahm- und Fährbetriebe, im

Gewerbebetriebe des Schiffsziehens (Treidelei) sowie im Baggereibetriebe;

5. im gewerbsmäßigen Speditions-, Speicher-, Lagerei- und Kellereibetriebe;

6. im Gewerbebetriebe der Güterpacker, Güterlader, Schaffer, Bracker, Wäger, Messer, Schauer und Stauer;

7. in Lagerungs-, Holzfällungs- oder der Beförderung von Personen oder Gütern dienenden Betrieben, wenn sie mit einem Handelsgewerbe, dessen Inhaber im Handelsregister eingetragen steht, verbunden sind.

Auf Personen in land- und forstwirthschaftlichen Nebenbetrieben (§. 1 Abs. 2, 3 des Unfallversicherungsgesetzes für Land- und Forstwirthschaft) findet dieses Gesetz keine Anwendung.

Für Betriebe, welche mit besonderer Unfallgefahr für die darin beschäftigten Personen nicht verknüpft sind, kann durch Beschluß des Bundesraths die Versicherungspflicht ausgeschlossen werden.

§. 2.

Den Betriebsbeamten im Sinne dieses Gesetzes werden Werkmeister und Techniker gleichgestellt.

Den Fabriken im Sinne dieses Gesetzes gelten alle Betriebe gleich, für welche Dampfkessel oder durch elementare Kraft (Wind, Wasser, Dampf, Gas, heiße Luft, Elektrizität u. s. w.) oder durch thierische Kraft bewegte Triebwerke nicht blos vorübergehend zur Anwendung kommen.

Im Uebrigen gelten als Fabriken im Sinne dieses Gesetzes insbesondere diejenigen Betriebe, in welchen die Bearbeitung oder Verarbeitung von Gegenständen gewerbsmäßig ausgeführt wird und zu diesem Zwecke mindestens zehn Arbeiter regelmäßig beschäftigt werden, sowie Betriebe, in welchen Explosivstoffe oder explodirende Gegenstände gewerbsmäßig erzeugt werden.

Welche Betriebe außerdem als Fabriken im Sinne dieses Gesetzes anzusehen sind, bestimmt das Reichs-Versicherungsamt.

Auf gewerbliche Anlagen, Eisenbahn- und Schiffahrtsbetriebe, welche wesentliche Bestandtheile eines der vorbezeichneten oder der im §. 1 bezeichneten Betriebe sind, finden die Bestimmungen dieses Gesetzes ebenfalls Anwendung.

§. 3.

Die Versicherung erstreckt sich auf häusliche und andere Dienste, zu denen versicherte Personen neben der Beschäftigung im Betriebe von ihren Arbeitgebern oder von deren Beauftragten herangezogen werden.

§. 4.

Der Reichskanzler wird ermächtigt, unter Zustimmung des Bundesraths mit den Regierungen solcher Staaten, die für Arbeiter und Betriebsbeamte eine der deutschen Unfallversicherung entsprechende Fürsorge durchgeführt haben, im Falle der Gegenseitigkeit Abkommen zu schließen, durch welche die Anwendung dieses Gesetzes

1. auf Betriebe im Inlande, welche Bestandtheile

eines ausländischen Betriebs darstellen, ausgeschlossen,

2. auf Betriebe im Auslande, welche Bestandtheile eines versicherungspflichtigen inländischen Betriebs darstellen, erstreckt wird.

§. 5.

Durch Statut (§. 87) kann die Versicherungspflicht erstreckt werden:

a) auf Betriebsunternehmer, deren Jahresarbeitsverdienst dreitausend Mark nicht übersteigt, oder welche nicht regelmäßig mehr als zwei Lohnarbeiter beschäftigen;

b) ohne Rücksicht auf die Zahl der von ihnen beschäftigten Lohnarbeiter auf solche Unternehmer eines in den §§. 1 und 2 bezeichneten Betriebs, welche in eigenen Betriebsstätten im Auftrag und für Rechnung anderer Gewerbetreibenden mit der Herstellung oder Bearbeitung gewerblicher Erzeugnisse beschäftigt werden (Hausgewerbetreibende), und zwar auch dann, wenn sie die Roh- und Hülfsstoffe selbst beschaffen;

c) auf Betriebsbeamte mit einem dreitausend Mark übersteigenden Jahresarbeitsverdienste. Bei der Versicherung von Betriebsbeamten ist, vorbehaltlich der Bestimmungen des §. 10 Abs. 1, der volle Jahresarbeitsverdienst zu Grunde zu legen.

Betriebsunternehmer, deren Jahresarbeitsverdienst dreitausend Mark nicht übersteigt, oder welche nicht regelmäßig mehr als zwei Lohnarbeiter beschäftigen, sind berechtigt, gegen die Folgen von Betriebsunfällen sich selbst zu versichern. Durch Statut kann diese Berechtigung auf Unternehmer mit einem höheren Jahresarbeitsverdienst erstreckt werden.

Durch Statut kann ferner bestimmt werden, daß und unter welchen Bedingungen gegen die Folgen der bei dem Betrieb oder Dienste sich ereignenden Unfälle versichert werden können

a) im Betriebe beschäftigte, aber nach §§. 1 oder 2 nicht versicherte Personen durch den Betriebsunternehmer;

b) nicht im Betriebe beschäftigte, aber die Betriebsstätte besuchende oder auf derselben verkehrende Personen durch den Betriebsunternehmer oder den Vorstand der Berufsgenossenschaft (§. 28);

c) Organe und Beamte der Berufsgenossenschaft durch deren Vorstand.

§. 6.

Als Gehalt oder Lohn im Sinne dieses Gesetzes gelten auch Tantiemen, Naturalbezüge und sonstige Bezüge, welche den Versicherten, wenn auch nur gewohnheitsmäßig, gewährt werden und ganz oder theilweise an Stelle des Gehalts oder Lohnes treten. Der Werth der Naturalbezüge ist nach Ortsdurchschnittspreisen in Ansatz zu bringen. Dieselben werden von der unteren Verwaltungsbehörde festgesetzt.

Beamte und Personen des Soldatenstandes.

§. 7.

Auf die im §. 1 des Gesetzes, betreffend die Fürsorge für Beamte und Personen des Soldatenstandes in Folge von Betriebsunfällen, vom 15. März 1886 (Reichs-Gesetzbl. S. 53) bezeichneten Personen, auf Beamte, welche in Betriebsverwaltungen eines Bundesstaats oder eines Kommunalverbandes mit festem Gehalt und Pensionsberechtigung angestellt sind, sowie auf andere Beamte eines Bundesstaats oder Kommunalverbandes, für welche die im §. 12 a. a. O. vorgesehene Fürsorge in Kraft getreten ist, findet dieses Gesetz keine Anwendung.

Gegenstand der Versicherung und Umfang der Entschädigung.

§. 8.

Gegenstand der Versicherung ist der nach Maßgabe der nachfolgenden Bestimmungen zu bemessende Ersatz des Schadens, welcher durch Körperverletzung oder Tödtung entsteht.

Dem Verletzten und seinen Hinterbliebenen steht ein Anspruch nicht zu, wenn er den Unfall vorsätzlich herbeigeführt hat. Der Anspruch kann ganz oder theilweise abgelehnt werden, wenn der Verletzte den Unfall bei Begehung eines durch strafgerichtliches Urtheil festgestellten Verbrechens oder vorsätzlichen Vergehens sich zugezogen hat. In Fällen der letzteren Art kann die Rente, sofern der Verletzte im Inlande wohnende Angehörige hat, welche im Falle seines Todes Anspruch auf Rente haben würden, ganz oder theilweise den Angehörigen überwiesen werden.

Die Ablehnung kann, auch ohne daß die vorgesehene Feststellung durch strafgerichtliches Urtheil stattgefunden hat, erfolgen, falls diese Feststellung wegen des Todes oder der Abwesenheit des Betreffenden oder aus einem anderen in seiner Person liegenden Grunde nicht erfolgen kann.

§. 9.

Im Falle der Verletzung werden als Schadensersatz vom Beginne der vierzehnten Woche nach Eintritt des Unfalls ab gewährt:

1. freie ärztliche Behandlung, Arznei und sonstige Heilmittel sowie die zur Sicherung des Erfolges des Heilverfahrens und zur Erleichterung der Folgen der Verletzung erforderlichen Hülfsmittel (Krücken, Stützapparate und dergleichen);
2. eine Rente für die Dauer der Erwerbsunfähigkeit.

Die Rente beträgt:

a) im Falle völliger Erwerbsunfähigkeit für die Dauer derselben sechsundsechzigzweidrittel Prozent des Jahresarbeitsverdienstes (Vollrente);
b) im Falle theilweiser Erwerbsunfähigkeit für die Dauer derselben denjenigen Theil der Vollrente, welcher dem Maße der durch den Unfall herbeigeführten Einbuße an Erwerbsfähigkeit entspricht (Theilrente).

Ist der Verletzte in Folge des Unfalls nicht nur

völlig erwerbsunfähig, sondern auch derart hülflos geworden, daß er ohne fremde Wartung und Pflege nicht bestehen kann, so ist für die Dauer dieser Hülflosigkeit die Rente bis zu hundert Prozent des Jahresarbeitsverdienstes zu erhöhen.

War der Verletzte zur Zeit des Unfalls bereits dauernd völlig erwerbsunfähig, so beschränkt sich der zu leistende Schadensersatz auf die im Abs. 1 Ziffer 1 bezeichneten Leistungen. Wird ein solcher Verletzter in Folge des Unfalls derart hülflos, daß er ohne fremde Wartung und Pflege nicht bestehen kann, so ist eine Rente bis zur Hälfte der Vollrente zu gewähren.

Solange der Verletzte aus Anlaß des Unfalls thatsächlich und unverschuldet arbeitslos ist, kann der Genossenschaftsvorstand die Theilrente bis zum Betrage der Vollrente vorübergehend erhöhen.

§. 10.

Die Rente ist nach Maßgabe desjenigen Jahresarbeitsverdienstes zu berechnen, den der Verletzte während des letzten Jahres seiner Beschäftigung in dem Betrieb an Gehalt oder Lohn (§. 6) bezogen hat, wobei der fünfzehnhundert Mark übersteigende Betrag nur mit einem Drittel zur Anrechnung kommt.

Als Jahresarbeitsverdienst gilt, soweit sich derselbe nicht aus mindestens wochenweise fixirten Beträgen zusammensetzt, das Dreihundertfache des durchschnittlichen täglichen Arbeitsverdienstes. Für versicherte Personen in Betrieben, in welchen die übliche Betriebsweise eine höhere oder niedrigere

Zahl von Arbeitstagen ergiebt, wird diese Zahl statt der Zahl dreihundert der Berechnung des Jahresarbeitsverdienstes zu Grunde gelegt.

War der Verletzte in dem Betriebe vor dem Unfalle nicht ein volles Jahr, von dem Unfalle zurückgerechnet, beschäftigt, so ist die Rente nach demjenigen Jahresarbeitsverdienste zu berechnen, welchen während dieses Zeitraums versicherte Personen derselben Art in demselben Betrieb oder in benachbarten gleichartigen Betrieben bezogen haben. Ist dies nicht möglich, so ist der dreihundertfache Betrag desjenigen Arbeitslohns zu Grunde zu legen, welchen der Verletzte während des letzten Jahres vor dem Unfall an denjenigen Tagen, in welchen er beschäftigt war, im Durchschnitte bezogen hat.

Bei versicherten Personen, welche keinen Lohn oder weniger als den dreihundertfachen Betrag des für ihren Beschäftigungsort festgestellten ortsüblichen Tagelohns gewöhnlicher erwachsener Tagearbeiter beziehen (§. 8 des Krankenversicherungsgesetzes), gilt als Jahresarbeitsverdienst das Dreihundertfache dieses ortsüblichen Tagelohns.

In den Fällen des Abs. 4 ist bei Berechnung der Rente für Personen, welche vor dem Unfalle bereits theilweise erwerbsunfähig waren, derjenige Theil des ortsüblichen Tagelohns zu Grunde zu legen, welcher dem Maße der bisherigen Erwerbsfähigkeit entspricht.

§. 11.

Die Berufsgenossenschaft ist befugt, der Krankenkasse, welcher der Verletzte angehört oder zuletzt angehört hat, gegen Ersatz der ihr dadurch erwachsenden Kosten die Fürsorge für den Verletzten über den Beginn der vierzehnten Woche hinaus bis zur Beendigung des Heilverfahrens in demjenigen Umfange zu übertragen, welchen die Berufsgenossenschaft für geboten erachtet. Zu ersetzen ist bei Gewährung der im §. 6 Abs. 1 Ziffer 1 des Krankenversicherungsgesetzes bezeichneten Leistungen die Hälfte, bei Unterbringung des Verletzten in ein Krankenhaus oder in eine Anstalt für Genesende das Einundeinhalbfache des in jenem Gesetze bestimmten Mindestbetrags des Krankengeldes, sofern nicht höhere Aufwendungen nachgewiesen werden.

Die Bestimmungen der §§. 76b bis 76d des Krankenversicherungsgesetzes finden auch auf Knappschaftskassen (§. 74 a. a. O.) Anwendung. Haben Knappschaftskassen, sonstige Krankenkassen oder Verbände von Krankenkassen Heilanstalten errichtet, in welchen ausreichende Einrichtungen für die Heilung der durch Unfall herbeigeführten Verletzungen getroffen sind, so kann die Landes-Zentralbehörde anordnen, daß die Mitglieder der betreffenden Kassen bis zum Beginne der vierzehnten Woche nach Eintritt des Unfalls nur mit Genehmigung der Vorstände dieser Kassen oder Kassenverbände in andere Heilanstalten untergebracht werden dürfen.

Verletzte Personen, welche auf Veranlassung von Knappschaftskassen, sonstigen Krankenkassen, Verbänden von Krankenkassen oder von Organen der Berufsgenossenschaften in eine Heilanstalt untergebracht sind, dürfen während des Heilverfahrens in andere Heilanstalten nur

8*

mit ihrer Zustimmung übergeführt werden. Diese Zustimmung kann durch die untere Verwaltungsbehörde des Aufenthaltsorts ergänzt werden.

Als Krankenkassen im Sinne der vorstehenden Bestimmungen sowie der §§. 76 b bis 76 d des Krankenversicherungsgesetzes gelten außer der Gemeinde-Krankenversicherung auch diejenigen Hülfskassen, welche die im §. 75 a a. a. O. vorgesehene amtliche Bescheinigung besitzen.

§. 12.

Vom Beginne der fünften Woche nach Eintritt des Unfalls bis zum Ablaufe der dreizehnten Woche ist das Krankengeld, welches den durch einen Betriebsunfall verletzten Personen auf Grund des Krankenversicherungsgesetzes gewährt wird, auf mindestens zwei Drittel des bei der Berechnung desselben zu Grunde gelegten Arbeitslohns zu bemessen. Die Differenz zwischen diesen zwei Dritteln und dem gesetzlich oder statutengemäß zu gewährenden niedrigeren Krankengeld ist der betheiligten Krankenkasse (Gemeinde-Krankenversicherung) von dem Unternehmer desjenigen Betriebs zu ersetzen, in welchem der Unfall sich ereignet hat. Die zur Ausführung dieser Bestimmung erforderlichen Vorschriften erläßt das Reichs-Versicherungsamt.

Den nach §§. 1 oder 2 versicherten Arbeitern und Betriebsbeamten, letzteren bei einem Jahresarbeitsverdienste bis zu zweitausend Mark, welche nicht nach den Bestimmungen des Krankenversicherungsgesetzes versichert sind, hat der Betriebsunternehmer die in den §§. 6, 7 des Krankenversicherungsgesetzes vorgesehenen Unterstützungen einschließlich des aus dem vorhergehenden Absatze sich ergebenden Mehrbetrags für die ersten dreizehn Wochen aus eigenen Mitteln zu gewähren. Die Berufsgenossenschaft kann die dem Unternehmer obliegenden Leistungen ganz oder theilweise statt desselben übernehmen. Der Unternehmer hat in diesem Falle der Berufsgenossenschaft Ersatz zu leisten. Dabei gilt als Ersatz der im §. 9 Abs. 1 Ziffer 1 bezeichneten Leistungen die Hälfte desjenigen Krankengeldes, welches dem Verletzten nach §. 6 Abs. 1 Ziffer 2 des Krankenversicherungsgesetzes zustehen würde, wenn er nach dessen Bestimmungen versichert wäre.

§. 13.

Wenn der aus der Krankenversicherung oder aus der Bestimmung des §. 12 Abs. 2 erwachsende Anspruch auf Krankengeld vor dem Ablaufe von 13 Wochen nach Eintritt des Unfalls weggefallen, aber bei dem Verletzten eine noch über die dreizehnte Woche hinaus andauernde Beschränkung der Erwerbsfähigkeit zurückgeblieben ist, so hat die Berufsgenossenschaft dem Verletzten die Unfallrente (§. 9 Abs. 2 lit. b) schon von dem Tage ab zu gewähren, an welchem der Anspruch auf Krankengeld in Wegfall kommt. Erachtet die Berufsgenossenschaft die Voraussetzungen des Anspruchs schon vor dem Ablaufe der dreizehnten Woche nach dem Unfalle für gegeben, so hat sie die Rente zu diesem früheren Zeitpunkte festzustellen.

Durch Statut kann bestimmt werden, daß die Rente

nach dem Wegfalle des Anspruchs auf Krankengeld auch dann zu gewähren ist, wenn nach jenem Zeitpunkte zwar noch eine Beschränkung der Erwerbsfähigkeit in Folge des Unfalls verblieben ist, aber voraussichtlich schon vor Ablauf der dreizehnten Woche nach dem Unfalle fortfallen wird.

Hat die Krankenkasse die ihr aus der Krankenversicherung, oder hat der Betriebsunternehmer die ihm aus §. 12 Abs. 2 obliegenden Leistungen vor dem Ablaufe der dreizehnten Woche zu Unrecht eingestellt, so geht der Anspruch des Verletzten auf Krankengeld auf die Berufsgenossenschaft bis zu demjenigen Betrag über, welcher der gemäß Abs. 1, 2 gewährten Entschädigung gleichkommt.

§. 14.

Streitigkeiten, welche aus Anlaß der in §. 11 Abs. 1, §§. 12, 18 Abs. 8 enthaltenen Bestimmungen unter den Betheiligten entstehen, werden, wenn es sich um Ersatzansprüche handelt, nach §. 58 Abs. 2 des Krankenversicherungsgesetzes, im Uebrigen nach §. 58 Abs. 1 des Krankenversicherungsgesetzes entschieden, und zwar in den Fällen des §. 12 Abs. 2 von der für die Ortskrankenkassen des Beschäftigungsorts zuständigen Aufsichtsbehörde. Gehört diese zu den Betheiligten, so wird die zur Entscheidung des Streitfalls berufene Behörde durch die für den Beschäftigungsort zuständige höhere Verwaltungsbehörde bestimmt.

§. 15.

Im Falle der Tödtung ist als Schadensersatz außerdem zu leisten:

1. als Sterbegeld der fünfzehnte Theil des nach §. 10 Abs. 1 bis 4 zu Grunde zu legenden Jahresarbeitsverdienstes, jedoch mindestens ein Betrag von 50 Mark;
2. eine den Hinterbliebenen vom Todestage des Verstorbenen ab zu gewährende Rente. Dieselbe besteht nach näherer Bestimmung der §§. 16 bis 20 in einem Bruchtheile seines nach §. 10 Abs. 1 bis 4 ermittelten Jahresarbeitsverdienstes.

Ist der der Berechnung zu Grunde zu legende Jahresarbeitsverdienst in Folge eines früher erlittenen, nach den reichsgesetzlichen Bestimmungen über Unfallversicherung entschädigten Unfalls geringer als der vor diesem Unfalle bezogene Lohn, so ist die aus Anlaß des früheren Unfalls bei Lebzeiten bezogene Rente dem Jahresarbeitsverdienste bis zur Höhe des der früheren Rentenfeststellung zu Grunde gelegten Jahresarbeitsverdienstes hinzuzurechnen.

§. 16.

Hinterläßt der Verstorbene eine Wittwe oder Kinder, so beträgt die Rente für die Wittwe bis zu deren Tode oder Wiederverheirathung sowie für jedes hinterbliebene Kind bis zu dessen zurückgelegtem fünfzehnten Lebensjahre je zwanzig Prozent des Jahresarbeitsverdienstes.

Im Falle der Wiederverheirathung erhält die Wittwe sechzig Prozent des Jahresarbeitsverdienstes als Abfindung.

Der Anspruch der Wittwe ist ausgeschlossen, wenn die Ehe erst nach dem Unfalle geschlossen worden ist;

die Berufsgenossenschaft kann jedoch in besonderen Fällen auch dann eine Wittwenrente gewähren.

Die Bestimmungen über die Renten der Kinder finden auch Anwendung, wenn der Unfall eine alleinstehende weibliche Person betroffen hat und diese mit Hinterlassung von Kindern verstirbt.

§. 17.

War die Verstorbene beim Eintritte des Unfalls verheirathet, aber der Lebensunterhalt ihrer Familie wegen Erwerbsunfähigkeit des Ehemanns ganz oder überwiegend durch sie bestritten worden, so erhalten bis zum Wegfalle der Bedürftigkeit an Rente

a) der Wittwer zwanzig Prozent,
b) jedes hinterbliebene Kind bis zu dessen zurückgelegtem fünfzehnten Lebensjahre zwanzig Prozent des Arbeitsverdienstes.

Die Berufsgenossenschaft ist berechtigt, im Falle der Tödtung einer Ehefrau, deren Ehemann sich ohne gesetzlichen Grund von der häuslichen Gemeinschaft ferngehalten und der Pflicht der Unterhaltung der Kinder entzogen hat, diesen Kindern die Rente zu gewähren.

§. 18.

Hinterläßt der Verstorbene Verwandte der aufsteigenden Linie, so wird ihnen, falls ihr Lebensunterhalt ganz oder überwiegend durch den Verstorbenen bestritten worden war, bis zum Wegfalle der Bedürftigkeit eine Rente von insgesammt zwanzig Prozent des Jahresarbeitsverdienstes gewährt.

§. 19.

Hinterläßt der Verstorbene elternlose Enkel, so wird ihnen, falls ihr Lebensunterhalt ganz oder überwiegend durch den Verstorbenen bestritten worden war, im Falle der Bedürftigkeit bis zum zurückgelegten fünfzehnten Lebensjahr eine Rente von insgesammt zwanzig Prozent des Jahresarbeitsverdienstes gewährt.

§. 20.

Die Renten der Hinterbliebenen dürfen insgesammt sechzig Prozent des Jahresarbeitsverdienstes nicht übersteigen. Ergiebt sich ein höherer Betrag, so werden die Renten gekürzt. Bei Ehegatten und Kindern erfolgt die Kürzung im Verhältnisse der Höhe ihrer Renten; Verwandte der aufsteigenden Linie haben einen Anspruch nur insoweit, als der Höchstbetrag der Renten nicht für Ehegatten oder Kinder in Anspruch genommen wird; Enkel nur insoweit, als der Höchstbetrag der Renten nicht für Ehegatten, Kinder oder Verwandte der aufsteigenden Linie in Anspruch genommen wird.

Sind aus der aufsteigenden Linie Verwandte verschiedenen Grades vorhanden, so wird die Rente den Eltern vor den Großeltern gewährt.

§. 21.

Die Hinterbliebenen eines Ausländers, welche zur Zeit des Unfalls nicht im Inland ihren gewöhnlichen Aufenthalt hatten, haben keinen Anspruch auf die Rente. Durch Beschluß des Bundesraths kann diese Bestimmung für bestimmte Grenzgebiete sowie für die Angehörigen solcher auswärtiger Staaten, durch deren Gesetzgebung eine entsprechende Fürsorge für die Hinterbliebenen durch Betriebsunfall getödteter Deutscher gewährleistet ist, außer Kraft gesetzt werden.

§. 22.

An Stelle der in den §§. 9 und 12 vorgeschriebenen Leistungen kann von der Berufsgenossenschaft freie Kur und Verpflegung in einer Heilanstalt gewährt werden, und zwar:

1. für Verletzte, welche verheirathet sind oder eine eigene Haushaltung haben oder Mitglieder der Haushaltung ihrer Familie sind, mit ihrer Zustimmung. Der Zustimmung bedarf es nicht, wenn die Art der Verletzung Anforderungen an die Behandlung oder Verpflegung stellt, denen in der Familie nicht genügt werden kann, oder wenn der für den Aufenthaltsort des Verletzten amtlich bestellte Arzt bezeugt, daß Zustand oder Verhalten des Verletzten eine fortgesetzte Beobachtung erfordert;
2. für sonstige Verletzte in allen Fällen.

Hat die Berufsgenossenschaft von dieser Befugniß in den Fällen des §. 12 Abs. 2 Gebrauch gemacht, so hat der Betriebsunternehmer als Ersatz für die freie Kur und Verpflegung der Berufsgenossenschaft das Einundeinhalbfache des im §. 12 Abs. 2 bezeichneten Krankengeldes zu vergüten. Auf Streitigkeiten, welche aus

Anlaß dieser Bestimmung zwischen der Berufsgenossenschaft und dem Betriebsunternehmer entstehen, findet der §. 14 Anwendung.

Für die Zeit der Verpflegung des Verletzten in der Heilanstalt steht seinen Angehörigen ein Anspruch auf Rente insoweit zu, als sie dieselbe im Falle seines Todes würden beanspruchen können (§§. 16 ff.).

Die Berufsgenossenschaften sind befugt, auf Grund statutarischer Bestimmung allgemein, ohne eine solche im Falle der Bedürftigkeit, dem in einer Heilanstalt untergebrachten Verletzten sowie seinen Angehörigen eine besondere Unterstützung zu gewähren.

§. 23.

Ist begründete Annahme vorhanden, daß der Empfänger einer Unfallrente bei Durchführung eines Heilverfahrens eine Erhöhung seiner Erwerbsfähigkeit erlangen werde, so kann die Berufsgenossenschaft zu diesem Zwecke jederzeit ein neues Heilverfahren eintreten lassen. Dabei finden die Bestimmungen der §§. 11, 22 Abs. 1, 3, 4 Anwendung.

Hat sich der Verletzte solchen Maßnahmen der Berufsgenossenschaft, den gemäß §. 9 Abs. 1 Ziffer 1, §§. 11, 12 Abs. 2, §. 22 oder gemäß den Bestimmungen der §§. 76c, 76d des Krankenversicherungsgesetzes getroffenen Anordnungen ohne gesetzlichen oder sonst triftigen Grund entzogen, so kann ihm der Schadensersatz auf Zeit ganz oder theilweise versagt werden, sofern er auf diese Folge hingewiesen worden ist, und nachgewiesen wird, daß durch sein Verhalten die Erwerbsfähigkeit ungünstig beeinflußt wird.

§. 24.

Der Vorstand der Berufsgenossenschaft kann einem Rentenempfänger auf seinen Antrag an Stelle der Rente Aufnahme in ein Invalidenhaus oder in ähnliche von Dritten unterhaltene Anstalten auf Kosten der Berufsgenossenschaft gewähren. Der Aufgenommene ist auf ein Vierteljahr und, wenn er die Erklärung nicht einen Monat vor Ablauf dieses Zeitraums zurücknimmt, jedesmal auf ein weiteres Vierteljahr an den Verzicht auf die Rente gebunden.

Verhältniß zu Krankenkassen, Armenverbänden rc.

§. 25.

Die Verpflichtung der eingeschriebenen Hülfskassen sowie der sonstigen Kranken=, Sterbe=, Invaliden= und anderen Unterstützungskassen, den von Unfällen betroffenen Arbeitern und Betriebsbeamten sowie deren Angehörigen und Hinterbliebenen Unterstützungen zu gewähren, sowie die Verpflichtung von Gemeinden oder Armenverbänden zur Unterstützung hülfsbedürftiger Personen wird durch dieses Gesetz nicht berührt.

Wenn auf Grund solcher Verpflichtung Unterstützungen für einen Zeitraum geleistet werden, für welchen den Unterstützten nach Maßgabe dieses Gesetzes ein Entschädigungsanspruch zustand oder noch zusteht, so ist hierfür den die Unterstützung gewährenden Kassen, Gemeinden oder Armenverbänden durch Ueberweisung von Rentenbeträgen Ersatz zu leisten.

In Fällen dieser Art gilt für die unter das Krankenversicherungsgesetz fallenden Kassen als Ersatz der im §. 6 Abs. 1 Ziffer 1 des Krankenversicherungsgesetzes bezeichneten Leistungen die Hälfte des gesetzlichen Mindestbetrags des Krankengeldes dieser Kassen, sofern nicht höhere Aufwendungen nachgewiesen werden.

Ist die von Kassen, Gemeinden oder Armenverbänden geleistete Unterstützung eine vorübergehende, so können als Ersatz höchstens drei Monatsbeträge der Rente, und zwar mit nicht mehr als der Hälfte in Anspruch genommen werden.

Ist die Unterstützung eine fortlaufende, so kann als Ersatz, wenn die Unterstützung in der Gewährung des Unterhalts in einer Anstalt besteht, für dessen Dauer und in dem zur Ersatzleistung erforderlichen Betrage die fortlaufende Ueberweisung der vollen Rente, im Uebrigen die fortlaufende Ueberweisung von höchstens der halben Rente beansprucht werden.

§. 26.

Der Antrag auf Ueberweisung von Rentenbeträgen (§. 25 Abs. 2 bis 5) ist bei der Berufsgenossenschaft anzumelden; soweit es sich um den Ersatz für eine vorübergehende Unterstützung handelt, ist der Anspruch bei Vermeidung des Ausschlusses spätestens binnen drei Monaten seit Beendigung der Unterstützung geltend zu machen.

Streitigkeiten, welche aus den Bestimmungen des §. 25 Abs. 2 bis 5 zwischen den Betheiligten über den Anspruch auf Ueberweisung von Rentenbeträgen entstehen, werden im Verwaltungsstreitverfahren und, wo ein solches nicht besteht, durch die dem Ersatzberechtigten vorgesetzte Aufsichtsbehörde entschieden. Die Entscheidung der Letzteren kann innerhalb eines Monats nach der Zustellung im Wege des Rekurses nach Maßgabe der §§. 20, 21 der Gewerbeordnung angefochten werden.

§. 27.

Die Bestimmungen der §§. 25, 26 gelten auch für Betriebsunternehmer und Kassen, welche die den Gemeinden oder Armenverbänden obliegende Verpflichtung zur Unterstützung Hülfsbedürftiger auf Grund gesetzlicher Vorschrift erfüllen.

Träger der Versicherung (Berufsgenossenschaften).

§. 28.

Die Versicherung erfolgt auf Gegenseitigkeit durch die Unternehmer der unter §§. 1, 2 fallenden Betriebe, welche zu diesem Zwecke in Berufsgenossenschaften vereinigt werden. Die Berufsgenossenschaften sind für bestimmte Bezirke zu bilden und umfassen innerhalb derselben alle Betriebe derjenigen Gewerbszweige, für welche sie errichtet sind. Von letzterer Bestimmung kann bei der Errichtung von Berufsgenossenschaften für Eisenbahnen oder die im §. 1 Abs. 1 Ziffer 4 bezeichneten Betriebe abgesehen werden. Die auf Grund der §§. 12 bis 15,

81 des Unfallversicherungsgesetzes vom 6. Juli 1884 (Reichs-Gesetzbl. S. 69) und des §. 11 des Gesetzes über die Ausdehnung der Unfall- und Krankenversicherung vom 28. Mai 1885 (Reichs-Gesetzbl. S. 159) errichteten Berufsgenossenschaften bleiben, vorbehaltlich der nach §. 2 Abs. 2 des Gesetzes, betreffend die Abänderung der Unfallversicherungsgesetze, und nach §. 52 dieses Gesetzes zulässigen Abänderungen, bestehen.

Betriebe, welche wesentliche Bestandtheile verschiedenartiger Gewerbszweige umfassen, sind derjenigen Berufsgenossenschaft zuzutheilen, welcher der Hauptbetrieb angehört. Durch das Genossenschaftsstatut kann bestimmt werden, daß die Versicherung auch bei den dem Betriebe der Land- oder Forstwirthschaft dienenden Nebenbetrieben gewerblicher Betriebe nach den Bestimmungen dieses Gesetzes zu erfolgen hat, wenn in diesen Nebenbetrieben überwiegend die im Hauptbetriebe verwendeten gewerblichen Arbeiter beschäftigt werden. Wenn das Statut eine solche Bestimmung enthält, so scheiden mit dem Zeitpunkt ihres Inkrafttretens die davon betroffenen Betriebe aus der Versicherung bei der Berufsgenossenschaft des Unfallversicherungsgesetzes für Land- und Forstwirthschaft aus.

Als Unternehmer gilt derjenige, für dessen Rechnung der Betrieb erfolgt.

Unfälle in fremden Betrieben hat die Berufsgenossenschaft dann zu entschädigen, wenn sich diese Unfälle bei Betriebshandlungen ereignen, zu welchen ein der Berufsgenossenschaft angehörender Betriebsunternehmer den Auftrag gegeben und für welche er die Löhne zu zahlen hat.

Die Berufsgenossenschaften können unter ihrem Namen Rechte erwerben und Verbindlichkeiten eingehen, vor Gericht klagen und verklagt werden.

Für die Verbindlichkeiten der Berufsgenossenschaft haftet den Gläubigern derselben nur das Genossenschaftsvermögen.

Aufbringung der Mittel.

§. 29.

Die Mittel zur Deckung der von den Berufsgenossenschaften zu leistenden Entschädigungen und der Verwaltungskosten werden durch Beiträge aufgebracht, welche auf die Mitglieder nach Maßgabe der in ihren Betrieben von den Versicherten verdienten Gehälter und Löhne beziehungsweise des nach §. 10 Abs. 4 anzurechnenden ortsüblichen Tagelohns gewöhnlicher erwachsener Tagearbeiter sowie der statutenmäßigen Gefahrentarife (§. 49) jährlich umgelegt werden.

Gehälter und Löhne, welche während der Beitragsperiode den Jahresbetrag von fünfzehnhundert Mark übersteigen, kommen hierbei mit dem überschießenden Betrage nur zu einem Drittel in Anrechnung.

§. 30.

Abweichend von den Vorschriften im §. 29 kann durch das Statut bestimmt werden, daß für die Umlegung der Beiträge die wirklich verdienten Gehälter und Löhne in Anrechnung kommen.

Für Betriebe, in welchen regelmäßig nicht mehr als fünf Arbeiter beschäftigt werden, kann durch Statut ferner bestimmt werden, daß und nach welchen Grundsätzen mit Zustimmung des Betriebsunternehmers ein Pauschbetrag statt der Einzellöhne bei der Berechnung der Beiträge zu Grunde zu legen ist oder daß ein einheitlicher Mindestbeitrag, der vier Mark jährlich nicht übersteigen darf, zu entrichten ist.

Durch Statut kann bestimmt werden, daß die Arbeitgeber der im §. 5 Abs. 1 lit. b bezeichneten Gewerbetreibenden die Beiträge für die von diesen beschäftigten versicherten Personen und, sofern die Versicherung auf die im §. 5 Abs. 1 lit. b bezeichneten Gewerbetreibenden selbst durch Statut ausgedehnt ist, die Beiträge auch für diese zu zahlen haben.

§. 31.

Zu anderen Zwecken als zur Deckung der von der Genossenschaft zu leistenden Entschädigungen und der Verwaltungskosten, zur Ansammlung des Reservefonds (§. 34), zur Gewährung von Prämien für Rettung Verunglückter und zu Zwecken der Unfallverhütung sowie mit Genehmigung des Reichs-Versicherungsamts zur Errichtung von Heil- oder Genesungsanstalten dürfen weder Beiträge von den Mitgliedern der Genossenschaft erhoben werden, noch Verwendungen aus dem Vermögen der Genossenschaft erfolgen.

Behufs Bestreitung der Verwaltungskosten können die Berufsgenossenschaften von den Mitgliedern für das erste

Jahr einen Beitrag im voraus erheben. Falls das Statut hierüber nichts Anderes bestimmt, erfolgt die Aufbringung dieser Mittel nach Maßgabe der Zahl der von den Mitgliedern in ihren Betrieben beschäftigten versicherungspflichtigen Personen (§. 35).

§. 32.

Auf die Beiträge können von den Mitgliedern nach Bestimmung des Statuts viertel- oder halbjährliche Vorschüsse erfordert werden. Dieselben bemessen sich für die einzelnen Mitglieder nach der Höhe der für das letztvergangene Rechnungsjahr auf sie umgelegten oder nach §. 30 Abs. 2 gezahlten Beiträge und betragen jedesmal den vierten Theil beziehungsweise die Hälfte der letzteren, solange nicht die Genossenschaftsversammlung einen niedrigeren Betrag festgesetzt hat. Für neu eintretende Mitglieder sind die Vorschüsse nach demjenigen Betrage zu bemessen, welchen diese Mitglieder nach dem Umfang ihres Betriebs zu den Jahreslasten des letztvergangenen Rechnungsjahrs hätten beitragen müssen, wenn sie in demselben schon Mitglieder der Berufsgenossenschaft gewesen wären.

Die Vorschüsse sind binnen zwei Wochen nach den durch das Statut oder die Genossenschaftsversammlung bestimmten Fälligkeitsterminen an den Vorstand einzuzahlen.

§. 33.

Unternehmer von Betrieben, deren Sitz sich im Auslande befindet, können, wenn sie vorübergehend im Inland einen versicherungspflichtigen Betrieb ausüben, vom Genossenschaftsvorstande mit Beiträgen bis zur doppelten Höhe und zur Sicherheitsleistung herangezogen werden.

§. 84.

Die Berufsgenossenschaften haben einen Reservefonds anzusammeln. An Zuschlägen zur Bildung desselben sind bei der erstmaligen Umlegung der Entschädigungsbeträge dreihundert Prozent, bei der zweiten zweihundert, bei der dritten einhundertundfünfzig, bei der vierten einhundert, bei der fünften achtzig, bei der sechsten sechzig und von da an bis zur elften Umlegung jedesmal zehn Prozent weniger als Zuschlag zu den Entschädigungsbeträgen zu erheben. Nach Ablauf der ersten elf Jahre und, sofern das elfte Jahr beim Inkrafttreten dieses Gesetzes schon überschritten ist, von diesem letzteren Zeitpunkt ab haben die Berufsgenossenschaften dem jeweiligen Bestande des gesetzlichen Reservefonds drei Jahre lang je zehn Prozent und weiter in Zeiträumen von je drei Jahren je ein Prozent weniger bis herab zu je vier Prozent alljährlich zuzuschlagen und zwar jedesmal unter Anrechnung der Zinsen. Nach Ablauf dieser Zeit sind aus den Zinsen des Reservefonds diejenigen Beträge zu entnehmen, welche erforderlich sind, um eine weitere Steigerung des auf eine jede versicherte Person im Durchschnitt entfallenden Umlagebeitrags zu beseitigen. Der Rest der Zinsen ist dem Reservefonds weiter zuzuschlagen.

In dringenden Bedarfsfällen kann die Genossenschaft

mit Genehmigung des Reichs-Versicherungsamts schon vorher die Zinsen und erforderlichen Falles auch den Kapitalbestand des Reservefonds angreifen. Die Wiederergänzung erfolgt alsdann nach näherer Anordnung des Reichs-Versicherungsamts.

Auf Antrag des Genossenschaftsvorstandes kann die Genossenschaftsversammlung jederzeit weitere Zuschläge zum Reservefonds beschließen. Solche Beschlüsse bedürfen der Genehmigung des Reichs-Versicherungsamts.

II. Organisation und Veränderung der Berufsgenossenschaften.

Ermittelung der versicherungspflichtigen Betriebe.

§. 35.

Jeder Unternehmer eines unter §§. 1 oder 2 fallenden, bisher der reichsgesetzlichen Unfallversicherung nicht unterstellten Betriebs hat diesen binnen einer von dem Reichs-Versicherungsamte zu bestimmenden und öffentlich bekannt zu machenden Frist unter Angabe des Gegenstandes und der Art desselben sowie die Zahl der durchschnittlich darin beschäftigten versicherungspflichtigen Personen bei der unteren Verwaltungsbehörde anzumelden.

Für die nicht angemeldeten Betriebe hat die untere Verwaltungsbehörde die Angabe nach ihrer Kenntniß der Verhältnisse zu ergänzen.

Dieselbe ist befugt, die Unternehmer nicht angemeldeter Betriebe zu einer Auskunft darüber innerhalb einer zu bestimmenden Frist durch Geldstrafen im Betrage bis zu einhundert Mark anzuhalten.

Die untere Verwaltungsbehörde hat ein nach Gewerbszweigen geordnetes Verzeichniß der Betriebe ihres Bezirkes unter Angabe des Gegenstandes und der Art des Betriebs sowie der Zahl der darin beschäftigten versicherungspflichtigen Personen aufzustellen. Das Verzeichniß ist der höheren Verwaltungsbehörde einzureichen und von dieser erforderlichen Falles zu berichtigen.

Die höhere Verwaltungsbehörde hat die Verzeichnisse sämmtlicher versicherungspflichtigen Betriebe ihres Bezirkes dem Reichs-Versicherungsamt einzureichen, welches sie den zuständigen Genossenschaftsvorständen überweist.

Statut der Berufsgenossenschaften.

§. 36.

Die Berufsgenossenschaften regeln ihre innere Verwaltung sowie ihre Geschäftsordnung durch ein von der Genossenschaftsversammlung zu beschließendes Statut. Bis zur Uebernahme der Geschäfte durch den auf Grund eines gültigen Genossenschaftsstatuts (§. 89) gewählten Vorstand hat der von der konstituirenden Genossenschaftsversammlung gewählte provisorische Vorstand, welcher aus einem Vorsitzenden, einem Schriftführer und mindestens drei Beisitzern zu bestehen hat, die Genossenschaftsversammlung zu leiten und die Geschäfte der Genossenschaft zu führen.

Die Mitglieder der Berufsgenossenschaften können sich in der Genossenschaftsversammlung durch andere stimmberechtigte Mitglieder oder durch einen bevollmächtigten Leiter ihres Betriebs vertreten lassen.

§. 87.

Das Genossenschaftsstatut muß Bestimmung treffen:

1. über Namen und Sitz der Genossenschaft;
2. über die Bildung des Genossenschaftsvorstandes und über den Umfang seiner Befugnisse;
3. über die Berufung der Genossenschaftsversammlung sowie über die Art ihrer Beschlußfassung;
4. über das Stimmrecht der Mitglieder der Genossenschaft und die Prüfung ihrer Vollmachten;
5. über das von den Organen der Genossenschaft bei der Einschätzung der Betriebe in die Klassen des Gefahrentarifs zu beobachtende Verfahren (§. 49);
6. über das Verfahren bei Betriebsveränderungen sowie bei Aenderungen in der Person des Unternehmers (§. 60 Abs. 2, §§. 61, 62);
7. über die Folgen der Betriebseinstellungen oder eines Wechsels der Betriebsunternehmer, insbesondere über die Sicherstellung der Beiträge der Unternehmer, welche den Betrieb einstellen;
8. über die den Vertretern der versicherten Arbeiter zu gewährenden Vergütungssätze (§. 114 Abs. 4);
9. über die Aufstellung, Prüfung und Abnahme der Jahresrechnung;
10. über die Ausübung der der Genossenschaft zustehenden Befugnisse zum Erlasse von Vorschriften

behufs der Unfallverhütung und zur Ueberwachung der Betriebe (§§. 112 ff.);

11. über die Voraussetzungen einer Abänderung des Statuts;

12. über das bei der Anmeldung und dem Ausscheiden der versicherten Betriebsunternehmer und anderer nach §§. 1 oder 2 nicht versicherter Personen (§. 5) zu beobachtende Verfahren sowie über die Höhe des der Versicherung der Unternehmer zu Grunde zu legenden Jahresarbeitsverdienstes und dessen Ermittelung (§§. 5, 10).

§. 88.

Das Statut kann vorschreiben, daß die Genossenschaftsversammlung aus Vertretern zusammengesetzt wird, daß die Berufsgenossenschaft in örtlich abgegrenzte Sektionen eingetheilt wird und daß Vertrauensmänner als örtliche Genossenschaftsorgane eingesetzt werden. Enthält dasselbe Vorschriften dieser Art, so ist darin zugleich über die Wahl der Vertreter, über Sitz und Bezirk der Sektionen, über die Zusammensetzung und Berufung der Sektionsversammlungen sowie über die Art ihrer Beschlußfassung, über die Bildung der Sektionsvorstände und über den Umfang ihrer Befugnisse sowie über die Abgrenzung der Bezirke der Vertrauensmänner, die Wahl der letzteren und ihrer Stellvertreter und den Umfang ihrer Befugnisse Bestimmung zu treffen.

Die Abgrenzung der Bezirke der Vertrauensmänner sowie die Wahl der letzteren und ihrer Stellvertreter kann von der Genossenschaftsversammlung dem Genossenschafts- oder Sektionsvorstande, die Wahl der Sektionsvorstände den Sektionsversammlungen übertragen werden.

§. 39.

Das Genossenschaftsstatut bedarf zu seiner Gültigkeit der Genehmigung des Reichs-Versicherungsamts. Das Gleiche gilt von Abänderungen des Statuts. Gegen die Versagung der Genehmigung findet innerhalb eines Monats nach der Zustellung die Beschwerde an den Bundesrath statt.

Ist die Genehmigung des Statuts endgültig versagt, so hat das Reichs-Versicherungsamt innerhalb eines Monats eine neue konstituirende Genossenschaftsversammlung behufs anderweiter Beschlußfassung über das Statut einzuladen. Wird auch dem von dieser Versammlung beschlossenen Statute die Genehmigung endgültig versagt, so wird ein solches vom Reichs-Versicherungsamt erlassen.

Veröffentlichung des Namens und Sitzes der Genossenschaft ꝛc.

§. 40.

Nach endgültiger Feststellung des Statuts hat der Genossenschaftsvorstand durch den Reichsanzeiger bekannt zu machen:

1. den Namen und den Sitz der Genossenschaft,
2. die Bezirke der Sektionen.

Etwaige Aenderungen sind in gleicher Weise zur öffentlichen Kenntniß zu bringen.

Genossenschaftsvorstände.

§. 41.

Dem Genossenschaftsvorstande liegt die gesammte Verwaltung der Genossenschaft ob, soweit nicht einzelne Angelegenheiten durch Gesetz oder Statut der Beschlußnahme der Genossenschaftsversammlung vorbehalten oder anderen Organen der Genossenschaft übertragen sind.

Die Beschlußfassung der Vorstände kann in eiligen Fällen durch schriftliche Abstimmung erfolgen.

Der Beschlußnahme der Genossenschaftsversammlung müssen vorbehalten werden:

1. die Wahl der Mitglieder des Genossenschaftsvorstandes,
2. Abänderungen des Statuts,
3. die Prüfung und Abnahme der Jahresrechnung, falls diese nicht von der Genossenschaftsversammlung einem Ausschuß übertragen wird.

§. 42.

Die Genossenschaft wird durch ihren Vorstand gerichtlich und außergerichtlich vertreten. Die Vertretung erstreckt sich auch auf diejenigen Geschäfte und Rechtshandlungen, für welche nach den Gesetzen eine Spezialvollmacht erforderlich ist. Durch das Statut kann die Vertretung auch einem Mitglied oder mehreren Mitgliedern des Vorstandes übertragen werden.

Durch die Geschäfte, welche der Vorstand der Genossenschaft und die Vorstände der Sektionen sowie die Vertrauensmänner innerhalb der Grenzen ihrer gesetzlichen und statutarischen Vollmacht im Namen der Genossenschaft abschließen, wird die letztere berechtigt und verpflichtet.

Zur Legitimation der Vorstände bei Rechtsgeschäften genügt die Bescheinigung der höheren Verwaltungsbehörde, daß die darin bezeichneten Personen den Vorstand bilden.

Der Vorstand der Genossenschaft kann unbeschadet seiner eigenen Verantwortung (§. 45) bestimmte Geschäfte besoldeten Geschäftsführern übertragen. Die zur Ausführung dieser Bestimmung erforderlichen Vorschriften erläßt das Reichs-Versicherungsamt.

§. 43.

Wählbar zu Mitgliedern der Vorstände und zu Vertrauensmännern sind die stimmberechtigten Mitglieder der Genossenschaft sowie deren gesetzliche Vertreter und, sofern das Statut dies zuläßt, die von den Unternehmern bevollmächtigten Leiter ihrer Betriebe. Nicht wählbar ist, wer zum Amte eines Schöffen unfähig ist (§§. 31, 32 des Gerichtsverfassungsgesetzes).

Die Ablehnung der Wahl ist nur aus denselben Gründen zulässig, aus welchen gemäß §. 1786 Abs. 1 Ziffer 2 bis 4 und 8 des Bürgerlichen Gesetzbuchs das Amt eines Vormundes abgelehnt werden kann. Die Wahrnehmung eines auf Grund der Gesetze über Krankenversicherung, Unfallversicherung oder Invalidenversicherung übertragenen Ehrenamts steht der Führung einer Vormundschaft gleich. Durch das Statut können noch andere Ablehnungsgründe festgesetzt werden. Die Wiederwahl kann für eine Wahlperiode abgelehnt werden.

Personen, welche die Wahl ohne zulässigen Grund ablehnen oder sich der Ausübung ihres Amtes ohne hinreichende Entschuldigung entziehen, können vom Vorstande mit Geldstrafen bis zu fünfhundert Mark belegt werden.

§. 44.

Die Mitglieder der Vorstände und die Vertrauensmänner verwalten ihr Amt als unentgeltliches Ehrenamt, sofern nicht durch das Statut eine Entschädigung für den durch Wahrnehmung der Genossenschaftsgeschäfte ihnen erwachsenden Zeitverlust bestimmt wird. Die Höhe der Entschädigung unterliegt der Genehmigung des Reichs-Versicherungsamts. Baare Auslagen werden ihnen von der Genossenschaft ersetzt, und zwar, soweit sie in Reisekosten bestehen, nach festen, von der Genossenschaftsversammlung zu bestimmenden Sätzen. Die Mitglieder des Vorstandes dürfen neben diesen Vergütungen eine Besoldung für die Geschäftsführung nicht erhalten.

§. 45.

Die Mitglieder der Vorstände sowie die Vertrauensmänner haften der Genossenschaft für getreue Geschäftsverwaltung wie Vormünder ihren Mündeln und unterliegen, wenn sie absichtlich zum Nachtheile der Genossenschaft handeln, der Strafbestimmung des §. 266 des Strafgesetzbuchs.

§. 46.

Kommt eine Wahl der gesetzlichen Organe einer Genossenschaft nicht zu Stande, oder verweigern die Gewählten die Erfüllung ihrer gesetzlichen oder statutarischen Obliegenheiten, so hat, solange und soweit dies der Fall ist, das Reichs-Versicherungsamt die Obliegenheiten auf Kosten der Genossenschaft wahrzunehmen oder durch Beauftragte wahrnehmen zu lassen.

§. 47.

Werden hinsichtlich eines Gewählten Thatsachen bekannt, welche dessen Wählbarkeit nach Maßgabe dieses Gesetzes ausschließen, oder welche sich als grobe Verletzungen der Amtspflicht darstellen, so ist der Gewählte, nachdem ihm Gelegenheit zur Aeußerung gegeben worden ist, durch Beschluß des Vorstandes seines Amtes zu entheben. Gegen den Beschluß ist innerhalb eines Monats Beschwerde beim Reichs-Versicherungsamte zulässig; sie ist ohne aufschiebende Wirkung.

Genossenschaftsbeamte.

§. 48.

Die Genossenschaftsversammlung hat eine Dienstordnung zu beschließen, durch welche die Rechtsverhältnisse und allgemeinen Anstellungsbedingungen der Genossenschaftsbeamten geregelt werden. Diese Dienstordnung bedarf der Bestätigung durch das Reichs-Versicherungsamt.

Die Gehälter der Beamten werden im Einzelnen durch den Haushaltsplan der Genossenschaft festgestellt.

Bildung der Gefahrenklassen.

§. 49.

Durch die Genossenschaftsversammlung sind für die zur Genossenschaft gehörenden Betriebe je nach dem Grade der mit denselben verbundenen Unfallgefahr entsprechende Gefahrenklassen zu bilden und über die Höhe der in denselben zu leistenden Beiträge (Gefahrentarif) Bestimmungen zu treffen.

Durch Beschluß der Genossenschaftsversammlung kann die Aufstellung und Aenderung des Gefahrentarifs einem Ausschuß oder dem Vorstand übertragen werden.

Die Aufstellung und Abänderung des Gefahrentarifs bedarf der Genehmigung des Reichs-Versicherungsamts. Wird ein Gefahrentarif von der Genossenschaft innerhalb einer vom Reichs-Versicherungsamte zu bestimmenden Frist nicht aufgestellt, oder dem aufgestellten die Genehmigung versagt, so hat das Reichs-Versicherungsamt nach Anhörung der mit der Aufstellung beauftragten Organe der Genossenschaft den Tarif selbst festzusetzen.

Die Veranlagung der Betriebe zu den einzelnen Gefahrenklassen liegt nach näherer Bestimmung des Statuts (§. 87) den Organen der Genossenschaft ob. Gegen die Veranlagung steht dem Betriebsunternehmer binnen einer Frist von zwei Wochen die Beschwerde an das Reichs-

Versicherungsamt zu. Nach der Veranlagung kann die Genossenschaft einen Betrieb während der Tarifperiode neu veranlagen, wenn die vorige Veranlagung auf unrichtigen Angaben des Betriebsunternehmers beruht. Auf die erneute Veranlagung finden die für die vorige Veranlagung maßgebenden Vorschriften Anwendung.

Der Gefahrentarif ist nach Ablauf von längstens zwei Rechnungsjahren und sodann mindestens von fünf zu fünf Jahren unter Berücksichtigung der in den einzelnen Betrieben vorgekommenen Unfälle einer Revision zu unterziehen. Die Ergebnisse derselben sind mit dem Verzeichnisse der in den einzelnen Betriebszweigen vorgekommenen, auf Grund dieses Gesetzes zu entschädigenden Unfälle der Genossenschaftsversammlung zur Beschlußfassung über die Beibehaltung oder Aenderung der bisherigen Gefahrenklassen oder Gefahrentarife vorzulegen. Die über die Aenderung der bisherigen Gefahrenklassen oder Gefahrentarife gefaßten Beschlüsse bedürfen zu ihrer Gültigkeit der Genehmigung des Reichs-Versicherungsamts; demselben ist das Verzeichniß der vorgekommenen Unfälle vorzulegen.

Die Genossenschaftsversammlung kann den Unternehmern nach Maßgabe der in ihren Betrieben vorgekommenen Unfälle für die nächste Periode Zuschläge auflegen oder Nachlässe bewilligen.

Theilung des Risikos.

§. 50.

Durch das Statut kann vorgeschrieben werden, daß die

Entschädigungsbeträge bis zu fünfundsiebenzig Prozent von den Sektionen zu tragen sind, in deren Bezirken die Unfälle eingetreten sind.

Die hiernach den Sektionen zur Last fallenden Beträge sind auf die Mitglieder derselben nach Maßgabe der für die Genossenschaft festgesetzten Gefahrenklassen und der in diesen zu leistenden Beiträge (§§. 29, 30, 49) umzulegen.

Gemeinsame Tragung des Risikos.

§. 51.

Vereinbarungen von Genossenschaften, die von ihnen zu leistenden Entschädigungsbeträge ganz oder zum Theil gemeinsam zu tragen, sind zulässig. Derartige Vereinbarungen bedürfen zu ihrer Gültigkeit der Zustimmung der betheiligten Genossenschaftsversammlungen sowie der Genehmigung des Reichs-Versicherungsamts. Dieselben dürfen nur mit dem Beginn eines neuen Rechnungsjahrs in Wirksamkeit treten.

Die Vereinbarung hat sich darauf zu erstrecken, in welcher Weise der gemeinsam zu tragende Entschädigungsbetrag auf die betheiligten Genossenschaften zu vertheilen ist.

Ueber die Vertheilung des auf eine jede Genossenschaft entfallenden Antheils an der gemeinsam zu tragenden Entschädigung unter die Mitglieder der Genossenschaft entscheidet die Genossenschaftsversammlung. Mangels einer anderweiten Bestimmung wird dieser Antheil in gleicher Weise wie die von der Genossenschaft nach Maßgabe dieses Gesetzes zu leistenden Entschädigungsbeträge (§§. 29, 30, 49) umgelegt.

Abänderung des Bestandes der Berufsgenossenschaften.

§. 52.

Nach erfolgtem Abschlusse der Organisation der Berufsgenossenschaften sind Aenderungen in deren Bestande mit dem Beginn eines neuen Rechnungsjahrs unter nachstehenden Voraussetzungen zulässig:

1. Die Vereinigung mehrerer Genossenschaften erfolgt auf übereinstimmenden Beschluß der Genossenschaftsversammlungen mit Genehmigung des Bundesraths.
2. Das Ausscheiden einzelner Gewerbszweige oder örtlich abgegrenzter Theile aus einer Genossenschaft und die Zutheilung derselben zu einer anderen Genossenschaft erfolgt auf Beschluß der betheiligten Genossenschaftsversammlungen mit Genehmigung des Bundesraths. Die Genehmigung kann versagt werden, wenn durch das Ausscheiden die Leistungsfähigkeit einer der betheiligten Genossenschaften in Bezug auf die ihr obliegenden Pflichten gefährdet wird.
3. Wird die Vereinigung mehrerer Genossenschaften oder das Ausscheiden einzelner Gewerbszweige oder örtlich abgegrenzter Theile aus einer Genossenschaft und die Zutheilung derselben zu einer anderen Genossenschaft auf Grund eines Genossen-

schaftsbeschlusses beantragt, dagegen von der anderen betheiligten Genossenschaft abgelehnt, so entscheidet auf Anrufen der Bundesrath.

4. Anträge auf Ausscheidung einzelner Gewerbszweige oder örtlich abgegrenzter Theile aus einer Genossenschaft und Errichtung einer besonderen Genossenschaft für dieselben sind zunächst der Beschlußfassung der Genossenschaftsversammlung zu unterbreiten und sodann dem Bundesrathe zur Entscheidung vorzulegen.

Die Genehmigung zur Errichtung der neuen Genossenschaft kann versagt werden, wenn die Anzahl der Betriebe, für welche die Berufsgenossenschaft gebildet werden soll, oder die Anzahl der in denselben beschäftigten Arbeiter zu gering ist, um die dauernde Leistungsfähigkeit der Berufsgenossenschaft in Bezug auf die bei der Unfallversicherung ihr obliegenden Pflichten zu gewährleisten, oder wenn Betriebe von der Aufnahme in die Berufsgenossenschaft ausgeschlossen werden sollen, welche wegen ihrer geringen Zahl oder wegen der geringen Zahl der in ihnen beschäftigten Arbeiter eine eigene leistungsfähige Berufsgenossenschaft zu bilden außer Stande sind und auch einer anderen Berufsgenossenschaft zweckmäßig nicht zugetheilt werden können.

Wird die Genehmigung ertheilt, so erfolgt die Beschlußfassung über das Statut für die neue Genossenschaft nach Maßgabe der Bestimmungen in den §§. 86 bis 89.

§. 58.

Werden mehrere Genossenschaften zu einer Genossenschaft vereinigt, so gehen mit dem Zeitpunkte, zu welchem die Veränderung in Wirksamkeit tritt, alle Rechte und Pflichten der vereinigten Genossenschaften auf die neuerrichtete Genossenschaft über.

Wenn einzelne Gewerbszweige oder örtlich abgegrenzte Theile aus einer Genossenschaft ausscheiden und einer anderen Genossenschaft angeschlossen werden, so sind von dem Eintritte dieser Veränderung ab die Entschädigungsansprüche, welche gegen die erstere Genossenschaft aus den in Betrieben der ausscheidenden Genossenschaftstheile eingetretenen Unfällen erwachsen sind, von der Genossenschaft zu befriedigen, welcher die Genossenschaftstheile nunmehr angeschlossen sind.

Scheiden einzelne Gewerbszweige oder örtlich abgegrenzte Theile aus einer Genossenschaft unter Errichtung einer neuen Genossenschaft aus, so sind von dem Zeitpunkte der Ausscheidung ab die Entschädigungsansprüche, welche gegen die erstere Genossenschaft aus den in Betrieben der ausscheidenden Genossenschaftstheile eingetretenen Unfällen erwachsen sind, von der neuerrichteten Genossenschaft zu befriedigen.

Insoweit zufolge des Ausscheidens von Gewerbszweigen oder örtlich abgegrenzten Theilen Entschädigungsansprüche auf andere Genossenschaften übergehen, haben die letzteren Anspruch auf einen entsprechenden Theil des Reservefonds und des sonstigen Vermögens derjenigen Genossenschaft, aus welcher die Ausscheidung stattfindet.

Die Bestimmungen der Abs. 2 und 4 finden entsprechende Anwendung, wenn einzelne Betriebe oder Nebenbetriebe in Folge von Berichtigungen der Kataster von einer Berufsgenossenschaft auf eine andere übergehen.

Die vorstehenden Bestimmungen können durch übereinstimmenden Beschluß der betheiligten Genossenschaftsversammlungen abgeändert oder ergänzt werden.

Streitigkeiten, welche in Betreff der Vermögensauseinandersetzung zwischen den betheiligten Genossenschaften entstehen, werden mangels Verständigung derselben über eine schiedsgerichtliche Entscheidung von dem Reichs-Versicherungsamt entschieden.

Auflösung von Berufsgenossenschaften.

§. 54.

Berufsgenossenschaften, welche zur Erfüllung der ihnen durch dieses Gesetz auferlegten Verpflichtungen leistungsunfähig werden, können auf Antrag des Reichs-Versicherungsamts von dem Bundesrath aufgelöst werden. Diejenigen Gewerbszweige, welche die aufgelöste Genossenschaft gebildet haben, sind anderen Berufsgenossenschaften nach deren Anhörung zuzutheilen. Mit der Auflösung der Genossenschaft gehen deren Rechtsansprüche und Verpflichtungen, vorbehaltlich der Bestimmung im §. 127, auf das Reich über.

III. Mitgliedschaft des einzelnen Betriebs. Betriebsveränderungen.

Mitgliedschaft.

§. 55.

Mitglied der Genossenschaft ist jeder Unternehmer eines Betriebs derjenigen Gewerbszweige, für welche die Genossenschaft errichtet ist, sofern der Betrieb im Bezirke der Genossenschaft seinen Sitz hat. Die Mitgliedschaft beginnt mit dem Zeitpunkte der Eröffnung des Betriebs oder des Beginns seiner Versicherungspflicht.

Stimmberechtigt ist jedes Mitglied der Genossenschaft, sofern es sich im Besitze der bürgerlichen Ehrenrechte befindet.

Betriebsanmeldung.

§. 56.

Jeder Unternehmer eines versicherungspflichtigen Betriebs, welcher diesen nicht bereits angemeldet hat, ist verpflichtet, binnen einer Woche, nachdem er Mitglied einer Genossenschaft geworden ist (§. 55), der unteren Verwaltungsbehörde, in deren Bezirke der Betrieb belegen ist, eine Anzeige zu erstatten, welche

1. den Gegenstand und die Art des Betriebs,
2. die Zahl der versicherten Personen,
3. die Berufsgenossenschaft, welcher der Betrieb angehört,
4. falls es sich um einen nach dem Inkrafttreten des Gesetzes neu begonnenen oder versicherungspflichtig gewordenen Betrieb handelt, den Tag der

Eröffnung beziehungsweise des Beginns der Versicherungspflicht

angiebt. Die Anzeige ist in zwei Exemplaren einzureichen. Ueber dieselbe ist eine Empfangsbescheinigung zu ertheilen.

Wird die Anzeige nicht rechtzeitig erstattet, so ist die untere Verwaltungsbehörde befugt, den Unternehmer zu einer Auskunft über die Beschaffenheit des Betriebs innerhalb einer zu bestimmenden Frist durch Geldstrafen im Betrage bis zu einhundert Mark anzuhalten.

In dem Betriebe hat der Unternehmer durch einen Aushang bekannt zu machen, welcher Berufsgenossenschaft und Sektion der Betrieb angehört, sowie die Adresse des Genossenschafts- und Sektionsvorstandes. Ist ein landwirthschaftlicher Betrieb an den gewerblichen Betrieb gemäß §. 28 angeschlossen, so ist in dem Aushange darauf hinzuweisen.

§. 57.

Die untere Verwaltungsbehörde hat jeden in ihrem Bezirke belegenen Betrieb, über welchen die Anzeige (§. 56) erstattet ist, binnen einer Woche nach dem Eingange der letzteren durch Einsendung eines Exemplars derselben dem Vorstande der in der Anzeige bezeichneten Genossenschaft zu überweisen.

Gehört der Betrieb nach Ansicht der unteren Verwaltungsbehörde einer anderen als der in der Anzeige bezeichneten Genossenschaft an, so ist dem Vorstande dieser Genossenschaft, unter gleichzeitiger Benachrichtigung des

Vorstandes der in der Anzeige bezeichneten Genossenschaft und des Betriebsunternehmers, eine Abschrift der Anzeige zuzustellen.

Für Betriebe, über welche eine Anzeige nicht erstattet ist, hat die untere Verwaltungsbehörde die Ueberweisung binnen einer Woche nach Ablauf der von ihr in Gemäßheit des §. 56 Abs. 2 bestimmten Frist dadurch zu bewirken, daß sie die im §. 56 Abs. 1 Ziffer 1 bis 4 bezeichneten Angaben selbst macht.

Genossenschaftskataster.

§. 58.

Die Genossenschaftsvorstände haben auf Grund der von dem Reichs-Versicherungsamt ihnen mitzutheilenden Verzeichnisse der versicherungspflichtigen Betriebe (§. 35) und der später erfolgenden Ueberweisungen (§. 57) Genossenschaftskataster zu führen.

Die Aufnahme der einzelnen Genossen in das Kataster erfolgt nach vorgängiger Prüfung ihrer Zugehörigkeit zur Genossenschaft.

Den in das Kataster aufgenommenen Genossen werden vom Genossenschaftsvorstande durch Vermittelung der unteren Verwaltungsbehörde Mitgliedscheine zugestellt. Ist die Genossenschaft in Sektionen eingetheilt, so muß der Mitgliedschein die Sektion, welcher der Unternehmer angehört, bezeichnen. Wird die Aufnahme in das Kataster abgelehnt, so ist hierüber ein mit Gründen versehener Bescheid dem Betriebsunternehmer durch Vermittelung der unteren Verwaltungsbehörde zuzustellen.

§. 59.

Gegen die Aufnahme in das Kataster sowie gegen die Ablehnung derselben steht dem Unternehmer binnen einer Frist von zwei Wochen nach erfolgter Zustellung des Mitgliedscheins beziehungsweise des ablehnenden Bescheids die Beschwerde an das Reichs-Versicherungsamt zu. Dieselbe ist bei der unteren Verwaltungsbehörde einzulegen. Stellt sich bei der Verhandlung der Beschwerde heraus, daß der Betrieb keiner der vorhandenen Genossenschaften zugehört, so ist derselbe durch das Reichs-Versicherungsamt derjenigen Genossenschaft zuzuweisen, der er seiner Natur nach am nächsten steht.

Wird gegen einen ablehnenden Bescheid von dem Betriebsunternehmer innerhalb der angegebenen Frist Beschwerde nicht erhoben, so kann die untere Verwaltungsbehörde den Fall dem Reichs-Versicherungsamte zur Entscheidung vorlegen. Auf Antrag der Berufsgenossenschaft hat sie von dieser Befugniß Gebrauch zu machen.

Wird in dem Falle des §. 57 Abs. 2 die Mitgliedschaft des Unternehmers von dem Vorstande der in der Anzeige bezeichneten Genossenschaft anerkannt, so liegt diesem die Verpflichtung ob, hiervon dem Vorstande der anderen Genossenschaft Mittheilung zu machen. Letzterer ist berechtigt, innerhalb zweier Wochen nach dem Empfange der Mittheilung gegen die Anerkennung der Mitgliedschaft beim Reichs-Versicherungsamte die Beschwerde zu erheben.

§. 60.

Den Sektionsvorständen sind Auszüge aus dem Kataster in Betreff der zu ihren Sektionen gehörenden Unternehmer mitzutheilen.

Jeder Wechsel in der Person desjenigen, für dessen Rechnung der Betrieb erfolgt, ist von dem Unternehmer binnen einer durch das Statut festzusetzenden Frist dem Genossenschaftsvorstande behufs Berichtigung des Katasters anzuzeigen. Ist die Anzeige von dem Wechsel nicht erfolgt, so werden die auf die Genossenschaftsmitglieder umzulegenden Beiträge von dem in das Kataster eingetragenen Unternehmer forterhoben. Die Haftung umfaßt noch dasjenige Rechnungsjahr, in welchem die Anzeige geschieht, ohne daß dadurch der neue Unternehmer von der auch ihm gesetzlich obliegenden Haftung für die Beiträge entbunden ist.

Betriebsveränderungen.

§. 61.

Jeder Betriebsunternehmer ist verpflichtet, Aenderungen seines Betriebs, welche für die Zugehörigkeit zu einer Genossenschaft von Bedeutung sind, dem Genossenschaftsvorstande binnen einer durch das Statut festzusetzenden Frist anzuzeigen. Erachtet Letzterer in Folge dieser Anzeige oder ohne den Empfang einer solchen von Amtswegen die Ueberweisung des Betriebs an eine andere Genossenschaft für geboten, so theilt er dies unter Angabe der Gründe dem Betriebsunternehmer durch Vermittelung der unteren Verwaltungsbehörde und dem betheiligten

Genossenschaftsvorstande mit. Sowohl der Letztere als auch der Betriebsunternehmer können innerhalb zweier Wochen gegen die Ueberweisung bei dem überweisenden Genossenschaftsvorstande Widerspruch erheben.

Wird innerhalb dieser Frist kein Widerspruch erhoben, so erfolgt die Ab- beziehungsweise Zuschreibung des Betriebs in den Genossenschaftskatastern sowie die Ausstellung eines anderweiten Mitgliedscheins für den Betriebsunternehmer.

Wird gegen die Ueberweisung Widerspruch erhoben oder beansprucht der Vorstand einer dritten Genossenschaft unter dem Widerspruche des Betriebsunternehmers oder des Vorstandes der Genossenschaft, welcher der Betrieb bisher angehörte, die Ueberweisung des letzteren, so hat der Vorstand der Genossenschaft, welcher der Betrieb bisher angehört hat, die Entscheidung des Reichs-Versicherungsamts zu beantragen. Dasselbe entscheidet nach Anhörung des betheiligten Betriebsunternehmers sowie der Vorstände der betheiligten Genossenschaften.

Wird dem Ueberweisungsantrage stattgegeben, so tritt die Aenderung in der Zugehörigkeit zur Genossenschaft von dem Tage ab in Wirksamkeit, an welchem der Antrag dem betheiligten Genossenschaftsvorstande zugestellt ist.

§. 62.

In Betreff der Anmeldung von Aenderungen in dem Betriebe, welche für dessen Einschätzung in den Gefahrentarif (§. 49) von Bedeutung sind, sowie in Betreff des weiteren Verfahrens hat das Genossenschaftsstatut Bestimmung zu treffen. Gegen den auf die Anmeldung der Aenderung oder von Amtswegen erfolgenden Bescheid des Genossenschaftsvorstandes oder des Ausschusses (§. 49) steht dem Betriebsunternehmer binnen einer Frist von zwei Wochen die Beschwerde an das Reichs-Versicherungsamt zu.

IV. Feststellung und Auszahlung der Entschädigungen.

Anzeige und Untersuchung der Unfälle.

§. 68.

Von jedem in einem versicherten Betriebe vorkommenden Unfalle, durch welchen eine in demselben beschäftigte Person getödtet wird oder eine Körperverletzung erleidet, welche eine völlige oder theilweise Arbeitsunfähigkeit von mehr als drei Tagen oder den Tod zur Folge hat, ist von dem Betriebsunternehmer bei der Ortspolizeibehörde und dem durch Statut zu bestimmenden Genossenschaftsorgane schriftlich Anzeige zu erstatten.

Dieselbe muß binnen drei Tagen nach dem Tage erfolgen, an welchem der Betriebsunternehmer von dem Unfalle Kenntniß erlangt hat.

Für den Betriebsunternehmer kann derjenige, welcher zur Zeit des Unfalls den Betrieb oder den Betriebstheil, in welchem sich der Unfall ereignete, zu leiten hatte, die Anzeige erstatten; im Falle der Abwesenheit oder Behinderung des Betriebsunternehmers ist er dazu verpflichtet.

Das Formular für die Anzeige wird vom Reichs-Versicherungsamte festgestellt.

Die Vorstände der unter Reichs- oder Staatsverwaltung stehenden Betriebe haben die im Abs. 1 vorgeschriebene Anzeige der vorgesetzten Dienstbehörde nach näherer Anweisung derselben zu erstatten.

§. 64.

Jeder zur Anzeige gelangte Unfall, durch welchen eine versicherte Person getödtet ist oder eine Körperverletzung erlitten hat, die voraussichtlich einen Entschädigungsanspruch auf Grund dieses Gesetzes zur Folge haben wird, ist sobald als möglich, in den im §. 76b des Krankenversicherungsgesetzes und im §. 18 dieses Gesetzes bezeichneten Fällen spätestens unmittelbar nach Eingang eines entsprechenden Ersuchens der Berufsgenossenschaft oder der betheiligten Krankenkasse, von der Ortspolizeibehörde einer Untersuchung zu unterziehen, durch welche festzustellen sind:

1. die Veranlassung und Art des Unfalls,
2. die getödteten oder verletzten Personen,
3. die Art der vorgekommenen Verletzungen,
4. der Verbleib der verletzten Personen,
5. die Hinterbliebenen der durch den Unfall getödteten und die Angehörigen der durch den Unfall verletzten Personen, welche auf Grund dieses Gesetzes einen Entschädigungsanspruch erheben können,
6. die Höhe der Renten, welche der Verletzte etwa

auf Grund der Unfallversicherungsgesetze oder des Invalidenversicherungsgesetzes bezieht.

Auf Antrag des Vorstandes der Genossenschaft oder der Sektion oder der betheiligten Krankenkasse hat die Ortspolizeibehörde die Untersuchung auch dann vorzunehmen, wenn sie die Voraussetzung des ersten Absatzes nicht als gegeben ansieht.

§. 65.

An den Untersuchungsverhandlungen können Theil nehmen: der staatliche Aufsichtsbeamte (§. 139b der Gewerbeordnung), Vertreter der Genossenschaft, ein von dem Vorstande der Krankenkasse, welcher der Getödtete oder Verletzte zur Zeit des Unfalls angehört hat, bestellter Bevollmächtigter sowie der Betriebsunternehmer oder ein Vertreter desselben. Zu diesem Zwecke ist dem staatlichen Aufsichtsbeamten, dem Genossenschaftsvorstande, dem Kassenvorstand und dem Betriebsunternehmer von der Einleitung der Untersuchung rechtzeitig Kenntniß zu geben. Ist die Genossenschaft in Sektionen getheilt oder sind von der Genossenschaft Vertrauensmänner bestellt, so ist die Mittheilung von der Einleitung der Untersuchung an den Sektionsvorstand beziehungsweise an den Vertrauensmann zu richten.

Außerdem sind, soweit thunlich, die sonstigen Betheiligten und auf Antrag und Kosten der Genossenschaft Sachverständige zuzuziehen.

§. 66.

Von dem über die Untersuchung aufgenommenen

Protokolle sowie von den sonstigen Untersuchungsverhandlungen ist den Betheiligten auf ihren Antrag Einsicht und gegen Erstattung der Schreibgebühren Abschrift zu ertheilen. Die Erstattung der Schreibgebühren kann erlassen werden.

§. 67.

Bei den im §. 63 Abs. 5 bezeichneten Betrieben bestimmt die vorgesetzte Dienstbehörde diejenige Behörde, welche die Untersuchung nach den Bestimmungen der §§. 64 bis 66 vorzunehmen hat.

§. 68.

Ereignet sich ein Unfall auf der Reise, so ist die nach §. 63 Abs. 1 zu erstattende Anzeige an diejenige Ortspolizeibehörde im Inlande zu richten, in deren Bezirke sich der Unfall ereignet hat oder der erste Aufenthalt nach demselben genommen wird. Die Untersuchung des Unfalls (§. 64) erfolgt durch diejenige Ortspolizeibehörde, an welche die Anzeige erstattet ist. Auf Antrag Betheiligter (§. 65) kann jedoch die der Ortspolizeibehörde vorgesetzte Behörde die Untersuchung durch eine andere Ortspolizeibehörde herbeiführen. Die zur Führung der Untersuchung berufene Ortspolizeibehörde hat der Krankenkasse, welcher der Verletzte angehört, rechtzeitig von dem Zeitpunkt, in welchem die Untersuchung vorgenommen werden wird, Kenntniß zu geben.

Hinsichtlich der unter Reichs- oder Staatsverwaltung stehenden Betriebe bewendet es bei den Vorschriften im §. 63 Abs. 5, §. 67.

Feststellung der Entschädigungen.

§. 69.

Die Beschlußfassung über die Feststellung der Entschädigungen (§§. 8 bis 24) erfolgt

1. sofern die Genossenschaft in Sektionen eingetheilt ist, durch den Vorstand der Sektion, wenn es sich handelt
   a) um die im §. 9 Abs. 1 Ziffer 1 bezeichneten Leistungen,
   b) um die für die Dauer einer voraussichtlich vorübergehenden Erwerbsunfähigkeit zu gewährende Rente,
   c) um das Sterbegeld,
   d) um die Aufnahme des Verletzten in eine Heilanstalt,
   e) um die den Angehörigen eines Verletzten für die Zeit seiner Behandlung in einer Heilanstalt zu gewährende Rente;
2. in allen übrigen Fällen durch den Vorstand der Genossenschaft.

Das Genossenschaftsstatut kann bestimmen, daß die Feststellung der Entschädigungen in den Fällen des Abs. 1 Ziffer 1 durch einen Ausschuß des Sektionsvorstandes oder durch besondere Kommissionen oder durch örtliche Beauftragte (Vertrauensmänner), in den Fällen des Abs. 1 Ziffer 2 durch den Sektionsvorstand oder durch einen Ausschuß des Genossenschafts- oder Sektionsvorstandes oder durch besondere Kommissionen zu bewirken ist.

Soll auf Grund eines ärztlichen Gutachtens die Bewilligung einer Entschädigung abgelehnt oder nur eine Theilrente festgestellt werden, so ist vorher der behandelnde Arzt zu hören. Steht dieser zu der Genossenschaft in einem Vertragsverhältnisse, so ist auf Antrag ein anderer Arzt zu hören.

§. 70.

Soll die Bewilligung einer Entschädigung abgelehnt werden, so ist diese Absicht dem Verletzten oder im Falle seines Todes seinen Hinterbliebenen, soweit sie nach §§. 16 bis 19, 21 entschädigungsberechtigt sein würden, mitzutheilen. Soll eine Entschädigung bewilligt werden, so ist den genannten Personen die Höhe der in Aussicht genommenen Entschädigung mit den rechnungsmäßigen Grundlagen mitzutheilen.

Der Verletzte sowie seine Hinterbliebenen (§§. 16 bis 19) sind befugt, auf diese Mittheilung innerhalb zweier Wochen sich zu äußern. Auf ihren innerhalb der gleichen Frist gestellten Antrag hat die untere Verwaltungsbehörde diese Aeußerung zu Protokoll zu nehmen. Wird ein solcher Antrag gestellt, so hat hiervon die untere Verwaltungsbehörde unverzüglich dem zuständigen Genossenschaftsorgane Kenntniß zu geben; dieses hat bis zum Eingange des Protokolls den Bescheid auszusetzen.

Bei den im Abs. 1 bezeichneten Mittheilungen hat das zuständige Genossenschaftsorgan auf die aus Abs. 2 und aus §. 69 Abs. 3 sich ergebenden Befugnisse sowie auf die im Abs. 2 vorgesehene Frist hinzuweisen.

§. 71.

Die Feststellung der Entschädigung hat in beschleunigtem Verfahren von Amtswegen zu erfolgen.

Für diejenigen verletzten Personen, für welche noch nach Ablauf von dreizehn Wochen nach dem Unfall eine weitere ärztliche Behandlung behufs Heilung der erlittenen Verletzungen nothwendig ist, hat sich die Feststellung zunächst mindestens auf die bis zur Beendigung des Heilverfahrens zu leistenden Entschädigungen zu erstrecken. Die weitere Entschädigung ist, sofern deren Feststellung früher nicht möglich ist, nach Beendigung des Heilverfahrens unverzüglich zu bewirken.

Kann die endgültige Feststellung nicht sofort erfolgen, so ist eine Entschädigung vorläufig zuzubilligen.

§. 72.

Entschädigungsberechtigte, für welche die Entschädigung nicht von Amtswegen festgestellt ist, haben ihren Entschädigungsanspruch bei Vermeidung des Ausschlusses vor Ablauf von zwei Jahren nach dem Eintritte des Unfalls bei derjenigen Berufsgenossenschaft anzumelden, welcher die Entschädigungspflicht obliegt. Die Frist gilt auch dann als gewahrt, wenn die Anmeldung bei einem nicht zuständigen Genossenschaftsorgan oder bei einer andern Berufsgenossenschaft oder bei der für den Wohnort des Entschädigungsberechtigten zuständigen unteren Verwaltungsbehörde erfolgt ist. In solchem Falle ist die Anmeldung unverzüglich an die zuständige Stelle abzugeben und der Betheiligte davon zu benachrichtigen.

Nach Ablauf der Frist ist der Anmeldung nur dann Folge zu geben, wenn zugleich glaubhaft bescheinigt wird, daß eine einen Entschädigungsanspruch begründende Folge des Unfalls erst später bemerkbar geworden oder daß der Entschädigungsberechtigte von der Verfolgung seines Anspruchs durch außerhalb seines Willens liegende Verhältnisse abgehalten worden ist, und wenn die Anmeldung innerhalb dreier Monate, nachdem eine Unfallfolge bemerkbar geworden oder das Hinderniß für die Anmeldung weggefallen, erfolgt ist.

§. 78.

Wird der angemeldete Entschädigungsanspruch anerkannt, so ist die Entschädigung sofort festzustellen. Ist die Berufsgenossenschaft der Ansicht, daß ein entschädigungspflichtiger Unfall nicht vorliegt, so ist der Anspruch durch schriftlichen Bescheid abzulehnen. Der Bescheid ist mit Gründen zu versehen.

Ist die Genossenschaft der Ansicht, daß zwar ein entschädigungspflichtiger Unfall vorliegt, die Entschädigung aber von einer anderen Genossenschaft zu gewähren ist, so hat der Genossenschaftsvorstand dem Entschädigungsberechtigten eine vorläufige Fürsorge zuzuwenden und sich unter Mittheilung der gepflogenen Verhandlungen wegen Anerkennung der Entschädigungspflicht mit dem Vorstande der anderen Genossenschaft ins Benehmen zu setzen. Wird von diesem die Entschädigungspflicht abgelehnt oder innerhalb einer Frist von sechs Wochen eine Erklärung nicht abgegeben, so ist die Entscheidung des

Reichs-Versicherungsamts darüber herbeizuführen, welche Berufsgenossenschaft entschädigungspflichtig ist. Die Entscheidung ist auch dem Entschädigungsberechtigten zuzustellen.

§. 74.

Die Mitglieder der Genossenschaften sind verpflichtet, auf Erfordern der Behörden und der nach §. 69 zur Feststellung der Entschädigung berufenen Stellen binnen einer Woche diejenigen Gehalts- und Lohnnachweisungen zu liefern, welche zur Feststellung der Entschädigung erforderlich sind.

Bescheid der Vorstände.

§. 75.

Ueber die Feststellung der Entschädigung hat diejenige Stelle (§. 69), welche sie vorgenommen hat, dem Entschädigungsberechtigten einen schriftlichen Bescheid zu ertheilen, aus welchem die Höhe der Entschädigung und die Art ihrer Berechnung zu ersehen ist. Bei Entschädigungen für erwerbsunfähig gewordene Verletzte ist namentlich anzugeben, in welchem Maße die Erwerbsunfähigkeit angenommen worden ist.

Berufung.

§. 76.

Gegen den Bescheid, durch welchen der Entschädigungsanspruch abgelehnt wird, sowie gegen den Bescheid, durch welchen die Entschädigung festgestellt wird, findet die Berufung auf schiedsgerichtliche Entscheidung statt.

Die Berufung ist bei Vermeidung des Ausschlusses innerhalb eines Monats nach der Zustellung des Bescheids bei dem Schiedsgerichte (Gesetz, betreffend die Abänderung der Unfallversicherungsgesetze, §. 8) zu erheben, in dessen Bezirke der Betrieb, in welchem der Unfall sich ereignet hat, belegen ist.

Die Frist gilt auch dann als gewahrt, wenn innerhalb derselben die Berufung bei einer anderen inländischen Behörde oder bei einem Genossenschaftsorgan eingegangen ist. Diese haben die Berufungsschrift unverzüglich an das zuständige Schiedsgericht abzugeben.

Der Bescheid muß die Bezeichnung des für die Berufung zuständigen Schiedsgerichts sowie die Belehrung über die einzuhaltende Frist enthalten.

Die Berufung hat, ausgenommen im Falle des §. 28 keine aufschiebende Wirkung.

§. 77.

Bildet in dem Falle des §. 15 Abs. 1 Ziffer 2 die Anerkennung oder Nichtanerkennung des Rechtsverhältnisses zwischen dem Getödteten und dem die Entschädigung Beanspruchenden die Voraussetzung des Anspruchs, so kann das Schiedsgericht den Betheiligten aufgeben, zuvörderst die Feststellung des betreffenden Rechtsverhältnisses im ordentlichen Rechtswege herbeizuführen. In diesem Falle ist die Klage bei Vermeidung des Ausschlusses binnen einer vom Schiedsgerichte zu bestimmenden, mindestens auf einen Monat zu bemessenden Frist nach der Zustellung des hierüber ertheilten Bescheids des Schiedsgerichts zu erheben.

Nachdem im ordentlichen Rechtsweg eine rechtskräftige Entscheidung ergangen ist, hat das Schiedsgericht auf erneuten Antrag über den Entschädigungsanspruch zu entscheiden.

§. 78.

Das Schiedsgericht hat, wenn es den Entschädigungsanspruch für begründet erachtet, zugleich die Höhe der Entschädigung und den Beginn der Rente festzustellen. Hat das Schiedsgericht in besonderen Ausnahmefällen, welche das Reichs-Versicherungsamt näher bestimmen darf, den Anspruch nur dem Grunde nach anerkannt und nicht gleichzeitig über die Höhe der Entschädigung und den Beginn der Rente entschieden, so hat das Schiedsgericht unverzüglich eine vorläufige Entschädigung zu bewilligen, gegen deren Feststellung ein Rechtsmittel nicht stattfindet. Sobald der Entschädigungsanspruch rechtskräftig feststeht, ist die Höhe der Entschädigung und der Beginn der Rente, sofern dies nicht bereits früher geschehen ist, festzustellen. Die vorläufig gezahlten Beträge werden auf die endgültig angewiesene Rente angerechnet.

§. 79.

Die Entscheidung des Schiedsgerichts ist dem Berufenden und demjenigen Genossenschaftsorgane, welches den angefochtenen Bescheid erlassen hat, in Ausfertigung zuzustellen.

Rekurs.

§. 80.

Gegen die Entscheidung des Schiedsgerichts steht in

den Fällen des §. 69 Abs. 1 Ziffer 2, vorbehaltlich der Bestimmungen des §. 90 Abs. 2 und des §. 95 Abs. 1, dem Verletzten oder dessen Hinterbliebenen sowie dem Genossenschaftsvorstande das Rechtsmittel des Rekurses zu. Der Rekurs des Vorstandes hat aufschiebende Wirkung insoweit, als es sich um Beträge handelt, die für die Zeit vor dem Erlasse der angefochtenen Entscheidung nachträglich gezahlt werden sollen. Im Uebrigen hat der Rekurs keine aufschiebende Wirkung.

Werden mit der Anfechtung einer Entscheidung des Schiedsgerichts in den im §. 69 Abs. 1 Ziffer 1 bezeichneten Angelegenheiten Rekursanträge wegen der im §. 69 Abs. 1 Ziffer 2 bezeichneten Angelegenheiten verbunden, so darf die Entscheidung des Schiedsgerichts über die zuerst bezeichneten Angelegenheiten in dem Rekursverfahren nur dann abgeändert werden, wenn im Uebrigen den Rekursanträgen Folge gegeben wird.

Ueber den Rekurs entscheidet das Reichs-Versicherungsamt. Das Rechtsmittel ist bei demselben zur Vermeidung des Ausschlusses innerhalb eines Monats nach der Zustellung der Entscheidung des Schiedsgerichts einzulegen; die Bestimmung des §. 76 Abs. 8 findet entsprechende Anwendung.

§. 81.

Ist der Rekurs unzulässig (§. 80 Abs. 1) oder verspätet (§. 80 Abs. 8), so hat das Reichs-Versicherungsamt den Rekurs ohne mündliche Verhandlung zurückzuweisen; ebenso kann es verfahren, wenn die bei dem

Beschlusse mitwirkenden Mitglieder einstimmig den Rekurs für offenbar ungerechtfertigt erachten. Anderenfalls hat das Reichs-Versicherungsamt nach mündlicher Verhandlung zu entscheiden.

Wird das angefochtene Urtheil aufgehoben, so kann das Reichs-Versicherungsamt, statt in der Sache selbst zu entscheiden, dieselbe an das Schiedsgericht oder an das zuständige Genossenschaftsorgan zurückverweisen. Dabei kann das Reichs-Versicherungsamt bestimmen, daß dem Entschädigungsberechtigten eine ihrem Betrage nach bestimmte Rente vorläufig zu zahlen ist. Im Falle der Zurückverweisung ist die rechtliche Beurtheilung, auf welche das Reichs-Versicherungsamt die Aufhebung gestützt hat, den weiteren Entscheidungen oder Bescheiden zu Grunde zu legen.

§. 82.

Kommt nach Ansicht des Reichs-Versicherungsamts nicht die im Verfahren in Anspruch genommene, sondern eine andere Berufsgenossenschaft als entschädigungspflichtig in Frage, so kann das Reichs-Versicherungsamt diese andere Genossenschaft zur Verhandlung beiladen und gegebenen Falles zur Leistung der Entschädigung verurtheilen, auch wenn ein Anspruch gegen dieselbe bereits rechtskräftig abgelehnt worden ist.

§. 83.

Sobald einem Verletzten oder dessen Hinterbliebenen ein Entschädigungsanspruch gegenüber einer Genossenschaft rechtskräftig zuerkannt ist, kann auf Antrag ein gegenüber einer anderen Genossenschaft wegen desselben Unfalls etwa schwebendes Verfahren durch Beschluß des Reichs-Versicherungsamts eingestellt werden.

Sind, abgesehen von den Fällen des §. 85, wegen desselben Unfalls Entschädigungsansprüche gegen mehrere Genossenschaften rechtskräftig anerkannt, so hat das Reichs-Versicherungsamt die zu Unrecht ergangene Feststellung oder Entscheidung aufzuheben.

Die auf Grund der aufgehobenen Feststellung oder Entscheidung geleisteten Zahlungen sind zu ersetzen; der Anspruch des Verletzten geht insoweit auf die ersatzberechtigte Genossenschaft über.

§. 84.

Auf die Anfechtung rechtskräftiger Entscheidungen über einen Entschädigungsanspruch finden, unbeschadet der Bestimmungen der §§. 82, 83, die Vorschriften der Civilprozeßordnung über die Wiederaufnahme des Verfahrens entsprechende Anwendung, soweit nicht durch Kaiserliche Verordnung mit Zustimmung des Bundesraths etwas Anderes bestimmt wird.

§. 85.

Hat die Beschäftigung, bei welcher sich der Unfall ereignet hat, für mehrere zu verschiedenen Berufsgenossenschaften gehörende Betriebe stattgefunden, so können die betheiligten Genossenschaften die Entschädigungsverpflichtung unter sich vertheilen. Kommt eine Einigung nicht zu Stande, so ist das Reichs-Versicherungsamt berechtigt, auf Antrag einer betheiligten Genossenschaft die Vertheilung zu bestimmen. In solchem Falle ist nach Anhörung der betheiligten Vorstände nach billigem Ermessen festzustellen, mit welchem Antheile jede Genossenschaft an der Unfallentschädigung betheiligt ist, und welche Beträge derjenigen, welche vorläufig Entschädigung geleistet hat, zu erstatten sind.

Die Heranziehung einer der im vorstehenden Absatze bezeichneten Genossenschaften zur Aufbringung eines Antheils an der Entschädigung kann auch dann noch erfolgen, wenn ein ablehnender Bescheid der Genossenschaft oder eine den Anspruch des Entschädigungsberechtigten ihr gegenüber zurückweisende Entscheidung rechtskräftig geworden ist.

Die für die Feststellung der Entschädigung zuständige Genossenschaft ist mangels einer Vereinbarung durch das Reichs-Versicherungsamt zu bestimmen.

§. 86.

Die Berufsgenossenschaften sind befugt, von der Rückforderung der gemäß §§. 76, 78, 81 Abs. 2 vor rechtskräftiger Entscheidung gezahlten Entschädigungen abzusehen.

§. 87.

Nach erfolgter Feststellung der Entschädigung (§§. 69 ff.) hat der Genossenschaftsvorstand dem Berechtigten die mit der Zahlung beauftragte Postanstalt (§. 97) zu bezeichnen und der unteren Verwaltungsbehörde des Wohnorts über die dem Berechtigten zustehenden Bezüge Mittheilung zu machen. Das Gleiche gilt beim Eintritte von Veränderungen.

Veränderung der Verhältnisse.

§. 88.

Tritt in den Verhältnissen, welche für die Feststellung der Entschädigung maßgebend gewesen sind, eine wesentliche Veränderung ein, so kann eine anderweite Feststellung erfolgen.

Nach Ablauf von zwei Jahren von der Rechtskraft des Bescheids oder der Entscheidung ab, durch welche die Entschädigung zuerst endgültig festgestellt worden ist, darf wegen einer im Zustande des Verletzten eingetretenen Veränderung eine anderweite Feststellung, sofern nicht zwischen der Berufsgenossenschaft und dem Empfangsberechtigten über einen kürzeren Zeitraum ausdrückliches Einverständniß erzielt ist, nur in Zeiträumen von mindestens einem Jahre beantragt oder vorgenommen werden.

Die anderweite Feststellung erfolgt innerhalb der ersten fünf Jahre von der Rechtskraft der erwähnten Bescheide oder Entscheidungen ab auf Antrag oder von Amtswegen durch Bescheid der Berufsgenossenschaft, später sofern nicht über die anderweite Feststellung zwischen der Berufsgenossenschaft und dem Empfangsberechtigten ausdrückliches Einverständniß erzielt ist, nur auf Antrag durch Entscheidung des Schiedsgerichts.

Zu dem Antrag auf Wiederaufnahme eines Heilverfahrens ist neben dem Verletzten auch die Krankenkasse, der er angehört, berechtigt.

§. 89.

Wird innerhalb der ersten fünf Jahre ein neuer Bescheid erlassen, bevor die frühere Entscheidung über die Höhe der Entschädigung die Rechtskraft erlangt hat, so muß die Rechtsmittelbelehrung in dem die Rente abändernden Bescheide darauf hinweisen, daß durch das gegen den früheren Bescheid eingelegte Rechtsmittel der Eintritt der Rechtskraft des neuen Bescheids nicht gehemmt wird. Abschrift des neuen Bescheids ist derjenigen Stelle, bei welcher das Verfahren über den älteren Bescheid schwebt, mitzutheilen. Diese ist berechtigt, bei Entscheidung der älteren Sache darüber zu befinden, welche Entschädigung für die Zeit nach Erlaß des neuen Bescheids zu gewähren ist. Ein in Folge der Anfechtung des neuen Bescheids etwa eingeleitetes Verfahren ist alsdann einzustellen.

Vor einer Herabsetzung oder Aufhebung der Rente ist dem Rentenempfänger unter Mittheilung derjenigen Unterlagen, auf Grund deren die Herabsetzung oder Aufhebung erfolgen soll, Gelegenheit zur Aeußerung zu geben.

Eine Erhöhung der Rente kann nur für die Zeit nach Anmeldung des höheren Anspruchs gefordert werden.

Eine Minderung, Einstellung (§. 94) oder Aufhebung

der Rente tritt mit Ablauf des Monats in Wirksamkeit, in welchem der die Veränderung aussprechende Bescheid zugestellt worden ist.

§. 90.

Die anderweite Feststellung einer Rente nach Ablauf der ersten fünf Jahre kann nur für die Zeit nach Zustellung des Antrags gefordert werden. Im Uebrigen wird der Zeitpunkt, von welchem an die Erhöhung, Minderung oder Aufhebung der Rente in Kraft treten soll, in der Entscheidung des Schiedsgerichts festgesetzt. Ebenso bestimmt das Schiedsgericht, in welchen Summen und Fristen die seit dem Inkrafttreten der Rentenminderung etwa bezahlten Mehrbeträge durch Kürzung späterer Rentenbezüge zur Erstattung gelangen sollen. Das Schiedsgericht kann auf Antrag auch schon vor dieser Entscheidung im Wege der einstweiligen Verfügung anordnen, daß die fernere Rentenzahlung bis zur rechtskräftigen Entscheidung über den Antrag auf Aufhebung oder Minderung der Rente ganz oder theilweise eingestellt werde.

Auf die Entscheidungen des Schiedsgerichts finden die Bestimmungen der §§. 80 ff. über das Rechtsmittel des Rekurses entsprechende Anwendung. Gegen die im Abs. 1 Satz 2 bis 4 bezeichneten Entscheidungen und Verfügungen des Schiedsgerichts findet jedoch ein Rechtsmittel nicht statt.

Wird der Antrag auf Abänderung der Rente dem Schiedsgericht unterbreitet, bevor die frühere Entscheidung über die Höhe der Entschädigung die Rechtskraft erlangt hat, so ist die Stelle, bei welcher das frühere Verfahren anhängig ist, berechtigt, in diesem darüber zu befinden, welche Entschädigung für die Zeit nach Zustellung des Antrags auf Abänderung der Rente zu gewähren ist.

§. 91.

Die anderweite Rentenfestsetzung nach Abschluß eines neuen Heilverfahrens, die Einstellung von Rentenzahlungen (§. 94) sowie die Ablösung einer Rente durch Kapitalzahlung (§. 95) erfolgt auch nach Ablauf des im §. 88 Abs. 3 vorgesehenen Zeitraums durch Bescheid der Berufsgenossenschaft.

§. 92.

Ist der Verletzte, für welchen eine Entschädigung festgestellt war, in Folge der Verletzung gestorben, so muß der Anspruch auf Gewährung einer Entschädigung für die Hinterbliebenen, falls diese Entschädigung nicht von Amtswegen festgestellt ist, bei Vermeidung des Ausschlusses vor Ablauf von zwei Jahren nach dem Tode des Verletzten bei dem zuständigen Vorstand oder bei der für den Wohnort des Entschädigungsberechtigten zuständigen unteren Verwaltungsbehörde angemeldet werden. Nach Ablauf dieser Frist ist der Anmeldung nur dann Folge zu geben, wenn zugleich glaubhaft bescheinigt wird, daß der Entschädigungsberechtigte von der Verfolgung seines Anspruchs durch außerhalb seines Willens liegende Verhältnisse abgehalten worden ist, und die Anmeldung innerhalb dreier Monate, nachdem das Hinderniß weggefallen, erfolgt ist. Im Uebrigen finden auf das Verfahren die Vorschriften der §§. 69 bis 87 entsprechende Anwendung.

Fälligkeitstermine.

§. 93.

Kosten des Heilverfahrens und Sterbegelder sind binnen einer Woche nach ihrer Feststellung, Renten in monatlichen, und wenn sich der Jahresbetrag auf sechzig Mark oder weniger beläuft, in vierteljährlichen Beträgen im voraus zu zahlen, letzteres insoweit, als nicht im voraus anzunehmen ist, daß die Rente vor Ablauf des Vierteljahrs fortfällt. Die Renten werden auf volle fünf Pfennig für den Monat beziehungsweise das Vierteljahr nach oben abgerundet.

Im Einverständnisse mit dem Entschädigungsberechtigten kann die Berufsgenossenschaft anordnen, daß die Zahlung in längeren Zeitabschnitten erfolgt.

Fällt das Recht auf den Rentenbezug im Laufe des Monats, für welchen die Rente gezahlt war, fort, so ist von einer Rückforderung abzusehen. Wenn für einen Theil des Monats die Rente für den Verletzten mit der Rente für die Hinterbliebenen zusammentrifft, so haben die Hinterbliebenen den höheren Betrag zu beanspruchen.

Ein Verzicht auf die Rückforderung ist auch dann zulässig, wenn die Rente für längere Zeitabschnitte gezahlt war.

Ruhen der Rente.

§. 94.

Das Recht auf Bezug der Rente ruht:

1. solange der Berechtigte eine die Dauer von einem Monat übersteigende Freiheitsstrafe verbüßt oder solange er in einem Arbeitshaus oder einer Besserungsanstalt untergebracht ist. Hat der Berechtigte im Inlande wohnende Angehörige, welche im Falle seines Todes Anspruch auf Rente haben würden, so ist diesen die Rente bis zur Höhe jenes Anspruchs zu überweisen;
2. solange der berechtigte Ausländer nicht im Inlande seinen gewöhnlichen Aufenthalt hat. Diese Bestimmung kann durch Beschluß des Bundesraths für bestimmte Grenzgebiete oder für solche auswärtige Staaten, durch deren Gesetzgebung deutschen, durch einen Betriebsunfall verletzten Arbeitern eine entsprechende Fürsorge gewährleistet ist, außer Kraft gesetzt werden;
3. solange der berechtigte Inländer im Auslande sich aufhält und es unterläßt, der Berufsgenossenschaft seinen Aufenthalt mitzutheilen.

Das Reichs-Versicherungsamt hat über die Mittheilung des Aufenthaltsorts nähere Vorschriften zu erlassen und darin anzuordnen, daß der Rentenberechtigte sich von Zeit zu Zeit bei einem deutschen Konsul persönlich vorzustellen hat.

Weist der Entschädigungsberechtigte nach, daß er der Vorstellungspflicht ohne sein Verschulden nicht hat genügen können, so lebt insoweit das Recht auf den Bezug der Rente wieder auf.

Kapitalabfindungen.

§. 95.

Ist bei theilweiser Erwerbsunfähigkeit eine Rente von fünfzehn oder weniger Prozent der Vollrente festgestellt, so kann nach Anhörung der unteren Verwaltungsbehörde die Berufsgenossenschaft den Entschädigungsberechtigten auf seinen Antrag durch eine entsprechende Kapitalzahlung abfinden. Der Verletzte muß vor Annahme seines Antrags darüber belehrt werden, daß er nach der Abfindung auch in dem Falle keinerlei Anspruch auf Rente mehr habe, wenn sein Zustand sich erheblich verschlechtern würde. Gegen den Bescheid, durch welchen die Kapitalabfindung festgesetzt wird, ist Berufung (§. 76) zulässig. Das Rechtsmittel hat in diesem Falle aufschiebende Wirkung. Bis zur Verkündung der Entscheidung kann der Antrag zurückgezogen werden. Die Entscheidung des Schiedsgerichts ist endgültig. Sie kann nur auf Bestätigung oder auf Aufhebung des Bescheids lauten.

Ist der Entschädigungsberechtigte ein Ausländer, so kann er, falls er seinen Wohnsitz im Deutschen Reiche aufgiebt, auf seinen Antrag mit dem dreifachen Betrage der Jahresrente abgefunden werden. Durch Beschluß des Bundesraths kann diese Bestimmung für bestimmte Grenzgebiete oder für die Angehörigen solcher auswärtiger Staaten, durch deren Gesetzgebung deutschen, durch Unfall verletzten Arbeitern eine entsprechende Fürsorge gewährleistet ist, außer Kraft gesetzt werden.

Diese Bestimmungen finden auch Anwendung auf solche Renten, welche vor dem Inkrafttreten dieses Gesetzes festgestellt worden sind. Wird eine solche Abfindung im Laufe der ersten drei Jahre nach Inkrafttreten des Gesetzes ausgesprochen, so sind die Berufsgenossenschaften berechtigt, die erforderlichen Mittel aus dem Reservefonds zu entnehmen. Dieser ist dann nach näherer Anordnung des Reichs-Versicherungsamts (§. 84 Abs. 2) wieder zu ergänzen.

Uebertragung der Ansprüche.

§. 96.

Die Uebertragung der aus diesem Gesetze sich ergebenden Ansprüche auf Dritte sowie deren Verpfändung oder Pfändung hat nur insoweit rechtliche Wirkung, als sie erfolgt:

1. zur Deckung eines Vorschusses, welcher dem Berechtigten auf seine Ansprüche vor Anweisung der Rente oder des Sterbegeldes von dem Betriebsunternehmer oder einem Genossenschaftsorgan oder dem Mitglied eines solchen Organs gegeben worden ist;
2. zur Deckung der im §. 850 Abs. 4 der Civilprozeßordnung bezeichneten Forderungen;
3. zur Deckung von Forderungen der nach §§. 25, 27 ersatzberechtigten Gemeinden, Armenverbände und an deren Stelle getretenen Betriebsunter-

nehmer und Kassen, der Krankenkassen sowie der Versicherungsanstalten für Invalidenversicherung.

Die Ansprüche dürfen nur auf geschuldete Beiträge, auf gezahlte Vorschüsse, auf zu Unrecht gezahlte Entschädigungen, auf die zu erstattenden Kosten des Verfahrens, auf die vom Vorstande verhängten Geldstrafen sowie auf die im §. 186 Abs. 1 bezeichneten Regreßansprüche der Berufsgenossenschaften aufgerechnet werden.

Ausnahmsweise darf der Berechtigte den Anspruch ganz oder zum Theil auf Andere übertragen, sofern dies von der unteren Verwaltungsbehörde genehmigt wird.

Auszahlungen durch die Post.

§. 97.

Die Auszahlung der auf Grund dieses Gesetzes zu leistenden Entschädigungen wird auf Anweisung des Genossenschaftsvorstandes vorschußweise durch die Postverwaltung und zwar durch diejenigen Postanstalten bewirkt, in deren Bezirke die Empfangsberechtigten ihren Wohnsitz haben.

Verlegt der Empfangsberechtigte seinen Wohnsitz, so hat er die Ueberweisung der Auszahlung der ihm zustehenden Entschädigung an die Postanstalt seines neuen Wohnorts bei dem Vorstande, von welchem die Zahlungsanweisung erlassen worden ist, oder bei der Postanstalt des bisherigen Wohnsitzes zu beantragen.

Liquidationen der Post.

§. 98.

Binnen acht Wochen nach Ablauf jedes Rechnungsjahrs haben die Zentral-Postbehörden den einzelnen Genossenschaftsvorständen Nachweisungen der auf Anweisung der Vorstände geleisteten Zahlungen zuzustellen und gleichzeitig die Postkassen zu bezeichnen, an welche die zu erstattenden Beträge einzuzahlen sind.

Umlage- und Erhebungsverfahren.

§. 99.

Die von den Zentral-Postverwaltungen zur Erstattung liquidirten Beträge sind von den Genossenschaftsvorständen gleichzeitig mit den Verwaltungskosten unter Berücksichtigung der auf Grund der §§. 50, 51 etwa vorliegenden Verpflichtungen oder Berechtigungen nach dem festgestellten Vertheilungsmaßstab auf die Genossenschaftsmitglieder umzulegen und von denselben einzuziehen.

Zu diesem Zwecke hat jedes Mitglied der Genossenschaft, soweit nicht gemäß §. 80 Abs. 2 Pauschbeträge der Berechnung der Beiträge zu Grunde zu legen oder Mindestbeiträge zu entrichten sind, binnen sechs Wochen nach Ablauf des Rechnungsjahrs dem Genossenschaftsvorstand eine Nachweisung einzureichen, welche enthält:

1. die während des abgelaufenen Rechnungsjahrs im Betriebe beschäftigten versicherten Personen und die von denselben verdienten Gehälter und Löhne,
2. sofern nicht eine statutarische Bestimmung im Sinne des §. 80 Abs. 1 getroffen ist, eine Berechnung der bei der Umlegung der Beiträge in Anrechnung zu bringenden Beträge der Gehälter und Löhne,

8. die Gefahrenklasse, in welche der Betrieb eingeschätzt worden ist (§. 49).

Durch Statut kann vorgeschrieben werden, daß die Lohnnachweisungen viertel- oder halbjährlich eingereicht und fortlaufend Lohnlisten (Lohnbücher) geführt werden, aus welchen diese Nachweisungen entnommen werden können. Durch Statut kann ferner vorgeschrieben werden, daß diese Lohnlisten (Lohnbücher) drei Jahre lang aufzubewahren sind.

Für Genossenschaftsmitglieder, welche mit der rechtzeitigen Einsendung der Nachweisung im Rückstande sind, erfolgt deren Aufstellung durch den Genossenschafts- beziehungsweise Sektionsvorstand.

§. 100.

Von dem Genossenschaftsvorstande wird auf Grund der ihm vorliegenden Nachweisungen (§. 99) und der gemäß §. 80 Abs. 2 festgesetzten Pauschbeträge sowie unter Berücksichtigung der zu entrichtenden Mindestbeiträge eine summarische Gesammtnachweisung der im abgelaufenen Rechnungsjahre von den Mitgliedern der Genossenschaft beschäftigten versicherten Personen und der von denselben verdienten anrechnungsfähigen Gehälter und Löhne aufgestellt und demnächst für jedes Genossenschaftsmitglied der Beitrag berechnet, welcher auf dasselbe zur Deckung des Gesammtbedarfs (§. 99 Abs. 1) entfällt. Bei denjenigen Genossenschaftsmitgliedern, deren Betriebe durch die Vorschriften des §. 1 Abs. 1 Ziffer 1, 2, 5, 7, §. 2 Abs. 2 der Versicherungspflicht erst unterstellt sind, wird, wenn sie einer bereits bestehenden Berufsgenossenschaft zugetheilt werden und sie einen Mindestbeitrag nicht zu entrichten haben (§. 80 Abs. 2), während der ersten vierzig Jahre nach dem Inkrafttreten dieses Gesetzes nur ein Theil der in ihren Betrieben verdienten anrechnungsfähigen Gehälter und Löhne der Beitragsberechnung zu Grunde gelegt. Dieser Theil bemißt sich in den ersten fünf Jahren auf zwei Fünftel, vom sechsten bis zum zehnten Jahre auf drei Fünftel, vom elften bis zum zwanzigsten Jahre auf drei Viertel, vom einundzwanzigsten bis zum dreißigsten Jahre auf neun Zehntel und vom einunddreißigsten bis zum vierzigsten Jahre auf neunzehn Zwanzigstel.

Nach Ablauf des vierzigsten Jahres wird für Betriebe dieser Art der volle Betrag der in ihnen verdienten anrechnungsfähigen Gehälter und Löhne der Beitragsberechnung zu Grunde gelegt.

§. 101.

Jedem Genossenschaftsmitglied ist ein Auszug aus der zu diesem Zwecke aufzustellenden Heberolle mit der Aufforderung zuzustellen, den festgesetzten Beitrag unter Verrechnung der nach §. 82 erhobenen Vorschüsse zur Vermeidung der zwangsweisen Beitreibung binnen zwei Wochen einzuzahlen. Der Auszug muß diejenigen Angaben enthalten, welche den Zahlungspflichtigen in den Stand setzen, die Richtigkeit der angestellten Beitragsberechnung zu prüfen.

Nach der Zustellung des Auszugs aus der Heberolle

ist die Genossenschaft zu einer anderweiten Feststellung des Beitrags befugt, wenn die Veranlagung des Betriebs zu den Gefahrenklassen nach §. 49 Abs. 4 nachträglich abgeändert oder eine im Laufe des Rechnungsjahrs eingetretene Aenderung des Betriebs nachträglich bekannt wird oder die Unrichtigkeit einer Lohnnachweisung sich ergiebt.

Sind in solchen Fällen oder in Folge unterlassener Anmeldung der Eröffnung eines neuen Betriebs schon in früheren Rechnungsjahren der Genossenschaft Beiträge, auf die sie Anspruch hatte, entgangen, so hat der Unternehmer den Fehlbetrag, soweit nicht Verjährung eingetreten ist (§. 108), nachträglich zu entrichten.

Bei der erneuten oder nachträglichen Feststellung des Beitrags ist ebenso zu verfahren wie bei der erstmaligen Feststellung.

§. 102.

Die Mitglieder der Genossenschaften können gegen die Feststellung ihrer Beiträge binnen zwei Wochen nach Zustellung des Auszugs aus der Heberolle, unbeschadet der Verpflichtung zur vorläufigen Zahlung, Widerspruch bei dem Genossenschaftsvorstand erheben. Wird demselben entweder überhaupt nicht, oder nicht in dem beantragten Umfange Folge gegeben, so steht ihnen innerhalb zweier Wochen nach der Zustellung der Entscheidung des Genossenschaftsvorstandes die Beschwerde an das Reichs-Versicherungsamt zu.

Die Beschwerde ist nur zulässig, wenn dieselbe sich entweder auf Rechenfehler oder auf die unrichtige Feststellung des anrechnungsfähigen Betrags der Gehälter und Löhne oder auf den irrthümlichen Ansatz einer anderen Gefahrenklasse, als wozu der Betrieb eingeschätzt ist, gründet.

Aus den letzteren beiden Gründen ist die Beschwerde jedoch nicht zulässig, wenn die Feststellung in dem Falle der von dem Genossenschaftsmitglied unterlassenen Einsendung der Nachweisung durch den Vorstand bewirkt worden war (§. 99 Abs. 4).

Tritt in Folge des erhobenen Widerspruchs oder der erhobenen Beschwerde eine Herabminderung des Beitrags ein, so ist der Ausfall bei dem Umlageverfahren des nächsten Rechnungsjahrs zu decken.

Ergiebt sich nachträglich, daß ein ohne Widerspruch (Abs. 1) bezahlter Beitrag zu Unrecht oder in zu hohem Betrag erhoben worden ist, so kann die Rückerstattung auf dem im Abs. 1 bezeichneten Wege verlangt werden. Der Anspruch verjährt in sechs Monaten nach der Zustellung des Auszugs aus der Heberolle.

§. 108.

Rückständige Beiträge, Vorschüsse auf die Beiträge (§. 82) sowie Kautionsbeträge (§§. 88, 87 Ziffer 7) werden in derselben Weise beigetrieben wie Gemeindeabgaben.

Der Anspruch auf rückständige Beiträge verjährt, soweit nicht eine absichtliche Hinterziehung vorliegt, in zwei Jahren nach Ablauf des Kalenderjahrs, in welchem sie hätten gezahlt werden müssen.

Uneinziehbare Beiträge fallen der Gesammtheit der Berufsgenossen zur Last. Sie sind vorschußweise aus dem Betriebsfonds (§. 81 Abs. 2) oder erforderlichen Falles aus dem Reservefonds der Berufsgenossenschaft zu decken und bei dem Umlageverfahren des nächsten Rechnungsjahrs zu berücksichtigen.

§. 104.

Auf Antrag des Genossenschaftsvorstandes kann die untere Verwaltungsbehörde widerruflich anordnen, daß bei Unternehmern der unter §. 1 Abs. 1 Ziffer 2 fallenden versicherungspflichtigen Baubetriebe, sofern sie mit der Zahlung ihrer Beiträge im Rückstande geblieben sind und ihre Zahlungsunfähigkeit im Zwangsbeitreibungsverfahren festgestellt worden ist, der Bauherr für die Beiträge während eines Jahres nach deren endgültiger Feststellung insoweit haftet, als sie nach Erlaß der Anordnung erwachsen sind. Sind im Falle einer solchen Anordnung Zwischenunternehmer vorhanden, so haften diese vor dem Bauherrn.

Die Anordnung muß diejenigen Unternehmer, für welche sie gelten soll, nach Namen, Wohnort und Geschäftsbetrieb deutlich bezeichnen und ist diesen Unternehmern sowie den Ortspolizeibehörden ihres Betriebssitzes und ihres Wohnorts schriftlich mitzutheilen. Wenn der Unternehmer seinen Betriebssitz oder seinen Wohnort verlegt, so hat die Ortspolizeibehörde die für den neuen Betriebssitz oder Wohnort zuständige Ortspolizeibehörde von der getroffenen Anordnung zu benachrichtigen. Die

Ortspolizeibehörden haben auf Ersuchen jedem Betheiligten von der getroffenen Anordnung Kenntniß zu geben.

Die von solchen Anordnungen betroffenen Unternehmer sind verpflichtet, vor der Uebernahme eines auf ihr Bauunternehmen bezüglichen Auftrags dem Auftraggeber von der Anordnung schriftlich Kenntniß zu geben. Unterlassen sie dies und wird in Folge dessen der Auftraggeber geschädigt, so werden sie mit Gefängniß bis zu einem Jahre bestraft, neben welchem auf Geldstrafe bis zu dreitausend Mark erkannt werden kann.

§. 105.

Die untere Verwaltungsbehörde hat die Anordnung (§. 104) aufzuheben, sobald ihr durch eine Bescheinigung des Genossenschaftsvorstandes nachgewiesen wird, daß von dem Unternehmer oder für dessen Rechnung alle rückständigen und fälligen Verpflichtungen gegenüber der Genossenschaft erfüllt sind.

Gegen die Anordnung der unteren Verwaltungsbehörde, gegen die Versagung einer solchen Anordnung sowie gegen den auf den Antrag wegen Aufhebung der Anordnung erlassenen Bescheid findet binnen zwei Wochen nach der Zustellung die Beschwerde an die höhere Verwaltungsbehörde statt. Die Beschwerde hat keine aufschiebende Wirkung. Die Entscheidung der höheren Verwaltungsbehörde ist endgültig.

Streitigkeiten, welche zwischen den Berufsgenossenschaften einerseits und den nach §. 104 Abs. 1 haftenden

Bauherren oder Zwischenunternehmern andererseits über die Haftung entstehen, entscheidet mit Ausschluß des Rechtswegs das Reichs-Versicherungsamt.

Auf die von den Bauherren und den Zwischenunternehmern zu leistenden Beiträge finden die Bestimmungen im §. 103 Abs. 1 Anwendung.

Abführung der Beträge an die Postkassen.

§. 106.

Die Genossenschaftsvorstände haben die von den Zentral-Postbehörden liquidirten Beträge innerhalb dreier Monate nach Empfang der Liquidationen an die ihnen bezeichneten Postkassen abzuführen.

Gegen Genossenschaften, welche mit der Erstattung der Beträge im Rückstande bleiben, ist auf Antrag der Zentral-Postbehörden von dem Reichs-Versicherungsamte, vorbehaltlich der Bestimmungen des §. 54, das Zwangsbeitreibungsverfahren einzuleiten.

Das Reichs-Versicherungsamt ist befugt, zur Deckung der Ansprüche der Postverwaltungen zunächst über bereite Bestände der Genossenschaftskassen zu verfügen. Soweit diese nicht ausreichen, hat dasselbe das Beitreibungsverfahren gegen die Mitglieder der Genossenschaft einzuleiten und bis zur Deckung der Rückstände durchzuführen.

Vermögensverwaltung.

§. 107.

Die Einnahmen und Ausgaben der Berufsgenossenschaften sind von allen den Zwecken der letzteren fremden

Vereinnahmungen und Verausgabungen gesondert festzustellen und zu verrechnen, ebenso sind die Bestände gesondert zu verwahren.

Das Reichs-Versicherungsamt trifft nach Bedarf Bestimmung über die Aufbewahrung von Werthpapieren.

§. 108.

Die Bestände der Berufsgenossenschaften müssen in der durch §§. 1806 bis 1808 des Bürgerlichen Gesetzbuchs bezeichneten Weise angelegt werden.

Außerdem dürfen dieselben in Werthpapieren, welche nach landesgesetzlichen Vorschriften zur Anlegung von Mündelgeldern zugelassen sind, sowie in solchen auf den Inhaber lautenden Pfandbriefen deutscher Hypotheken-Aktienbanken angelegt werden, welche die Reichsbank in Klasse I beleiht.

§. 109.

Die Landes-Zentralbehörde desjenigen Bundesstaats, in dessen Gebiete die Berufsgenossenschaft ihren Sitz hat, kann genehmigen, daß die Bestände der Berufsgenossenschaft auch in Darlehen an Gemeinden und weitere Kommunalverbände angelegt werden; sie kann ferner anordnen, daß bei der Anlegung des Genossenschaftsvermögens einzelne Gattungen zinstragender Papiere nur bis zu einem näher zu bestimmenden Betrag erworben werden dürfen. Erstreckt sich der Bezirk der Genossenschaft auf Gebiete oder Gebietstheile mehrerer Bundesstaaten, so bedarf es der Zustimmung der Zentralbehörden dieser Bundesstaaten oder, sofern ein Einverständniß nicht erzielt wird, der Zustimmung des Bundesraths.

Die Landes-Zentralbehörde desjenigen Bundesstaats, in dessen Gebiete die Berufsgenossenschaft ihren Sitz hat, kann widerruflich gestatten, daß zeitweilig verfügbare baare Bestände auch in anderer als der im §. 108 bezeichneten Weise vorübergehend angelegt werden.

§. 110.

Die Berufsgenossenschaften können mit Genehmigung des Reichs-Versicherungsamts einen Theil ihres Vermögens in anderer als der nach §§. 108, 109 zulässigen Weise, insbesondere in Grundstücken anlegen. Will eine Genossenschaft mehr als den vierten Theil ihres Vermögens in dieser Weise anlegen, so bedarf sie dazu außerdem, sofern sie der Aufsicht eines Landes-Versicherungsamts unterstellt ist, der Genehmigung der Landes-Zentralbehörde, im Uebrigen der Genehmigung des Bundesraths. Eine solche Anlage ist jedoch nur in Werthpapieren, oder für die Zwecke der Verwaltung, zur Vermeidung von Vermögensverlusten für die Genossenschaft, oder für solche Veranstaltungen zulässig, welche ausschließlich oder überwiegend der versicherungspflichtigen Bevölkerung zu gute kommen. Mehr als die Hälfte ihres Vermögens darf jedoch eine Berufsgenossenschaft in der bezeichneten Weise nicht anlegen.

§. 111.

Ueber die gesammten Rechnungsergebnisse eines Rechnungsjahrs ist nach Abschluß desselben alljährlich dem Reichstag eine vom Reichs-Versicherungsamt aufzustellende Nachweisung vorzulegen.

Das Rechnungsjahr beginnt mit dem 1. Januar und endet mit dem 31. Dezember.

V. Unfallverhütung. Ueberwachung der Betriebe.

Unfallverhütungsvorschriften.

§. 112.

Die Genossenschaften sind befugt und können im Aufsichtsweg angehalten werden, Vorschriften zu erlassen:

1. über die von den Mitgliedern zur Verhütung von Unfällen in ihren Betrieben zu treffenden Einrichtungen und Anordnungen unter Bedrohung der Zuwiderhandelnden mit Geldstrafen bis zu eintausend Mark oder mit der Einschätzung ihrer Betriebe in eine höhere Gefahrenklasse oder, falls sich die letzteren bereits in der höchsten Gefahrenklasse befinden, mit Zuschlägen bis zum doppelten Betrag ihrer Beiträge.

   Für die Herstellung der vorgeschriebenen Einrichtungen ist den Mitgliedern eine angemessene Frist zu bewilligen;
2. über das in den Betrieben von den Versicherten zur Verhütung von Unfällen zu beobachtende Verhalten unter Bedrohung der Zuwiderhandelnden mit Geldstrafen bis zu sechs Mark.

Die Genossenschaften sind außerdem befugt, solche Vorschriften für bestimmt abzugrenzende Bezirke oder für bestimmte Gewerbszweige oder Betriebsarten zu erlassen.

In den Unfallverhütungsvorschriften ist anzugeben, in welcher Art diese Vorschriften zur Kenntniß der Versicherten zu bringen sind.

§. 113.

Die zu erlassenden Vorschriften sind vor der Beschlußfassung dem Reichs-Versicherungsamt einzureichen und, sofern die Genossenschaft in Sektionen eingetheilt ist, den Vorständen derjenigen Sektionen, für welche sie Gültigkeit haben sollen, zur Begutachtung vorzulegen.

Zu der Berathung und Beschlußfassung über diese Vorschriften sowie zur Begutachtung der nach §. 120e Abs. 2 der Gewerbeordnung zu erlassenden Vorschriften haben die Genossenschaftsvorstände Vertreter der Arbeiter mit vollem Stimmrecht und in gleicher Zahl wie die betheiligten Vorstandsmitglieder zuziehen.

Das Reichs-Versicherungsamt ist zu der vom Genossenschaftsvorstand anberaumten Sitzung, in welcher über die von der Genossenschaft zu erlassenden Vorschriften berathen und Beschluß gefaßt werden soll, einzuladen.

Sollen die von der Genossenschaft oder die auf Grund des §. 120e Abs. 2 der Gewerbeordnung zu erlassenden Vorschriften nur für den Bezirk einzelner Sektionen Gültigkeit haben, so sind zur Begutachtung durch die Sektionsvorstände auch Vertreter der Arbeiter gemäß Abs. 2 zuzuziehen.

Mit der Einladung zu der zur Begutachtung oder zur Berathung und Beschlußfassung anberaumten Sitzung ist den Vertretern der Arbeiter der Entwurf der Vorschriften zuzustellen, welcher der Begutachtung oder der Berathung und Beschlußfassung unterliegen soll.

§. 114.

Die Vertreter der Arbeiter werden von den Ausschüssen derjenigen Versicherungsanstalten gewählt, auf deren Bezirke sich die Berufsgenossenschaft oder Sektion erstreckt. Wahlberechtigt sind jedoch nur diejenigen Mitglieder der Ausschüsse, die als Vertreter der Versicherten berufen sind.

Wählbar sind deutsche, männliche, volljährige, auf Grund dieses Gesetzes versicherte Personen, welche in Betrieben der Mitglieder derjenigen Berufsgenossenschaft, für welche die Unfallverhütungsvorschriften erlassen werden sollen, beschäftigt sind. Nicht wählbar ist, wer zum Amte eines Schöffen unfähig ist (§. 32 des Gerichtsverfassungsgesetzes).

Die Wahl erfolgt auf fünf Jahre nach näherer Bestimmung einer Wahlordnung, welche vom Reichs-Versicherungsamte zu erlassen ist; die erste Wahlperiode endet am 1. Januar 1906. Für jeden Vertreter ist ein erster und ein zweiter Ersatzmann zu wählen, welche denselben in Behinderungsfällen zu ersetzen und im Falle des Ausscheidens für den Rest der Periode in der Reihenfolge ihrer Wahl einzutreten haben. Die Leitung der Wahl liegt einem Beauftragten des Reichs-Versicherungsamts ob. Streitigkeiten über die Wahlen werden vom Reichs-Versicherungsamt entschieden. Die Bestimmung des §. 47 findet entsprechende Anwendung.

Die Vertreter der Arbeiter erhalten Ersatz für entgangenen Arbeitsverdienst und für Reisekosten nach festen von der Genossenschaft zu bestimmenden Sätzen. Die Feststellung erfolgt durch den Vorsitzenden des Vorstandes.

§. 115.

Die Unfallverhütungsvorschriften bedürfen der Genehmigung des Reichs-Versicherungsamts.

Das Reichs-Versicherungsamt kann anordnen, daß vor der Genehmigung, soweit dies nicht gemäß §. 113 Abs. 4 schon geschehen ist, zur Begutachtung der Vorschriften oder einzelner Theile derselben durch die Sektionsvorstände auch die Vertreter der Arbeiter zuzuziehen sind.

Wenn durch Beschluß der Genossenschaftsversammlung (§. 37 Ziffer 10) die gemäß §. 113 Abs. 2 vom Vorstande und den Vertretern der Arbeiter gefaßten Beschlüsse abgeändert worden sind, so hat das Reichs-Versicherungsamt zu bestimmen, ob die Vorschriften vor deren Genehmigung einer nochmaligen Berathung und Beschlußfassung seitens des Vorstandes und der Vertreter der Arbeiter zu unterwerfen sind. Wenn das Reichs-Versicherungsamt seine Genehmigung von der Abänderung der beschlossenen Vorschriften abhängig macht, so hat es gleichfalls zu bestimmen, ob zur Berathung und Beschlußfassung (§. 113 Abs. 2) über die erforderliche Abänderung die Vertreter der Arbeiter zuzuziehen sind.

Dem Antrag auf Genehmigung ist das über die Verhandlungen bei den Vorständen aufgenommene Protokoll, aus welchem die Abstimmung der Vertreter der Arbeiter ersichtlich sein muß, sowie die gutachtliche Aeußerung der Vorstände derjenigen Sektionen, für welche die Vorschriften Gültigkeit haben sollen, beizufügen. Vor der Genehmigung ist den Landes-Zentralbehörden derjenigen Bundesstaaten, auf deren Gebiete sich die Vorschriften erstrecken sollen, Gelegenheit zu einer Aeußerung zu geben.

Die genehmigten Vorschriften sind den höheren Verwaltungsbehörden, auf deren Bezirke dieselben sich erstrecken, durch den Genossenschaftsvorstand mitzutheilen.

§. 116.

Die Festsetzung der im §. 112 Abs. 1 Ziffer 1 vorgesehenen Geldstrafen sowie die höhere Einschätzung des Betriebs und die Festsetzung von Zuschlägen erfolgt durch den Vorstand der Genossenschaft, die Festsetzung der im §. 112 Abs. 1 Ziffer 2 vorgesehenen Geldstrafen durch den Vorstand der Betriebs- (Fabrik-) oder Bau-Krankenkasse, oder, wenn eine solche für den Betrieb nicht errichtet ist, durch die Ortspolizeibehörde. Gegen die Verfügung findet innerhalb zweier Wochen nach der Zustellung die Beschwerde statt. Ueber dieselbe entscheidet, soweit es sich um eine Verfügung des Genossenschaftsvorstandes handelt, das Reichs-Versicherungsamt, im Uebrigen die der Krankenkasse oder Ortspolizeibehörde vorgesetzte Aufsichtsbehörde.

§. 117.

Die von den Landesbehörden für bestimmte Gewerbszweige oder Betriebsarten zur Verhütung von Unfällen zu erlassenden Anordnungen sollen, sofern nicht Gefahr im Verzug ist, den betheiligten Genossenschafts- oder Sektionsvorständen zur Begutachtung nach Maßgabe des §. 115 Abs. 4 vorher mitgetheilt werden. Dabei finden §. 113 Abs. 2, §. 114 entsprechende Anwendung.

Die Polizeibehörden sind verpflichtet, von den gemäß §. 120d Abs. 1 der Gewerbeordnung zur Verhütung von Unfällen getroffenen Anordnungen derjenigen Genossenschaft, welcher der betheiligte Betrieb angehört, Kenntniß zu geben.

§. 118.

Auf Unfallverhütungsvorschriften, welche sich auf die Sicherheit des Eisenbahnbetriebs beziehen, finden die Bestimmungen der §§. 113, 117, 132 keine Anwendung.

Ueberwachung der Betriebe.

§. 119.

Die Genossenschaften sind verpflichtet, für die Durchführung der gemäß §. 112 erlassenen Unfallverhütungsvorschriften Sorge zu tragen. Sie sind befugt, durch technische Aufsichtsbeamte die Befolgung der zur Verhütung von Unfällen erlassenen Vorschriften zu überwachen und von den Einrichtungen der Betriebe, soweit sie für die Zugehörigkeit zur Genossenschaft oder für die Einschätzung in den Gefahrentarif von Bedeutung sind, Kenntniß zu nehmen. Sie sind ferner befugt, durch Rechnungsbeamte behufs Prüfung der von den Betriebsunternehmern auf Grund gesetzlicher oder statutarischer Bestimmungen eingereichten Arbeiter- und Lohnnachweisungen diejenigen Geschäftsbücher und Listen einzusehen, aus welchen die Zahl der beschäftigten Arbeiter und Beamten und die Beträge der verdienten Gehälter und Löhne ersichtlich werden.

Die Funktionen des technischen Aufsichtsbeamten und des Rechnungsbeamten können mit Genehmigung des Reichs-Versicherungsamts in einer Person vereinigt werden.

Die einer Genossenschaft angehörenden Betriebsunternehmer sind verpflichtet, den als solchen legitimirten technischen Aufsichtsbeamten der betheiligten Genossenschaft auf Erfordern den Zutritt zu ihren Betriebsstätten während der Betriebszeit zu gestatten und den Rechnungsbeamten die bezeichneten Bücher und Listen an Ort und Stelle zur Einsicht vorzulegen. Sie können hierzu, vorbehaltlich der Bestimmungen des §. 120, auf Antrag der technischen Aufsichtsbeamten oder der Rechnungsbeamten von der unteren Verwaltungsbehörde durch Geldstrafen im Betrage bis zu dreihundert Mark angehalten werden.

§. 120.

Befürchtet der Betriebsunternehmer die Verletzung eines Fabrikgeheimnisses oder die Schädigung seiner Geschäftsinteressen in Folge der Besichtigung des Betriebs durch den technischen Aufsichtsbeamten der Genossenschaft, so kann derselbe die Besichtigung durch andere Sachverständige beanspruchen. In diesem Falle hat er dem Genossenschaftsvorstande, sobald er den Namen des technischen Aufsichtsbeamten erfährt, eine entsprechende Mittheilung zu machen und einige geeignete Personen zu bezeichnen, welche auf seine Kosten die erforderliche Einsicht in den Betrieb zu nehmen und dem Vorstande die für die Zwecke der Genossenschaft nothwendige Auskunft über die Betriebseinrichtungen zu geben bereit sind. In Ermangelung einer Verständigung zwischen dem Betriebsunternehmer und dem Vorstand entscheidet auf Anrufen des letzteren das Reichs-Versicherungsamt.

§. 121.

Die Mitglieder der Vorstände der Genossenschaften sowie deren technische Aufsichtsbeamte und Rechnungsbeamte (§§. 119, 120) und die nach §. 120 ernannten Sachverständigen haben über die Thatsachen, welche durch die Ueberwachung und Kontrole der Betriebe zu ihrer Kenntniß kommen, Verschwiegenheit zu beobachten und sich der Nachahmung der von den Betriebsunternehmern geheim gehaltenen, zu ihrer Kenntniß gelangten Betriebseinrichtungen und Betriebsweisen, solange als diese Betriebsgeheimnisse sind, zu enthalten. Die technischen Aufsichtsbeamten und Rechnungsbeamten der Genossenschaften und die Sachverständigen sind hierauf von der unteren Verwaltungsbehörde ihres Wohnorts zu beeidigen.

§. 122.

Namen und Wohnsitz der technischen Aufsichtsbeamten und Rechnungsbeamten sind von dem Genossenschaftsvorstande den höheren Verwaltungsbehörden, auf deren Bezirke sich ihre Thätigkeit erstreckt, anzuzeigen.

Die Genossenschaften sind verpflichtet, über die Ueberwachungsthätigkeit der technischen Aufsichtsbeamten und deren Ergebnisse dem Reichs-Versicherungsamte Bericht zu erstatten und den nach Maßgabe des §. 139b der Gewerbeordnung bestellten staatlichen Aufsichtsbeamten auf Ersuchen Mittheilung zu machen.

§. 128.

Hat der technische Aufsichtsbeamte der Genossenschaft bei seiner Ueberwachungsthätigkeit von Anordnungen, welche der staatliche Aufsichtsbeamte zur Verhütung von Unfällen getroffen hat, Kenntniß erhalten, so darf er abweichende Bestimmungen nicht treffen. Erscheinen ihm solche geboten, oder glaubt er, daß eine Anordnung des staatlichen Aufsichtsbeamten einer von der Genossenschaft erlassenen Unfallverhütungsvorschrift widerspricht, so hat er an den Genossenschaftsvorstand zu berichten, welcher die vorgesetzte Behörde des staatlichen Aufsichtsbeamten anrufen kann.

Hält der staatliche Aufsichtsbeamte Anordnungen des technischen Aufsichtsbeamten der Genossenschaft für zweckwidrig oder den erlassenen Unfallverhütungsvorschriften widersprechend, so hat er dem Vorstande der zuständigen Berufsgenossenschaft davon Mittheilung zu machen. Hält der Genossenschaftsvorstand den Einspruch des staatlichen Aufsichtsbeamten nicht für gerechtfertigt, so kann er die vorgesetzte Behörde des staatlichen Aufsichtsbeamten anrufen.

Von sämmtlichen nach Abs. 1 und 2 geführten Verhandlungen hat der Genossenschaftsvorstand dem Reichs-Versicherungsamte Kenntniß zu geben.

§. 124.

Die durch die Ueberwachung und Kontrole der Betriebe entstehenden Kosten gehören zu den Verwaltungskosten der Genossenschaft.

Wenn ein Betriebsunternehmer durch Nichterfüllung der ihm obliegenden Verpflichtungen zur Aufwendung solcher Kosten Anlaß gegeben hat, so kann der Vorstand diese Kosten, soweit sie in baaren Auslagen bestehen, dem Betriebsunternehmer auferlegen und gegen diesen außerdem eine Geldstrafe bis zu einhundert Mark verhängen.

Gegen die Auferlegung dieser Kosten und Geldstrafen findet innerhalb zweier Wochen nach Zustellung des Beschlusses die Beschwerde an das Reichs-Versicherungsamt statt. Die Beitreibung erfolgt in derselben Weise wie bei Gemeindeabgaben.

VI. Beaufsichtigung der Berufsgenossenschaften.

§. 125.

Die Genossenschaften unterliegen in Bezug auf die Befolgung dieses Gesetzes der Beaufsichtigung durch das Reichs-Versicherungsamt. Die Aufsicht hat sich auf die Beobachtung der gesetzlichen und statutarischen Vorschriften zu erstrecken.

Das Reichs-Versicherungsamt ist befugt, jederzeit eine Prüfung der Geschäftsführung der Genossenschaften vorzunehmen.

Die Vorstandsmitglieder, Vertrauensmänner und Beamten der Genossenschaften sind auf Erfordern des Reichs-Versicherungsamts zur Vorlegung ihrer Bücher, Beläge und ihrer auf den Inhalt der Bücher bezüglichen Korrespondenzen sowie der auf die Festsetzung der Entschädigungen und Jahresbeiträge bezüglichen Schriftstücke an die Beauftragten des Reichs-Versicherungsamts oder an das letztere selbst verpflichtet. Dieselben können hierzu durch Geldstrafen bis zu eintausend Mark angehalten werden.

Der Aufsicht des Reichs-Versicherungsamts unterstehen ferner die von den Berufsgenossenschaften errichteten oder unterhaltenen Heilanstalten. Das Reichs-Versicherungsamt kann zu den zum Zwecke der Aufsicht stattfindenden Revisionen Vertreter der Berufsgenossenschaften und der Arbeiter zuziehen.

§. 126.

Das Reichs-Versicherungsamt entscheidet, unbeschadet der Rechte Dritter, über Streitigkeiten, welche sich auf die Rechte und Pflichten der Inhaber der Genossenschaftsämter, auf die Auslegung der Statuten und die Gültigkeit der vollzogenen Wahlen beziehen. Dasselbe kann die Inhaber der Genossenschaftsämter zur Befolgung der gesetzlichen und statutarischen Vorschriften durch Geldstrafen bis zu eintausend Mark anhalten.

§. 127.

Ist für das Gebiet eines Bundesstaats ein Landes-Versicherungsamt errichtet, so unterliegen Berufsgenossenschaften, welche nur solche Betriebe umfassen, deren Sitz im Gebiete des betreffenden Bundesstaats belegen ist, der Beaufsichtigung durch das Landes-Versicherungsamt. In den Angelegenheiten dieser Berufsgenossenschaften gehen die in den §§. 23, 26 des Gesetzes, betreffend die Abänderung der Unfallversicherungsgesetze, sowie in den §§. 31, 34, 39, 44, 46 bis 49, 51, 53, 54, 58, 59, 61, 62, 73, 80 bis 85, 95, 102, 105 bis 107, 110, 112 bis 116, 119, 120, 123 bis 126, 128 dieses Gesetzes dem Reichs-Versicherungsamt übertragenen Zuständigkeiten auf das Landes-Versicherungsamt über.

Soweit jedoch in den Fällen der §§. 51, 53, 58, 61, 73, 82, 83, 85 eine der Aufsicht eines anderen Landes-Versicherungsamts oder des Reichs-Versicherungsamts unterstellte Berufsgenossenschaft oder eine Ausführungsbehörde eines anderen Bundesstaats mitbetheiligt ist, entscheidet das Reichs-Versicherungsamt. Das Landes-Versicherungsamt hat in solchen Fällen die Akten an das Reichs-Versicherungsamt zur Entscheidung abzugeben.

Hat das Reichs-Versicherungsamt einen Entschädigungsanspruch um deswillen abgelehnt, weil nicht der in Anspruch genommene Träger der Versicherung, sondern ein anderer Träger zur Entschädigung verpflichtet ist, so kann der Anspruch gegen den letzteren nicht mit der Begründung abgelehnt werden, daß der erstere entschädigungspflichtig sei.

Treten für eine der im Abs. 1 genannten, der Aufsicht eines Landes-Versicherungsamts unterstellten Berufsgenossenschaften die Voraussetzungen des §. 54 ein, so gehen die Rechtsansprüche und Verpflichtungen auf den betreffenden Bundesstaat über.

VII. Reichs- und Staatsbetriebe.

§. 128.

Für die Post-, Telegraphen-, Marine- und Heeresverwaltungen sowie für die vom Reiche oder von einem Bundesstaate für Reichs- beziehungsweise Staatsrechnung verwalteten Eisenbahnbetriebe, sämmtlich einschließlich der Bauten, welche von denselben für eigene Rechnung ausgeführt werden, tritt an die Stelle der Berufsgenossenschaft das Reich beziehungsweise der Staat, für dessen Rechnung die Verwaltung geführt wird.

Dasselbe gilt hinsichtlich der vom Reiche oder von einem Bundesstaate für Reichs- beziehungsweise Staatsrechnung verwalteten Baggerei-, Binnenschiffahrts-, Flößerei-, Prahm- und Fährbetriebe, sofern nicht der Reichskanzler beziehungsweise die Landes-Zentralbehörde nach Maßgabe des §. 2 des Gesetzes vom 28. Mai 1885 (Reichs-Gesetzbl. S. 159) rechtzeitig erklärt hat, daß diese Betriebe den für sie errichteten Berufsgenossenschaften angehören sollen.

Soweit hiernach das Reich oder ein Bundesstaat an die Stelle der Berufsgenossenschaft tritt, werden die Befugnisse und Obliegenheiten der Genossenschaftsversammlung und des Vorstandes der Genossenschaft durch Ausführungsbehörden wahrgenommen, welche für die Heeresverwaltungen von der obersten Militärverwaltungsbehörde des Kontingents, im Uebrigen für die Reichsverwaltungen vom Reichskanzler, für die Landesverwaltungen von der Landes-Zentralbehörde zu bezeichnen sind. Dem Reichs-Versicherungsamt ist mitzutheilen, welche Behörden als Ausführungsbehörden bezeichnet worden sind. Die auf Grund des §. 2 des Gesetzes vom 28. Mai 1885 (Reichs-Gesetzbl. S. 159) eingesetzten Ausführungsbehörden bleiben bestehen.

§. 129.

Soweit das Reich oder ein Bundesstaat an die Stelle der Berufsgenossenschaft tritt, finden die §§. 29 bis 52, 54 bis 62, 74, 99 bis 105, 106 Abs. 2, 3, §§. 107 bis 110, 112 bis 117, 119 bis 126, 134, 146 bis 151 keine Anwendung.

§. 130.

Die Erstreckung der Versicherungspflicht auf Betriebsbeamte mit einem dreitausend Mark übersteigenden Jahresarbeitsverdienste (§. 5 Abs. 1 lit. c) kann durch die Ausführungsvorschriften erfolgen, soweit diese Beamten nicht nach §. 7 von der Anwendung dieses Gesetzes ausgeschlossen sind.

§. 131.

Die Feststellung der Entschädigungen (§§. 69 ff.) erfolgt durch die in den Ausführungsvorschriften zu bezeichnende Behörde.

§. 132.

Vorschriften der Ausführungsbehörden über das in den Betrieben von den Versicherten zur Verhütung von

Unfällen zu beobachtende Verhalten sind, sofern sie Strafbestimmungen enthalten sollen, vor dem Erlasse mindestens drei Vertretern der Arbeiter zur Berathung und gutachtlichen Aeußerung vorzulegen. Die Berathung findet unter Leitung eines Beauftragten der Ausführungsbehörde statt. Der Beauftragte darf kein unmittelbarer Vorgesetzter der Vertreter der Arbeiter sein.

§. 133.

Die zur Durchführung der Bestimmungen in §§. 128 bis 132 erforderlichen Ausführungsvorschriften sind für die Heeresverwaltungen von der obersten Militärverwaltungsbehörde des Kontingents, im Uebrigen für die Reichsverwaltungen vom Reichskanzler, für die Landesverwaltungen von der Landes-Zentralbehörde zu erlassen.

VIII. Schluß- und Strafbestimmungen.

Knappschafts-Berufsgenossenschaften.

§. 134.

Unternehmer von Betrieben, welche landesgesetzlich bestehenden Knappschaftsverbänden angehören, können auf Antrag der Vorstände der letzteren vom Bundesrathe zu Knappschafts-Berufsgenossenschaften vereinigt werden.

Die Knappschafts-Berufsgenossenschaften können durch Statut bestimmen:

a) daß die Entschädigungsbeträge auch über fünfundsiebenzig Prozent hinaus (§. 60) von denjenigen Sektionen zu tragen sind, in deren Bezirken die Unfälle eingetreten sind;

b) daß den Knappschaftsältesten die Funktionen der in den §§. 113 bis 115 bezeichneten Vertreter der Arbeiter übertragen werden;

c) daß Knappschaftsälteste stimmberechtigte Mitglieder des Genossenschaftsvorstandes oder, sofern die Knappschafts-Berufsgenossenschaft in Sektionen getheilt ist, der Sektionsvorstände sind;

d) daß die Auszahlung der Entschädigungen durch die Knappschaftskassen bewirkt wird (§. 97).

Haftung der Betriebsunternehmer und Betriebsbeamten.

§. 135.

Die nach Maßgabe dieses Gesetzes versicherten Personen und die in §§. 16 bis 19 bezeichneten Hinterbliebenen können, auch wenn sie einen Anspruch auf Rente nicht haben, einen Anspruch auf Ersatz des in Folge eines Unfalls erlittenen Schadens gegen den Betriebsunternehmer, dessen Bevollmächtigten oder Repräsentanten, Betriebs- oder Arbeiteraufseher nur dann geltend machen, wenn durch strafgerichtliches Urtheil festgestellt worden ist, daß der in Anspruch Genommene den Unfall vorsätzlich herbeigeführt hat.

In diesem Falle beschränkt sich der Anspruch auf den Betrag, um welchen die den Berechtigten nach anderen gesetzlichen Vorschriften gebührende Entschädigung diejenige übersteigt, auf welche sie nach diesem Gesetz Anspruch haben.

Für das über einen solchen Anspruch erkennende

ordentliche Gericht ist die Entscheidung bindend, welche in dem durch dieses Gesetz geordneten Verfahren über die Frage ergeht, ob ein Unfall vorliegt, für welchen aus der Unfallversicherung Entschädigung zu leisten ist, und in welchem Umfang Entschädigung zu gewähren ist.

§. 136.

Diejenigen Betriebsunternehmer, Bevollmächtigten oder Repräsentanten, Betriebs- oder Arbeiteraufseher, gegen welche durch strafgerichtliches Urtheil festgestellt worden ist, daß sie den Unfall vorsätzlich oder durch Fahrlässigkeit mit Außerachtlassung derjenigen Aufmerksamkeit, zu der sie vermöge ihres Amtes, Berufs oder Gewerbes besonders verpflichtet sind, herbeigeführt haben, haften für alle Aufwendungen, welche in Folge des Unfalls auf Grund dieses Gesetzes oder des Krankenversicherungsgesetzes von den Gemeinden, Armenverbänden, Krankenkassen und sonstigen Unterstützungskassen (§. 25 Abs. 1) gemacht worden sind. Dieselben Personen haften der Genossenschaft für deren Aufwendungen auch ohne Feststellung durch strafgerichtliches Urtheil. Ist der Unfall durch Fahrlässigkeit mit Außerachtlassung derjenigen Aufmerksamkeit, zu der sie vermöge ihres Amtes, Berufs oder Gewerbes verpflichtet sind, herbeigeführt, so ist die Genossenschaftsversammlung befugt, von der Verfolgung des Anspruchs abzusehen. Durch das Statut kann diese Befugniß auf den Vorstand übertragen werden.

In gleicher Weise haftet als Betriebsunternehmer eine Aktiengesellschaft, eine Innung oder eingetragene

Genossenschaft für die durch ein Mitglied ihres Vorstandes sowie eine Handelsgesellschaft, eine Innung oder eingetragene Genossenschaft für die durch einen der Liquidatoren herbeigeführten Unfälle.

Als Ersatz für die Rente kann in diesen Fällen deren Kapitalwerth gefordert werden.

§. 137.

Will der Vorstand den Ersatzanspruch aus §. 136 Abs. 1 Satz 3 geltend machen, so hat er den Beschluß dem Ersatzpflichtigen schriftlich mitzutheilen. Der Ersatzpflichtige kann hiergegen die Beschlußfassung der Genossenschaftsversammlung anrufen.

Die Klage darf nicht vor Ablauf eines Monats nach der Zustellung dieser Mittheilung und nur dann angestellt werden, wenn nicht innerhalb dieser Frist die Beschlußfassung seitens des Ersatzpflichtigen angerufen ist. Ist letzteres der Fall, so ist die Beschlußfassung der Genossenschaftsversammlung abzuwarten.

§. 138.

Der Anspruch (§. 136 Abs. 1 Satz 1) verjährt in achtzehn Monaten von dem Tage, an welchem das strafgerichtliche Urtheil rechtskräftig geworden ist, im Uebrigen in zwei Jahren nach dem Unfalle. Die Anrufung der Beschlußfassung der Genossenschaftsversammlung (§. 137 Abs. 1) unterbricht die Verjährung.

Die Bestimmung des §. 135 Abs. 3 findet Anwendung.

§. 139.

Die in den §§. 135, 136 bezeichneten Ansprüche können, auch ohne daß die daselbst vorgesehene Feststellung durch strafgerichtliches Urtheil stattgefunden hat, geltend gemacht werden, falls diese Feststellung wegen des Todes oder der Abwesenheit des Betreffenden oder aus einem anderen in seiner Person liegenden Grunde nicht erfolgen kann.

Haftung Dritter.

§. 140.

Die Haftung Dritter, in den §§. 135, 136 nicht bezeichneter Personen bestimmt sich nach den sonstigen gesetzlichen Vorschriften. Insoweit den nach Maßgabe dieses Gesetzes entschädigungsberechtigten Personen ein gesetzlicher Anspruch auf Ersatz des ihnen durch den Unfall entstandenen Schadens gegen Dritte erwachsen ist, geht dieser Anspruch auf die Berufsgenossenschaft im Umfang ihrer durch dieses Gesetz begründeten Entschädigungspflicht über.

Verbot vertragsmäßiger Beschränkungen.

§. 141.

Den Berufsgenossenschaften sowie den Betriebsunternehmern und ihren Angestellten ist untersagt, durch Uebereinkunft oder mittelst Arbeitsordnungen die Anwendung der Bestimmungen dieses Gesetzes zum Nachtheile der Versicherten ganz oder theilweise auszuschließen oder die Versicherten in der Uebernahme oder Ausübung eines in Gemäßheit dieses Gesetzes ihnen übertragenen Ehrenamts zu beschränken. Vertragsbestimmungen, welche diesem Verbote zuwiderlaufen, haben keine rechtliche Wirkung.

Betriebsunternehmer oder Angestellte, welche gegen die vorstehende Bestimmung verstoßen, werden, sofern nicht nach anderen gesetzlichen Vorschriften eine härtere Strafe eintritt, mit Geldstrafe bis zu dreihundert Mark oder mit Haft bestraft.

Die gleiche Strafe trifft Betriebsunternehmer oder Angestellte, welche Beiträge zur Unfallversicherung den Versicherten ganz oder theilweise auf den Lohn in Anrechnung bringen oder eine solche Anrechnung wissentlich bewirken.

Unbehinderte Ausübung der Funktionen.

§. 142.

Die Vertreter der Arbeiter (§§. 118 bis 115) und die Schiedsgerichtsbeisitzer aus der Klasse der Versicherten (Gesetz, betreffend die Abänderung der Unfallversicherungsgesetze, §§. 4, 5, 7) haben in jedem Falle, in welchem sie zur Wahrnehmung ihrer Obliegenheiten berufen werden, die Arbeitgeber hiervon in Kenntniß zu setzen. Die Nichtleistung der Arbeit während der Zeit, in welcher die bezeichneten Personen durch die Wahrnehmung jener Obliegenheiten an der Arbeit verhindert sind, berechtigt den Arbeitgeber nicht, das Arbeitsverhältniß vor dem Ablaufe der vertragsmäßigen Dauer aufzuheben.

Aeltere Versicherungsverträge.

§. 143.

Die Rechte und Pflichten aus Versicherungsverträgen, welche von Unternehmern der durch die Vorschriften des §. 1 Abs. 1 Ziffer 1, 2, 5, 7, §. 2 Abs. 2 der Versicherungspflicht erst unterstellten Betriebe, oder von den in diesen Betrieben beschäftigten versicherten Personen gegen die Folgen der in diesem Gesetze bezeichneten Unfälle vor dem Inkrafttreten desselben mit Versicherungsanstalten abgeschlossen sind, gehen von dem Zeitpunkt ab, zu welchem die Unfallversicherung für den betreffenden Betrieb in Kraft getreten ist oder in Kraft tritt, auf die Berufsgenossenschaft, welcher der Betrieb angehört, über, wenn die Versicherungsnehmer dieses bei dem Vorstande der Genossenschaft beantragen. Die der Genossenschaft hieraus erwachsenden Zahlungsverbindlichkeiten werden durch Umlage auf die Mitglieder (§§. 29, 32, 49) gedeckt.

Rechtshülfe.

§. 144.

Die öffentlichen Behörden sind verpflichtet, den im Vollzuge dieses Gesetzes an sie ergehenden Ersuchen des Reichs-Versicherungsamts, der Landes-Versicherungsämter, der Schiedsgerichte, anderer öffentlicher Behörden sowie der Genossenschafts- und Sektionsvorstände zu entsprechen und den Organen der Berufsgenossenschaften auch unaufgefordert alle Mittheilungen zukommen zu lassen, welche für deren Geschäftsbetrieb von Wichtigkeit sind.

Die gleiche Verpflichtung liegt den Organen der Genossenschaften gegen einander und gegenüber den Behörden sowie den Organen der Versicherungsanstalten für Invalidenversicherung und der Krankenkassen ob. Die Verpflichtung der Behörden erstreckt sich insbesondere auch auf die Vollstreckung rechtskräftiger Bescheide und Erkenntnisse.

Die durch die Erfüllung dieser Verpflichtungen entstehenden Kosten sind von den Genossenschaften als eigene Verwaltungskosten (§. 29) insoweit zu erstatten, als sie in Tagegeldern und Reisekosten sowie in Gebühren für Zeugen und Sachverständige oder in sonstigen baaren Auslagen bestehen.

Gebühren- und Stempelfreiheit.

§. 145.

Alle zur Begründung und Abwickelung der Rechtsverhältnisse zwischen den Berufsgenossenschaften einerseits und den Versicherten andererseits erforderlichen schiedsgerichtlichen und außergerichtlichen Verhandlungen und Urkunden sind gebühren- und stempelfrei. Dasselbe gilt für die im §. 42 Abs. 8 bezeichneten Legitimationsbescheinigungen und für die behufs Vertretung von Berufsgenossen ausgestellten privatschriftlichen Vollmachten.

Strafbestimmungen.

§. 146.

Die Genossenschaftsvorstände sind befugt, gegen Betriebsunternehmer Geldstrafen bis zu fünfhundert Mark zu verhängen:

1. wenn die von denselben auf Grund gesetzlicher oder statutarischer Bestimmung eingereichten Arbeiter- und Lohnnachweisungen oder die den zuständigen Genossenschaftsorganen behufs Veranlagung der Betriebe zu den Klassen des Gefahrentarifs abgegebenen Erklärungen thatsächliche Angaben enthalten, deren Unrichtigkeit ihnen bekannt war oder bei Anwendung angemessener Sorgfalt nicht entgehen konnte;

2. wenn in der von ihnen gemäß §. 56 erstatteten Anzeige als Zeitpunkt der Eröffnung oder des Beginns der Versicherungspflicht des Betriebs ein späterer Tag angegeben ist als der, an welchem die Eröffnung stattgefunden oder die Versicherungspflicht begonnen hat, vorausgesetzt, daß die Unrichtigkeit der Angabe ihnen bekannt war oder bei Anwendung angemessener Sorgfalt nicht entgehen konnte.

§. 147.

Betriebsunternehmer, welche den ihnen obliegenden Verpflichtungen in Betreff der Anmeldung der Betriebe und Betriebsänderungen (§§. 35, 56, 61, 62), in Betreff der Führung und Aufbewahrung der Lohnlisten (Lohnbücher) sowie der Einreichung der Arbeiter- und Lohnnachweisungen (§§. 74, 99) oder in Betreff der Erfüllung der für Betriebseinstellungen und für einen Wechsel des Betriebsunternehmers gegebenen statutarischen Vorschriften (§. 87 Ziffer 7) nicht rechtzeitig nachkommen, können von dem Genossenschaftsvorstande mit Geldstrafen bis zu dreihundert Mark belegt werden.

Die gleiche Strafe kann, wenn die Anzeige eines Unfalls in Gemäßheit des §. 68 nicht rechtzeitig erfolgt ist, gegen denjenigen verhängt werden, welcher zu der Anzeige verpflichtet war.

§. 148

Die Strafvorschriften der §§. 146, 147 finden auch gegen die gesetzlichen Vertreter handlungsunfähiger Betriebsunternehmer, desgleichen gegen die Mitglieder des Vorstandes einer Aktiengesellschaft, Innung oder eingetragenen Genossenschaft sowie gegen die Liquidatoren einer Handelsgesellschaft, Innung oder eingetragenen Genossenschaft Anwendung.

§. 149.

Gegen Straffestsetzungen des Genossenschaftsvorstandes steht den Betheiligten innerhalb zweier Wochen nach der Zustellung die Beschwerde zu. Ueber dieselbe entscheidet, vorbehaltlich der Bestimmungen der §§. 116, 124 Abs. 3, diejenige Behörde, welche von der für den Sitz des Betriebs zuständigen Landes-Zentralbehörde bestimmt ist.

§. 150.

Die Mitglieder der Vorstände der Genossenschaften, deren technische Aufsichtsbeamte und Rechnungsbeamte (§§. 119, 120) und die nach §. 120 ernannten Sachverständigen sowie die Beisitzer der Schiedsgerichte (§. 9 des Gesetzes, betreffend die Abänderung der Unfallversicherungsgesetze,) werden, wenn sie unbefugt Betriebsgeheimnisse offenbaren, welche kraft ihres Amtes oder Auftrags zu ihrer Kenntniß gelangt sind, mit Geldstrafe bis zu eintausendfünfhundert Mark oder mit Gefängniß bis zu drei Monaten bestraft.

Die Verfolgung tritt nur auf Antrag des Betriebsunternehmers ein.

§. 151.

Die im §. 150 bezeichneten Personen werden mit Gefängniß, neben welchem auf Verlust der bürgerlichen Ehrenrechte erkannt werden kann, bestraft, wenn sie absichtlich zum Nachtheile der Betriebsunternehmer Betriebsgeheimnisse, welche kraft ihres Amtes oder Auftrags zu ihrer Kenntniß gelangt sind, offenbaren, oder geheim gehaltene Betriebseinrichtungen oder Betriebsweisen, welche kraft ihres Amtes oder Auftrags zu ihrer Kenntniß gelangt sind, solange als diese Betriebsgeheimnisse sind, nachahmen.

Thun sie dies, um sich oder einem Anderen einen Vermögensvortheil zu verschaffen, so kann neben der Gefängnißstrafe auf Geldstrafe bis zu dreitausend Mark erkannt werden.

Zuständige Landesbehörden.

§. 152.

Die Zentralbehörden der Bundesstaaten bestimmen, von welchen Staats- oder Gemeindebehörden die in diesem Gesetze den höheren Verwaltungsbehörden, den unteren Verwaltungsbehörden und den Ortspolizeibehörden zugewiesenen Verrichtungen wahrzunehmen sind.

Die in Gemäßheit dieser Vorschrift erlassenen Bestimmungen sind durch den Reichsanzeiger bekannt zu machen.

Die höhere Verwaltungsbehörde kann bestimmte Gemeindebehörden als untere Verwaltungsbehörden im Sinne des §. 70 bezeichnen und mit der Wahrnehmung der dort vorgesehenen Geschäfte betrauen.

Strafvollstreckung.

§. 153.

Geldstrafen, welche auf Grund dieses Gesetzes verhängt werden, mit Ausnahme derjenigen, auf welche von den Gerichten erkannt ist, werden in derselben Weise beigetrieben wie Gemeindeabgaben.

§. 154.

Die im §. 112 Abs. 1 Ziffer 2 bezeichneten Geldstrafen fließen in die Krankenkasse, welcher der zu ihrer Zahlung Verpflichtete zur Zeit der Zuwiderhandlung angehört, oder, wenn er keiner Krankenkasse angehört, in die Kasse der Gemeinde-Krankenversicherung des Beschäftigungsorts. Das Gleiche gilt von den Geldstrafen, welche auf Grund der im §. 138 bezeichneten Vorschriften verhängt sind.

Die übrigen auf Grund dieses Gesetzes verhängten Geldstrafen fließen, soweit sie nicht von den Gerichten erkannt sind, in die Genossenschaftskasse.

Zustellungen.

§. 155.

Zustellungen, welche den Lauf von Fristen bedingen,

können durch die Post mittelst eingeschriebenen Briefes erfolgen. Posteinlieferungsscheine begründen nach Ablauf von zwei Jahren seit ihrer Ausstellung die Vermuthung für die in der ordnungsmäßigen Frist nach der Einlieferung erfolgte Zustellung.

Personen, welche nicht im Inlande wohnen, können von den zustellenden Behörden und Genossenschaftsorganen aufgefordert werden, einen Zustellungsbevollmächtigten zu bestellen.

Ist der Aufenthalt einer Person, welcher zugestellt werden soll, nicht ermittelt oder wird der nach Abs. 2 ergangenen Aufforderung nicht innerhalb der gesetzten Frist genügt, so kann die Zustellung durch öffentlichen Aushang während einer Woche in den Geschäftsräumen der zustellenden Behörden oder Genossenschaftsorgane ersetzt werden.

III. Anleitung des Reichs-Versicherungsamts betr. die Anmeldung unfallversicherungspflichtiger Tiefbau- und anderer Baubetriebe.

(§. 4 Ziffer 1 und §. 11 des Bauunfallversicherungsgesetzes vom 11. Juli 1887 und §. 11 des Unfallversicherungsgesetzes vom 6. Juli 1884.)

Vom 14. Juli 1887. (A.N. S. 176.)

1. Die Anmeldungspflicht erstreckt sich auf die gewerbsmäßige Ausführung von

a) Eisenbahn-Bauarbeiten,
b) Kanal-Bauarbeiten,
c) Wege- (Straßen-, Chaussee-) Bauarbeiten,
d) Strom-Bauarbeiten,
e) Deich- (Damm-) Bauarbeiten,
f) Festungs-, Meliorations-, Bewässerungs-, Entwässerungs-, Drainirungs-, Bodenkultur-, Uferschutz-Arbeiten und
g) anderen Bauarbeiten, welche nicht unter die Bestimmungen des Unfallversicherungsgesetzes vom 6. Juli 1884 oder unter die nach §. 1 Absatz 8 a. a. O. vom Bundesrath erlassenen Anordnungen fallen.

2. Unter die bereits gegenwärtig versicherungspflichtigen Bauarbeiten (Ziffer 1 lit. g) fällt die gewerbsmäßige Ausführung von Bauarbeiten insbesondere insoweit, als Arbeiter und Betriebsbeamte von einem Gewerbetreibenden, dessen Gewerbebetrieb sich auf die Ausführung von Maurer-, Zimmer-, Dachdecker-, Steinhauer-, Brunnen- oder Schornsteinfegerarbeiten, auf die Ausführung von Tüncher-, Verputzer- (Weißbinder-), Gypser-, Stuckateur-, Maler- (Anstreicher-), Glaser-, Klempner- und Lackirerarbeiten bei Bauten, auf die Anbringung, Abnahme, Verlegung und Reparatur von Blitzableitern, oder auf die Ausführung von Schreiner- (Tischler-), Einsetzer-, Schlosser- oder Anschlägerarbeiten bei Bauten erstreckt, in diesem Gewerbebetriebe beschäftigt werden (Unfallversicherungsgesetz §. 1 Absatz 2 und 8 und die zur Ausführung des Absatzes 8 von dem Bundesrath gefaßten Beschlüsse; vergleiche bezüglich der letzteren die Bekanntmachungen vom 11. Februar 1885, Amtliche Nachrichten des R.V.A. S. 81, und vom 10. Juni 1886, a. a. O. Seite 87).

8. Zu den nach Ziff. 1 lit. g anmeldungspflichtigen Baugewerbetreibenden gehören insbesondere die Ofensetzer, Tapezierer (Tapetenankleber), Stubenbohner, sowie Gewerbetreibende, deren Gewerbebetrieb sich auf die Anbringung, Abnahme und Reparatur von Wetterrouleaux (Marquisen, Jalousien) erstreckt.

4. Gewerbsmäßig ist die Ausführung von Bauarbeiten, wenn aus dieser Ausführung ein Gewerbe ge-

macht wird, der Betrieb also zu Zwecken des Erwerbes für einige Dauer erfolgt.

5. Nicht anzumelden sind:

a) Bauarbeiten, deren Ausführung nicht gewerbsmäßig erfolgt (§. 4 Ziffer 1 und 4 des Gesetzes vom 11. Juli 1887),

b) Bauarbeiten, welche von dem Reich oder von einem Bundesstaat als Unternehmer ausgeführt werden (§. 4 Ziffer 2 a. a. O.),

c) Bauarbeiten, welche von einem Kommunalverbande oder einer anderen öffentlichen Korporation als Unternehmer ausgeführt werden (§. 4 Ziffer 3 a. a. O.),

d) Bauten, welche von Eisenbahnverwaltungen für eigene Rechnung (in Regie) ausgeführt werden (§. 4 Ziffer 4 Absatz 2 a. a. O.),

e) die laufenden Reparaturen an den zum Betriebe der Land- und Forstwirthschaft dienenden Gebäuden und die zum Wirthschaftsbetriebe gehörenden Bodenkultur- und sonstigen Bauarbeiten, insbesondere die diesem Zwecke dienende Herstellung oder Unterhaltung von Wegen, Dämmen, Kanälen und Wasserläufen, gelten als Theile des land- und forstwirthschaftlichen Betriebes, wenn sie von Unternehmern land- und forstwirthschaftlicher Betriebe ohne Uebertragung an andere Unternehmer auf ihren Grundstücken ausgeführt werden (§. 1 Abs. 4 a. a. O.)

Ebenso gelten als Theile des Fabrikbetriebes

und sind nicht anzumelden die laufenden Reparaturen an den Gebäuden, welche zu den im §. 1 des Unfallversicherungsgesetzes vom 6. Juli 1884 gedachten Betrieben dienen, und die zum laufenden Betriebe gehörenden Bauarbeiten, wenn sie von dem Unternehmer des Fabrikbetriebes ohne Uebertragung an andere Unternehmer auf seinem Grundstücke ausgeführt werden.

6. Nicht versicherungspflichtig und daher nicht anzumelden ist die Ausführung von Bauarbeiten, bei welchen der Unternehmer allein und ohne Gehülfen oder sonstige Arbeiter thätig ist.

Dagegen ist die Versicherungspflicht begründet, wenn ein Familienangehöriger des Unternehmers als Gehülfe oder sonstiger Arbeiter in dem Betriebe beschäftigt wird: mit Ausnahme der Beschäftigung der Ehefrau, welche niemals als eine von ihrem Ehemanne beschäftigte Arbeiterin gilt.

Im Uebrigen ist die Anmeldungspflicht weder von der Zahl der in dem Betriebe beschäftigten Arbeiter, noch von der Art desselben (Handbetrieb, Motorenbetrieb ꝛc.) abhängig.

7. Personen, welche nicht gewerbsmäßig Bauarbeiten ausführen, unterliegen der Anmeldungspflicht nicht, wenn sie einen Bau durch direkt angenommene Arbeiter im Regiebetriebe ausführen lassen.

8. Bei der Anmeldung ist der Gegenstand des Betriebes genau zu bezeichnen.

9. In der Anmeldung ist ferner die Art des Betriebes genau zu bezeichnen, insbesondere ob derselbe lediglich ein Handbetrieb ist oder unter Benutzung elementarer Kräfte (Wind, Wasser, Dampf, Gas, heiße Luft ꝛc.) erfolgt.

10. Unternehmer von Baubetrieben der in Ziffer 1 bezeichneten Arten, welche schon gegenwärtig einer Berufsgenossenschaft angehören — z. B. wegen der Ausführung von Maurer-, Zimmer-, Brunnen- ꝛc. Arbeiten oder wegen der Benutzung einer Arbeits- (Feld-), Bahn oder wegen eines anderen versicherungspflichtigen Nebenbetriebes (z. B. eines Steinbruchs) ꝛc. —, haben bei der Anmeldung anzugeben, ob der jetzt angemeldete Baubetrieb den Haupt- oder den Nebenbetrieb bildet, und welcher Berufsgenossenschaft der Betrieb bereits angehört.

Es ist dies deshalb erforderlich, weil mit dem Inkrafttreten des Gesetzes vom 11. Juli 1887 diejenigen schon bisher versicherungspflichtigen Betriebe, welche den Nebenbetrieb von Unternehmern der unter dieses Gesetz fallenden gewerbsmäßigen Bauarbeiten bilden, aus den auf Grund der bisherigen Gesetze gebildeten Berufsgenossenschaften (für Baugewerbetreibende, Straßenbahnen ꝛc.) ausscheiden (§. 9 Abs. 8 a. a. O.).

11. Zur Anmeldung verpflichtet ist der Unternehmer des Betriebes oder sein gesetzlicher Vertreter. Als Unternehmer gilt der Baugewerbetreibende, für dessen Rechnung der gewerbsmäßige Betrieb erfolgt.

12. Die Zahl aller in dem Betriebe durchschnittlich beschäftigten versicherungspflichtigen Personen muß in der Anmeldung angegeben werden, einerlei ob dieselben Inländer oder Ausländer, männlichen oder weiblichen Geschlechts, ob sie erwachsene Arbeiter oder jugendliche Personen mit oder ohne Lohn sind, ob sie dauernd oder vorübergehend beschäftigt werden. Beamte mit mehr als 2000 M. Jahresarbeitsverdienst sind nicht mitzuzählen. Tantiemen und Naturalbezüge, letztere nach Ortsdurchschnittspreisen berechnet, bilden einen Theil des Jahresarbeitsverdienstes.

13. Bei Betrieben, welche regelmäßig nur eine bestimmte Zeit des Jahres arbeiten, ist die anzumeldende „durchschnittliche" Arbeiterzahl diejenige, welche sich für die Zeit des regelmäßigen vollen Betriebes ergiebt.

14. Als in dem Betriebe beschäftigt sind diejenigen anzumelden, welche in dem Betriebsdienste stehen und Arbeiten, welche zu dem Baubetriebe gehören, zu verrichten haben, ohne Rücksicht darauf, ob die Verrichtung innerhalb oder außerhalb der etwa vorhandenen Betriebsanlage erfolgt.

15. Die Anmeldung hat zu erfolgen ohne Unterschied, ob es sich um einen Neubau oder um die Unterhaltung und Wiederherstellung von Bauwerken handelt.

16. Für die Anmeldung wird die Benutzung des nachstehenden Formulars empfohlen.†)

17. Ist ein Unternehmer zweifelhaft, ob er seinen

†) Hier nicht abgedruckt.

Betrieb anzumelden habe oder nicht, so wird derselbe gut thun, die Anmeldungsfrist nicht unbenutzt verstreichen zu lassen, wenn er sicher sein will, den aus der Nichtanmeldung eines versicherungspflichtigen Betriebes sich ergebenden Nachtheilen zu entgehen. Hierbei bleibt ihm unbenommen, in dem Formulare, Spalte „Bemerkungen", die Gründe anzugeben, aus denen er die Anmeldungspflicht bezweifelt.

18. Schließlich werden die betheiligten Betriebsunternehmer noch besonders darauf aufmerksam gemacht, daß, wenn sie die vorgeschriebene Anmeldung nicht bis zum 1. September 1887 erstatten, sie hierzu durch Geldstrafen im Betrage bis zu einhundert Mark angehalten werden können.

IV. Formular für die Anmeldung zur Berufsgenossenschaft

auf Grund des §. 15 des Bau-Unfallversicherungsgesetzes in Verbindung mit §. 35 des Unfallversicherungsgesetzes.

Anmeldung zur Unfallversicherung.

(§ 35 des Unfallversicherungsgesetzes.)

Staat: | Höhere Verwaltungsbehörde: | Untere Verwaltungsbehörde:

Name des Unternehmers (Firma.)	Gegenstand des Betriebes. (Der Hauptbetrieb ist zu unterstreichen.)	Art des Betriebes. (Ob Hand-, Gas- oder Dampfbetrieb ꝛc.)	Zahl der versicherten Personen.	Berufsgenossenschaft, welcher der Betrieb angehört.	Tag der Eröffnung des Betriebes bezw. des Beginns der Versicherungspflicht.	Bemerkungen.

.................., den ten 188

Unterschrift des Anmeldepflichtigen.

Die Anmeldung ist in zwei Exemplaren bei der unteren Verwaltungsbehörde, in deren Bezirk der Betrieb belegen ist, gegen Empfangsbestätigung einzureichen. Das Unterlassen der Anzeige kann mit Ordnungsstrafe bis zu Dreihundert Mark (§. 104 Absatz 1 a. a. O.) belegt, außerdem können gegen den säumigen Unternehmer Exekutivstrafen im Betrage bis zu Einhundert Mark verhängt werden (§§. 11, 35 a. a. O.).

Urschriftlich an den Vorstand der ....

.... Berufsgenossenschaft

zu

den ten 188..

(Unterschrift der unteren Verwaltungsbehörde.)

V. Bekanntmachung des Reichs-Versicherungsamts, betreffend die Nachweisungen von Regie-Bauarbeiten.

Vom 12. Dezember 1887.

R.A. Nr. 296, Centr.-Bl. S. 573, A.N. 1888, S. 14.

Nach §. 22 Absatz 1 des Bauunfallversicherungsgesetzes vom 11. Juli 1887 (Reichs-Gesetzbl. S. 287) haben Unternehmer, welche Regie-Bauarbeiten ausführen, zu deren Ausführung, einzeln genommen, mehr als sechs Arbeitstage thatsächlich verwendet worden sind von einem von dem Reichs-Versicherungsamt zu bestimmenden und öffentlich bekannt zu machenden Zeitpunkte ab der von der Landes-Centralbehörde bestimmten Behörde nach einem von dem Reichs-Versicherungsamt vorzuschreibenden Formular längstens binnen drei Tagen nach Ablauf eines jeden Monats eine Nachweisung der in diesem Monat bei Ausführung der Bauarbeiten verwendeten Arbeitstage und der von den Versicherten dabei verdienten Löhne und Gehälter vorzulegen.

Als Zeitpunkt, von welchem ab die Nachweisungen vorzulegen sind, wird hiermit der 1. Januar 1888 bestimmt.

Für die einzureichenden Nachweisungen wird das unten abgedruckte Formular vorgeschrieben.

Im Uebrigen wird wegen der Anmeldung auf die beigefügte Anleitung hingewiesen.

Berlin, den 12. Dezember 1887.

Das Reichs-Versicherungsamt.

Bödiker.

Formular für die Nachweisung.

Staat . . . .

Bezirk der höheren Verwaltungsbehörde . . . .

Bezirk der unteren Verwaltungsbehörde . . . .

Gemeinde- (Stadt-) (Guts-) Berzirk . . . .

Nachweisung

der im Monat . . . . 18 . . ausgeführten Regie-Bauarbeiten, zu deren Ausführung mehr als sechs Arbeitstage thatsächlich verwendet worden sind.

(§. 22 des Bau-Unfallversicherungsgesetzes.)

---

a. Vor und Zuname, Stand und Wohnung des Unternehmers } . . . .

b. Ort der Bauarbeit (Baustelle) . . . .

c. Gegenstand der Bauarbeit[1]) . . . .

d. Art des Betriebes[2]) . . . .

e. Ist die Arbeit schon im vorvergangenen Monat begonnen worden? (Ja oder Nein.)[3]) . . . .

f. Ist für den vorvergangenen Monat schon eine Nachweisung vorgelegt worden? (Ja oder Nein.)[3])[4]) . . .

g. Ist die Bauarbeit beendigt? (Ja oder Nein.) . . . .

h. Wenn die Bauarbeit noch nicht beendet ist, wird sie im laufenden Monat fortgesetzt werden? (Ja oder Nein.) . . . .

[1]) Z. B. Neubau eines Schuppens durch Maurer-, Zimmer- und Dachdeckerarbeit. Bei mehreren Arbeitszweigen ist der Hauptarbeitszweig zu unterstreichen.

[2]) Z. B. Handbetrieb, Betrieb mit Motoren 2c.

[3]) Bei Einreichung der Nachweisung für den Monat Januar 1888 sind die Fragen e und f nicht zu beantworten.

[4]) Die Frage f ist nur dann zu beantworten, wenn die Frage e bejaht worden ist.

Fortlaufende Nummer.	Name jeder bei der Bauarbeit beschäftigten Person.*)	Geschlecht: männlich (m.) oder weiblich (w.)	Art der Beschäftigung jeder Person, (z. B. Maurerarbeit, Dachdecken, Brunnengraben 2c.	Zahl der Arbeitstage (Arbeitsschichten, Tagewerke), welche jede Person geleistet hat.**)
1	2	3	4	5
	I. Im vergangenen Monat.			
1	Schulze	m.	Maurerarbeit	8
2	Müller	m.	Zimmerarbeit	6¼
	II. Im vorvergangenen Monat.***)			

*) Die Personen, welche mit derselben Art von Bauarbeit beschäftigt waren, sind thunlichst unmittelbar nach einander vorzutragen, z. B. zuerst alle, welche mit Maurerarbeit beschäftigt waren, dann diejenigen, welche Zimmerarbeiten ausgeführt haben 2c.

**) Auch halbe und Viertels-Arbeitstage sind anzugeben.

***) Hier ist nur dann etwas einzutragen, wenn die Arbeit schon

Lohn und Gehalt, welchen jede Person in Geld und Naturalbezügen täglich erhalten hat		Gesammtlohn, welcher von jeder Person verdient worden ist.		Etwaige Bemerkungen.	Vom Unternehmer nicht auszufüllen! Wird von der Versicherungsanstalt ausgefüllt.				
					Zur Berechnung zu ziehender Gesammtlohn (§ 25 Absatz 2 des U.V.G.)		Laut Prämientarif ist zu erheben für jede angefangene halbe Mark.	Zu entrichtende Prämie.	
ℳ	₰	ℳ	₰		ℳ	₰	₰	ℳ	₰
6		7		8	9		10	11	
4	—	32	—						
3	60	22	50						

im vergangenen Monat begonnen, aber für denselben eine Nachweisung nicht vorgelegt worden ist.

Bei Einreichung der Nachweisung für den Monat Januar 1888 ist unter II. nichts einzutragen.

(Datum.) (Unterschrift des zur Vorlegung der Nachweisung Verpflichteten.)

Anleitung in Betreff der Nachweisungen von Regie-Bauarbeiten.

1. Zur Einreichung von Nachweisungen sind gemäß §. 22 Absatz 1 in Verbindung mit §. 4 Ziffer 4 Absatz 1 des Bau-Unfallversicherungsgesetzes verpflichtet:

a. alle Privatpersonen, welche Bauarbeiten nicht gewerbsmäßig als Unternehmer, d. h. für ihre Rechnung ausführen, bezüglich dieser Bauarbeiten;

b. Kommunalverbände (Provinzen, Kreise, Stadt- und Landgemeinden, selbständige Gutsbezirke, Distriktsgemeinden in Bayern, Amtskorporationen in Württemberg, Aemter in der Provinz Westfalen 2c. und andere öffentliche Korporationen (z. B. Deich- oder Meliorationsverbände, Kirchengemeinden oder Stiftungen), welche Bauarbeiten als Unternehmer in eigener Regie ausführen, bezüglich dieser Bauarbeiten.

2. Nachweisungen sind einzureichen für diejenigen Bauarbeiten, zu deren Ausführung, einzeln genommen, mehr als sechs Arbeitstage thatsächlich verwendet worden sind. Letzteres ist sowohl dann der Fall, wenn ein Arbeiter mehr als sechs Arbeitstage thätig gewesen ist, als auch dann, wenn mehr als sechs Arbeiter einen Arbeitstag thätig waren, als auch dann, wenn überhaupt Arbeiter zusammen mehr als sechs Arbeitstage (Arbeitsschichten, Tagewerke) aufgewendet haben.

3. Bezüglich der Verpflichtung zur Einreichung einer Nachweisung macht es keinen Unterschied, ob es

sich um einen Neubau oder um die Unterhaltung und Wiederherstellung bestehender Baulichkeiten handelt.

4) Nicht verpflichtet zur Einreichung von Nachweisungen sind:

a. das Reich und die Bundesstaaten bezüglich derjenigen Bauarbeiten, welche von ihnen als Unternehmer ausgeführt werden;

b. alle Eisenbahnverwaltungen, einschließlich der Verwaltungen von Pferdebahnen, Arbeitsbahnen oder ähnlichen Unternehmungen, bezüglich derjenigen Bauten, welche von ihnen für eigene Rechnung (in eigener Regie, ohne Uebertragung an einen anderen Unternehmer, durch direkt angenommene und gelohnte Arbeiter und Betriebsbeamte) ausgeführt werden;

c. Personen, welche gewerbsmäßig Bauarbeiten (Hoch- oder Tiefbauarbeiten) ausführen, bezüglich dieser Arbeiten;

d. Unternehmer, welche Bauarbeiten ausführen, die als Nebenbetriebe oder Theile eines anderen Betriebes anderweit versicherungspflichtig sind.

Die laufenden Reparaturen an den zum Betriebe der Land- und Forstwirthschaft dienenden Gebäuden und die zum Wirthschaftsbetriebe gehörenden Bodenkultur- und sonstigen Bauarbeiten, insbesondere die diesem Zweck dienende Herstellung oder Unterhaltung von Wegen, Dämmen, Kanälen und Wasserläufen, gelten als Theile des land- und forstwirthschaftlichen Betriebes, wenn sie von Unternehmern land- und forstwirthschaftlicher Betriebe ohne Uebertragung an andere Unternehmer auf ihren Grundstücken ausgeführt werden. Wenn aber solche Bauarbeiten nicht von dem Unternehmer desjenigen land- oder forstwirthschaftlichen Betriebes, zu dessen Gunsten sie vorgenommen werden, für eigene Rechnung ausgeführt werden, so gelten sie nicht als Theile dieses Betriebes.

Die laufenden Reparaturen an den Gebäuden, welche zu den im §. 1 des Unfallversicherungsgesetzes vom 6. Juli 1884 gedachten Betrieben dienen, und die zum laufenden Betriebe gehörenden Bauarbeiten gelten als Theile des Fabrik- rc. Betriebes, wenn sie von dem Unternehmer des Fabrik- rc. Betriebes ohne Uebertragung an andere Unternehmer auf seinem Grundstücke ausgeführt werden.

5) Die Verpflichtung zur Einreichung von Nachweisungen fällt weg:

a. für Kommunalverbände oder andere öffentliche Korporationen, wenn dieselben bezüglich aller oder einzelner Arten der von ihnen als Unternehmer ausgeführten Bauarbeiten derjenigen Berufsgenossenschaft, welche in dem betreffenden Bezirke für die Gewerbetreibenden der betreffenden Art errichtet ist (Tiefbau-Berufsgenossenschaft oder die betreffende Baugewerks-Berufsgenossenschaft), durch eine von ihrem Vorstande abgegebene entsprechende Erklärung als Mitglied beigetreten sind, bezüglich derjenigen Arten von Bauarbeiten, betreffs deren die Erklärung abgegeben worden ist;

b. für Kommunalverbände oder andere öffentliche Korporationen, sofern die Landes-Zentralbehörde auf deren Antrag erklärt hat, daß sie zur Uebernahme der durch die Versicherung entstehenden Lasten für leistungsfähig zu erachten sind;

c. für Kommunalverbände, öffentliche Korporationen und andere Bauherren, welche regelmäßig ohne Uebertragung an andere Unternehmer Bauarbeiten ausführen, wenn auf ihren Antrag von der Verwaltung der mit der Berufsgenossenschaft verbundenen Versicherungsanstalt der Betrag der der Berechnung der Prämien zu Grunde zu legenden Arbeitslöhne und Gehälter in Pausch und Bogen festgesetzt worden ist (§. 29 des Bau-Unfallversicherungsgesetzes).

6) Nachweisungen sind vorzulegen für Bauarbeiten jeder Art, also für Maurer-, Zimmer-, Dachdecker-, Steinhauer-, Brunnenarbeiten, Tüncher-, Verputzer- (Weißbinder-, Gypser-, Stuckateur-, Maler-, Anstreicher), Glaser-, Klempner- und Lackirerarbeiten bei Bauten, für die Anbringung, Abnahme, Verlegung und Reparatur von Blitzableitern, für Schreiner (Tischler-), Einsetzer-, Schlosser- und Anschlägerarbeiten bei Bauten, für Eisenbahn-, Kanal-, Wege-, Strom-, Deich-, Meliorations-, Entwässerungs-, Bewässerungs-, Drainirungs- und andere Erd-Bauarbeiten, für Ofensetzen, Tapezieren (Tapeten-Ankleben), Stubenbohnen, Anbringung, Abnahme und Reparatur von Wetterrouleaux (Marquisen, Jalousien) rc.

7) Wenn ein Baugewerbetreibender eine Bauarbeit ausführt, welche zu seinem gewerbsmäßigen Betriebe nicht gehört, auch nicht zu demselben in dem Verhältniß

eines Nebenbetriebes (§. 9 Absatz 3 des Unfallversicherungsgesetzes beziehungsweise §. 9 Absatz 2 des Bau-Unfallversicherungsgesetzes) steht, so ist bezüglich dieser Bauarbeit eine Nachweisung ebenso einzureichen, als wenn ein Nichtgewerbetreibender eine Bauarbeit ausführt. Es ist also z. B. eine Nachweisung vorzulegen, wenn ein Bauschlosser im Regiebetriebe für sich ein Wohnhaus errichtet.

8) Eine Nachweisung ist nicht einzureichen bezüglich solcher Bauarbeiten, welche eine Privatperson für ihre Rechnung (als Unternehmer) allein und ohne Gehülfen und sonstige Arbeiter ausgeführt hat. Dagegen ist eine Nachweisung einzureichen, wenn bei der Ausführung einer Bauarbeit ein Familienangehöriger des Unternehmers als Gehülfe oder sonstiger Arbeiter beschäftigt war, mit Ausnahme der Ehefrau, welche niemals als eine von ihrem Ehemann beschäftigte Arbeiterin gilt. Im Uebrigen ist die Pflicht zur Einreichung der Nachweisungen weder von der Zahl der bei der Ausführung der Bauarbeit beschäftigten Arbeiter, noch von der Art der Ausführung (Handbetrieb, Motorenbetrieb ꝛc.) abhängig.

9) Zur Einreichung der Nachweisung verpflichtet ist der Unternehmer der Bauarbeit oder sein gesetzlicher Vertreter.

Als Unternehmer im Sinne des Bau-Unfallversicherungsgesetzes gilt bei Bauarbeiten, welche nicht in einem gewerbsmäßigen Baubetriebe ausgeführt werden, derjenige, für dessen Rechnung dieselben ausgeführt werden.

Für die Verpflichtung zur Einreichung der Nachweisungen ist es an sich ohne Bedeutung, ob der Unternehmer eine physische oder eine juristische Person, ein Kommunalverband oder eine Privatperson ist.

10) Die Einreichung der Nachweisungen hat vom 1. Januar 1888 ab zu erfolgen, d. h. es sind erstmalig für die im Monat Januar 1888 ausgeführten Bauarbeiten Nachweisungen einzureichen. Die Einreichung muß längstens binnen drei Tagen nach Ablauf des Monats, also für die im Monat Januar ausgeführten Bauarbeiten längstens bis zum 3. Februar einschließlich, geschehen.

11) Wenn der dritte Tag eines Monats ein Sonntag oder allgemeiner Feiertag ist, so endigt die Frist zur Vorlegung der Nachweisung für die im vorhergehenden Monat ausgeführten Bauarbeiten mit Ablauf des nächstfolgenden Werktages.

12) Wenn eine einzelne Bauarbeit, zu deren Ausführung mehr als sechs Arbeitstage thatsächlich verwendet werden, sich über zwei Monate erstreckt, und auf den ersten Monat nur sechs oder weniger als sechs Arbeitstage entfallen, so ist für den ersten Monat keine Nachweisung vorzulegen. Dagegen sind in die Nachweisung für den zweiten Monat die sämmtlichen auf die Ausführung der Bauarbeit bis dahin verwendeten Arbeitstage, sowie die sämmtlichen von den Versicherten dabei verdienten Löhne und Gehälter aufzunehmen.

Zum Beispiel: ein Privatmann läßt durch einen Dachdeckergesellen, welcher gerade außer Arbeit steht, das Dach seines Hauses umdecken. Die Arbeit, welche acht Arbeitstage in Anspruch nimmt, wird am 30. Januar 1888 begonnen und — da der 5. Februar 1888 ein Sonntag ist — am 7. Februar beendigt. In diesem Falle ist für den Monat Januar keine Nachweisung vorzulegen; dagegen ist eine solche für den Monat Februar einzureichen und sind in derselben die sechs Arbeitstage, welche im Monat Februar auf die Ausführung des Dachumdeckens verwendet worden sind, und die zwei Arbeitstage des Monats Januar nebst allen von den Versicherten hierbei verdienten Löhnen und Gehältern aufzuführen.

Wenn dagegen eine Bauarbeit sich über zwei Monate erstreckt, in jedem Monat aber mehr als sechs Arbeitstage zu ihrer Ausführung verwendet worden sind, so ist für jeden dieser Monate eine besondere Nachweisung rechtzeitig einzureichen. Gesetzt z. B., die oben aufgeführte Arbeit des Dachumdeckens hätte vierzehn Arbeitstage erfordert und vom 24. Januar bis 8. Februar 1888 gewährt, so müßte für die im Monat Januar auf die Ausführung verwendeten sieben Arbeitstage spätestens am 8. Februar eine Nachweisung eingereicht werden; desgleichen für die im Monat Februar verwendeten sieben Arbeitstage spätestens am 8. März. In der Nachweisung für den Monat Januar wäre auf Seite 1 des Formulars die Frage g mit „Nein“ zu beantworten; dagegen wären in der Nachweisung für den Monat Februar auf Seite 1 des Formulars die Fragen e, f und g mit „Ja“ zu beantworten.

Gleiches gilt, wenn eine Bauarbeit sich über zwei Monate erstreckt und im ersten Monat mehr als sechs, im zweiten Monat nur sechs oder weniger als sechs Arbeitstage zu ihrer Ausführung verwendet werden. In diesem Falle ist nicht nur für den ersten Monat, sondern auch für den zweiten, obgleich in diesem, für sich allein genommen, nicht mehr als sechs Arbeitstage verwendet worden sind, eine Nachweisung vorzulegen. In der Nachweisung für den zweiten Monat ist hierbei durch Bejahung der auf Seite 1 des Formulars unter lit. e gestellten Frage ersichtlich zu machen, daß die Bauarbeit, auf deren Ausführung im zweiten Monat Arbeitstage verwendet wurden, eine schon im vorvergangenen Monat begonnene, im ganzen mehr als sechs Arbeitstage erfordernde Bauarbeit war. Wenn z. B. die mehrerwähnte Arbeit des Dachumdeckens am 20. Januar 1888 begonnen und am 4. Februar geendigt hätte, so wäre der Unternehmer verpflichtet, für die im Monat Januar auf die Ausführung verwendeten zehn Arbeitstage (und den hierauf treffenden Lohn) spätestens am 8. Februar eine Nachweisung einzureichen und für die im Monat Februar hierauf verwendeten vier Arbeitstage spätestens am 3. März eine weitere Nachweisung vorzulegen.

18) Für die einzureichenden Nachweisungen ist das oben abgedruckte Formular zu benutzen.

Eine Nachweisung ist nur vorzulegen für diejenigen Monate, in welchen Bauarbeiten stattgefunden haben.

14) In der Nachweisung sind die in dem betreffenden

Monat bei Ausführung der Bauarbeit verwendeten Arbeitstage (einschließlich der halben und Viertels-Arbeitstage) anzugeben, desgleichen die von den Versicherten hierbei verdienten Löhne und Gehälter.

Wenn die Arbeiter nicht nach Tagelöhnen, sondern nach einer Akkordsumme bezahlt wurden, so ist der verdiente Lohn nach Maßgabe der in jedem Monat auf die Ausführung verwendeten Arbeitszeit zu berechnen und in die Nachweisung des betreffenden Monats einzustellen.

In die Nachweisungen sind die von den Versicherten verdienten Löhne und Gehälter voll einzusetzen, auch wenn sie den Betrag von vier Mark für den Arbeitstag übersteigen.

Als Gehalt oder Lohn gelten auch Tantiemen und Naturalbezüge, letztere nach Ortsdurchschnittspreisen berechnet.

Die Arbeitstage, Löhne und Gehälter der bei den Bauarbeiten beschäftigten Betriebsbeamten, deren Jahresarbeitsverdienst an Lohn oder Gehalt 2000 Mark übersteigt, sind in die Nachweisungen nicht aufzunehmen.

15) In den Nachweisungen sind der Gegenstand der Bauarbeit und die Art des Betriebes genau zu bezeichnen, insbesondere ob derselbe lediglich ein Handbetrieb ist oder unter Benutzung elementarer Kräfte (Wind, Wasser, Dampf, Gas, heiße Luft 2c.) erfolgt.

Wenn bei der Ausführung einer Bauarbeit mehrere Arten (Kategorien) von Bauarbeiten vertreten waren — z. B. bei der Ausführung eines Schuppens fanden

Maurer-, Zimmer- und Dachdeckerarbeiten statt —, so sind die sämmtlichen Arten anzugeben, und, wenn möglich, für jede Art die verwendeten Arbeitstage und die verdienten Löhne getrennt aufzuführen. Ist letzteres nicht angängig, so ist die Hauptkategorie besonders hervorzuheben.

16) Die Nachweisung ist der von der Zentralbehörde bestimmten zuständigen Behörde vorzulegen, in deren Bezirk die Bauarbeit ausgeführt wurde.

Für jedes einzelne Bauobjekt ist eine besondere Nachweisung einzureichen.

17) Ist der Unternehmer einer Bauarbeit zweifelhaft, ob er eine Nachweisung vorzulegen habe, so wird derselbe gut thun, die Einreichungsfrist nicht unbenutzt verstreichen zu lassen, wenn er sicher sein will, den aus der Nichteinreichung einer vorzulegenden Nachweisung sich ergebenden Nachtheilen zu entgehen. Hierbei bleibt ihm unbenommen, in der Spalte „Bemerkungen" die Gründe anzugeben, aus denen er seine Verpflichtung zur Einreichung einer Nachweisung bezweifelt.

18) Schließlich werden die betheiligten Unternehmer noch besonders darauf aufmersam gemacht, daß, wenn sie die vorgeschriebene Nachweisung nicht rechtzeitig oder nicht vollständig einreichen, die von der Landes-Zentralbehörde bestimmte Behörde die Nachweisungen nach ihrer Kenntniß der Verhältnisse selbst aufzustellen oder zu ergänzen hat. Sie kann zu diesem Zweck die Verpflichteten zu einer Auskunft innerhalb einer zu bestimmenden Frist durch Geldstrafen bis zu einhundert Mark anhalten.

Ferner können Unternehmer, welche den ihnen obliegenden Verpflichtungen in betreff der Einreichung der Nachweisungen nicht rechtzeitig nachkommen, mit einer Ordnungsstrafe bis zu dreihundert Mark belegt werden, und endlich können gegen Unternehmer Ordnungsstrafen bis zu fünfhundert Mark verhängt werden, wenn die von ihnen eingereichten Nachweisungen unrichtige thatsächliche Angaben enthalten.

VI. Nachweisung der hauptsächlichsten Bestimmungen

a. der aus Veranlassung des B.U.V.G. vorgenommenen Aenderungen der Statuten der Baugewerks=B.G.en.

b. der Nebenstatuten der bei diesen B.G.en und der Tiefbau=B.G. errichteten Versicherungsanstalten.

c. des Statuts der Tiefbau=B.G. (A.N. 1888 S. 187, 188).

1) Sämmtliche Baugewerks=B.G.en einschließlich der Tiefbau=B.G. haben die Berechtigung zur Selbstversicherung auf Unternehmer mit einem 2000 Mark übersteigenden Jahresarbeitsverdienste erstreckt (B.U.V.G. §. 2 Abs. 2). Die Summe, welche als Höchstbetrag festgesetzt ist, ist bei den einzelnen B.G.en verschieden und bewegt sich zwischen drei= und zehntausend Mark.

2) Ebenso haben alle gedachten B.G.en die Versicherungspflicht auf Betriebsbeamte mit einem 2000 Mark übersteigenden Jahresarbeitsverdienst ausgedehnt (U.V.G. §. 2 Abs. 1 und B.U.V.G. §. 2 Abs. 2). Die höchste zulässige Summe schwankt in den einzelnen Genossenschaften zwischen 3000 und 6000 Mark.

3) Alle B.G.en haben die Versicherungspflicht auf Gewerbetreibende ausgedehnt, welche nicht regelmäßig

wenigstens einen Lohnarbeiter beschäftigen (B.U.B.G. §. 2 Absatz 2).

4) Ferner haben alle gedachten B.G.en von der Befugniß des §. 16 Absatz 8 in Verbindung mit §. 48 Absatz 1 des B.U.B.G. Gebrauch machend, bestimmt, daß auch die Versicherung von Unternehmern (B.U.B.G. §. 2), welche als Baugewerbetreibende Mitglieder der Genossenschaft sind, sowie anderer von diesen Baugewerbetreibenden bei der Bauausführung beschäftigten, nach §. 1 a. a. O. nicht versicherten Personen (§. 2 daselbst) bei der Versicherungsanstalt zu erfolgen hat.

5) In die Statuten aller Baugewerks-B.G.en — mit Ausnahme der Hamburgischen, Hannoverschen und der Bayerischen — ist die Vorschrift aufgenommen, daß von den Genossenschaftsmitgliedern auf die Beiträge vierteljährliche Vorschüsse zu leisten sind (B.U.B.G. §. 10 Absatz 2 und 4, dann §. 48 Absatz 1) (für die Tiefbau-B.G. ist die Vorschußzahlung schon durch das Gesetz vorgeschrieben — §. 10 Absatz 2 a. a. O.).

6) In allen Nebenstatuten ist die Bestimmung enthalten, daß die Versicherung der „anderen Personen" (vergleiche Ziffer 4), welche von den Unternehmern versichert werden, kollektiv erfolgt, und daß die Unternehmer hierfür einen Zuschlag zu ihren Beiträgen (Vorschüssen) und beziehungsweise Prämien zu entrichten haben.

7) Ferner findet sich in allen Nebenstatuten die Vorschrift, daß zur Bildung eines besonderen Reservefonds für die Versicherungsanstalt vorerst ein Zuschlag von 10 Prozent des dem Prämientarif als Grundlage dienen-

den Kapitalwerthes der in Aussicht stehenden Leistungen zu erheben ist, und daß die Zinsen des Reservefonds dem letzteren vorerst zuzuschlagen sind (B.U.V.G. §. 17 Abs. 2, §. 18 Abs. 1 Ziffer 3 und §. 24 Abs. 1 letzter Satz).

8) Von der durch §. 19 des B.U.V.G. gegebenen Befugniß, besondere Organe für die Verwaltung der Versicherungsanstalt zu bestimmen, hat weder die Tiefbau-B.G., noch eine der Baugewerks-B.G.en Gebrauch gemacht. Es erfolgt also die Verwaltung der bestehenden dreizehn Versicherungsanstalten durch die Organe der betreffenden B.G. selbst.

VII. Rundschreiben an die Vorstände der unter der Aufsicht des R.V.A. stehenden Invaliditäts- und Altersversicherungsanstalten und Baugewerks-B.G.en, betreffend die Merkmale zur Unterscheidung von selbständigen Baugewerbetreibenden und Bauarbeitern.

Vom 29. Juni 1895.

A.N. Invaliditäts- u. Altersversicherung 1895 S. 226, 227.

Wie dem Vorstande bekannt ist, haben die zwischen den Baugewerks-B.G.en und den Invaliditäts- und Altersversicherungsanstalten hervorgetretenen öfteren Meinungsverschiedenheiten über die versicherungsrechtliche Stellung der im Baugewerbe thätigen Kleingewerbetreibenden dem R.V.A. Anlaß gegeben, eine systematische Aufstellung der Merkmale zur Unterscheidung der selbstständigen Baugewerbetreibenden von den Bauarbeitern auszuarbeiten. Der Entwurf dieser Aufstellung wurde den Vorständen der Baugewerks-B.G.en unter dem 10. März 1894 und den Vorständen der Invaliditäts- und Altersversicherungsanstalten unter dem 27. November 1894 zur Kenntnißnahme mitgetheilt. Da die

Vorstände der Baugewerks-B.G.en nach den Verhandlungen auf ihrem Verbandstage vom 19. März 1894 und ebenso die Vorstände der Invaliditäts- und Altersversicherungsanstalten nach ihren Berichten sich mit der Herausgabe der Aufstellung durch das R.V.A. fast einstimmig und mit deren Form und Inhalt im Großen und Ganzen einverstanden erklärt haben, so ist diese Aufstellung nach erneuter Prüfung und nach Vornahme einiger, im Wesentlichen redaktioneller Aenderungen diesseits nunmehr endgültig in der Fassung festgesetzt worden, welche aus der Anlage sich ergiebt.

Selbstverständlich soll damit, wie ergebenst bemerkt wird, nur eine Anleitung zur Beurtheilung von Zweifelsfällen gegeben sein, während Ausnahmen unter besonderen Verhältnissen nicht unbedingt ausgeschlossen sind.

Aufstellung der Merkmale zur Unterscheidung von selbständigen Baugewerbetreibenden (Unternehmern, Arbeitgebern) und Bauarbeitern.

Als unselbständige versicherungspflichtige Bauarbeiter im Sinne des §. 1 des B.U.V.G. und §. 1 des Invaliditäts- und Altersversicherungsgesetzes sind im Zweifel anzusehen:

1) Die im Bauhandwerk beschäftigten Gesellen, Gehülfen sowie die sonstigen ständigen Arbeiter, welche ausschließlich in Betrieben gewerbsmäßiger Bauunternehmer beschäftigt werden;

2) die in der Regel in Betrieben gewerbsmäßiger Bauunternehmer, in anderen (landwirthschaftlichen rc.) Betrieben oder sonstwie berufsmäßig als Lohnarbeiter beschäftigten Personen, auch soweit sie nebenher, gelegentlich oder in regelmäßiger Wiederkehr Bauarbeiten unmittelbar für die Bauherren ausführen;

3) die das ganze Jahr oder den größten Theil des Jahres hindurch mit Bauarbeiten für nicht gewerbsmäßige Bauunternehmer (Bauherren) beschäftigten Personen, sofern sie in der Regel

a. nur geringfügige, eine besondere handwerksmäßige Vorbildung nicht erfordernde Bauarbeiten, insbesondere Ausbesserungs- (Flick-) Arbeiten ausführen, und

b. ohne eigentliches Betriebskapital gegen einen den Lohn eines Bauarbeiters nicht oder nicht erheblich übersteigenden Lohn arbeiten. Ein Betriebskapital wird insbesondere als vorhanden anzunehmen sein bei Verwendung größerer Betriebsgeräthe (Werkstatteinrichtungen, Gerüste ꝛc.) oder bei Lieferung von Baumaterialien oder bei regelmäßiger Gestellung anderer Arbeiter.

Die mit Bauarbeiten beschäftigten Personen, bei welchen diese Voraussetzungen nicht zutreffen, sind im Allgemeinen nicht als Bauarbeiter, sondern als selbständige Baugewerbetreibende (Unternehmer, Arbeitgeber) zu betrachten. Ausnahmen, insbesondere für die sogenannten Akkordanten, sind indessen nicht ausgeschlossen.

VIII. Bekanntmachung, betreffend die Prämientarife für die Versicherungsanstalten der Tiefbau-Berufsgenossenschaft und der dem Reichs-Versicherungsamt unmittelbar unterstehenden Baugewerks-Berufsgenossenschaften.

(§. 24 Absatz 1 und 8 des Bau-Unfallversicherungsgesetzes vom 11. Juli 1887 — Reichs-Gesetzbl. S. 287 —.)

Vom 11. November 1899. (A. N. 1899 S. 754.)

Auf Grund des §. 24 des Bau-Unfallversicherungsgesetzes vom 11. Juli 1887 sind von dem Reichs-Versicherungsamt für nachstehende Berufsgenossenschaften:

1. die Tiefbau-Berufsgenossenschaft zu Berlin,
2. die Hamburgische Baugewerks-Berufsgenossenschaft zu Hamburg,
3. die Nordöstliche Baugewerks-Berufsgenossenschaft zu Berlin,
4. die Schlesisch-Posensche Baugewerks-Berufsgenossenschaft zu Breslau,
5. die Hannoversche Baugewerks-Berufsgenossenschaft zu Hannover,

6. die Magdeburgische Baugewerks-Berufsgenossenschaft zu Magdeburg,

7. die Sächsische Baugewerks-Berufsgenossenschaft zu Dresden,

8. die Thüringische Baugewerks-Berufsgenossenschaft zu Erfurt,

9. die Hessen-Nassauische Baugewerks-Berufsgenossenschaft zu Frankfurt a. M.,

10. die Rheinisch-Westfälische Baugewerks-Berufsgenossenschaft zu Elberfeld und

11. die Südwestliche Baugewerks-Berufsgenossenschaft zu Straßburg i. E.

die für die Jahre 1900 bis 1902 geltenden Prämientarife für die bei denselben errichteten Versicherungsanstalten nach Anhörung der betheiligten Genossenschaftsvorstände unter dem heutigen Tage, wie folgt festgesetzt worden:

Prämientarif

für die Versicherungsanstalt der Tiefbau-Berufsgenossenschaft.

Gültig für die Jahre 1900 bis 1902.

Laufende Nr.	Betriebsarten	Lohnprozente, welche als Prämie zu entrichten sind. Prozent	Betrag der für jede angefangene halbe Mark des in Betracht kommenden Lohnes zu entrichtenden Prämie. Pfennig
	Erste Gruppe.		
	Bau und Unterhaltung von Straßen und Wegen.		
1.	Reinigung und Unterhaltung von Straßen und Wegen, einschließlich einfacher Uferunterhaltung, ohne Gewinnung und Herstellung der Materialien, in ländlichen Gemeinden, Landstädten und größeren Kommunalverbänden	1,0	0,5
2.	Wie vor, mit Gewinnung im Bruch und Herstellung von Kleinschlag	2,0	1,0
3.	Wie laufende Nr. 1 mit Kiesgewinnung	2,0	1,0
4.	Reinigung und Unterhaltung von Straßen in Städten, ohne Gewinnung und Herstellung der Materialien	2,0	1,0

Laufende Nr.	Betriebsarten	Lohnprozente, welche als Prämie zu entrichten sind. Prozent	Betrag der für jede angefangene halbe Mark des in Betracht kommenden Lohnes zu entrichtenden Prämie. Pfennig
5.	Neubauten von Wegen und Chausseen, ohne Anwendung von Schienengeleisen, einschließlich der Herstellung kleinerer Bauwerke und Durchlässe . .	2,0	1,0
6.	Wie vor, mit Anwendung von Schienengeleisen und einschließlich der Herstellung aller Bauwerke, aber ohne maschinelle Einrichtungen	3,8	1,9
7.	Wie vor, mit Lokomotiv- und Maschinenbetrieb	4,4	2,2
8.	Fällen von Bäumen	2,4	1,2
	Zweite Gruppe.		
	Sonstige Bauarbeiten.		
9.	Erd- und Planirungsarbeiten, Unterhaltung von Be- und Entwässerungsgräben mit Wurf und mit nur theilweiser Verwendung von Karren, soweit diese Arbeiten nicht über 1,5 m Tiefe hinausgehen und sonstige erschwerende Umstände (Absteifungen, Rüstungen 2c.) nicht hinzutreten	1,0	0,5

Laufende Nr.	Betriebsarten.	Lohnprozente, welche als Prämie zu entrichten sind. Prozent	Betrag der für jede angefangene halbe Mark des in Betracht kommenden Lohnes zu entrichtenden Prämie. Pfennig
10.	Wie vor, jedoch mit regelmäßiger Benutzung von Fördergeräthen (Karren rc.), aber ohne Schienengeleise	2,0	1,0
11.	Erdarbeiten mit Absteifungen oder bei mehr als 1,5 m Tiefe . .	3,2	1,6
12.	Erdarbeiten mit theilweiser Anwendung von Schienengeleisen, ohne gleichzeitige maschinelle Einrichtungen im Betriebe, größere Einebnungen, Deichverstärkungen und Deichwiederherstellungen .	4,0	2,0
18.	Erdarbeiten, wie vor, mit nicht erheblichem Lokomotivbetrieb . .	4,4	2,2
14.	Gas- und Wasserleitungsarbeiten .	8,0	1,5
15.	Kanalisationsarbeiten, Reinigung und Unterhaltung von städtischen Kanälen	4,0	2,0
16.	Uferschutzbauten	2,4	1,2
17.	Betrieb von Pumpwerken für Ent- und Bewässerungen	2,4	1,2
18.	Stollen- und Schachtbau . . .	7,0	8,5
19.	Baggerarbeiten	4,0	2,0
20.	Bahnbau	8,0	1,5
21.	Maurer- und Zimmerarbeiten zur Herstellung von Brücken, Durchlässen, Stütz- und Kaimauern,		

Laufende Nr.	Betriebsarten.	Lohnprozente, welche als Prämie zu entrichten sind. Prozent	Betrag der für jede angefangene halbe Mark des in Betracht kommenden Lohnes zu entrichtenden Pfennig
	sowie ähnlichen Bauwerken für Tiefbauten	4,4	2,2
22.	Maurerarbeiten für Hochbauten .	3,4	1,7
23.	Zimmerarbeiten für Hochbauten .	3,4	1,7
24.	Abbrucharbeiten (ausschließlich derjenigen bei Hochbauten) . . .	8,0	4,0
25.	Wie vor, bei Hochbauten . . .	10,0	5,0
26.	Brunnenbau	5,0	2,5
27.	Pflasterarbeiten	2,2	1,1
	Dritte Gruppe.		
	Nebenbetriebe.		
28.	Steinschlag für sich allein . . .	4,0	2,0
29.	Kies- und Sandgewinnung . . .	3,8	1,9
30.	Steinbrucharbeiten ohne Sprengung	6,2	3,1
31.	Steinbrucharbeiten mit Sprengung	6,6	3,3

Sonstige Bestimmungen und Erläuterungen.

1. Für Arbeiten, welche vorstehend nicht aufgeführt sind, wird der Prämiensatz nach Maßgabe des für die Genossenschaft geltenden Tarifs vom Vorstande festgesetzt.

2. Wenn dieselben Arbeiter mit mehreren Arten von

Arbeiten beschäftigt werden (z. B. mit Straßenreinigung und Steinschlagen), so sind in der monatlichen Nachweisung für jede Art die verwendeten Arbeitstage und die verdienten Löhne getrennt aufzuführen (vergleiche Anleitung des Reichs-Versicherungsamts, betreffend die Nachweisungen von Regiebauarbeiten, vom 12. Dezember 1887). Erfolgt eine solche Trennung nicht, so wird bei der Berechnung der Prämie die höchste in Betracht kommende Gefahrenklasse zur Anwendung gebracht. Auf Versicherungen gemäß §. 29 des Bau-Unfallversicherungsgesetzes findet diese Bestimmung keine Anwendung.

Prämientarif

für die Versicherungsanstalt der Hamburgischen Baugewerks-Berufsgenossenschaft.

Gültig für die Jahre 1900 bis 1902.

Laufende Nr.	Gefahrenklassen.	Lohnprozente, welche als Prämie zu entrichten sind. Prozent	Betrag der für jede angefangene halbe Mark des in Betracht kommenden Lohnes zu entrichtenden Pfennig
	Gefahrenklasse A.	2	1
1.	Stubenbohner, Wachser;		
2.	Architekten, Ingenieure, Bautechniker, Bauführer;		
3.	Ofensetzer.		
	Gefahrenklasse B.	3	1½
4.	Anbringung, Abnahme, Reparatur von Wetterrouleaux und Marquisen; Tapezierer, Tapetenankleber;		
5.	Bautischler;		
6.	Asphaltirer, Asphaltschläger, Cementirer, Fliesen- und Terrazzoleger, Steinsetzer, Pflasterer;		
7.	Verlegung von Parquetboden.		

Laufende Nr.	Gefahrenklassen.	Lohnprozente, welche als Prämie zu entrichten sind. Prozent	Betrag der für jede angefangene halbe Mark des in Betracht kommenden Lohnes zu entrichtenden Prämie. Pfennig
	Gefahrenklasse C.	$3\frac{3}{4}$	$1\frac{7}{8}$
8.	Glaser, Glasätzer, Glasschleifer;		
9.	Bühnenbauarbeiter;		
10.	Maler, Anstreicher, Baumaler, Baulackirer, Dekorationsmaler, Schildermaler, Stubenmaler, Tüncher, Weißbinder;		
11.	Einrichter von Gas- und Wasseranlagen;		
12.	Bootbauer;		
13.	Kupferschmiede.		
	Gefahrenklasse D.	$4\frac{1}{4}$	$2\frac{1}{8}$
14.	Anfertiger grober und feiner Steinwaaren, Grabsteinverfertiger, Steinmetzen (ohne Harthauerei);		
15.	Bauklempner;		
16.	Verfertiger und Anbringer von Stuckatur.		
	Gefahrenklasse E.	$4\frac{3}{4}$	$2\frac{3}{8}$
17.	Bauarbeiter, Gypser, Maurer, Ofen-, Backofen-, Schornsteinbauer, Verputzer;		
18.	Erdarbeiten für Hochbauten;		

Laufende Nr.	Gefahrenklassen.	Lohnprozente, welche als Prämie zu entrichten sind. Prozent	Betrag der für jede angefangene halbe Mark des in Betracht kommenden Lohnes zu entrichtenden Prämie. Pfennig
19.	Schiffsbau in Holz;		
20.	Staker, Windelbodenmacher;		
21.	Mühlensteinverfertigung.		
	Gefahrenklasse F.	$5^1/_2$	$2^3/_4$
22.	Fuhrwesen;		
23.	Zimmerer, Rammer;		
24.	Anbringung, Abnahme, Verlegung und Reparatur von Blitzableitern;		
25.	Harthauer, Stein-Zuschläger und Klopfer.		
	Gefahrenklasse G.	7	$3^1/_2$
26.	Mühlenbauer in Holz;		
27.	Brunnenbohrer, Brunnenbauer, Pumpensetzer, Pumpenmacher;		
28.	Pappdachtheererei.		
	Gefahrenklasse H.	8	4
29.	Schiffsmaler;		
30.	Dachdecker (Schiefer-, Schindel-, Ziegel-, Stroh-, Papp-Dachdecker);		
31.	Schiffsbau in Eisen;		
32.	Bauschlosser.		

Laufende Nr.	Gefahrenklassen.	Lohnprozente, welche als Prämie zu entrichten sind. Prozent	Betrag der für jede angefangene halbe Mark des in Betracht kommenden Lohnes zu entrichtenden Prämie. Pfennig
	Gefahrenklasse J.	9	4 1/2
83.	Erdarbeiten für Stel- und Tiefbauten, Kies-, Lehm-, Sand-, Thongräberei.		
	Gefahrenklasse K.	10	5
84.	Wartung und Bedienung von Dampfkesseln, Dampf-, Wasser-, Gas-, Wind- rc. Motoren;		
85.	Abbruch von Gebäuden, Aufräumung von Brandstätten;		
86.	Steinbrecher.		
	Gefahrenklasse L.	12	6
87.	Steinsprengung mittelst Pulver, Dynamit u. s. w.		

Prämientarif

für die Versicherungsanstalt der Nordöstlichen Baugewerks-Berufsgenossenschaft.

Gültig für die Jahre 1900 bis 1902.

Gefahrenklassen.	Lohnprozente, welche als Prämie zu entrichten sind. Prozent	Betrag der; für jede angefangene halbe Mark des in Betracht kommenden Lohnes zu entrichtenden [illegible] Pfennig
Gefahrenklasse A Stubenbohner, Frotteure; Tapezierer, Tapetenankleber (Anbringung, Abnahme oder Reparatur von Tapeten, Wetterrouleaux, Marquisen und Jalousien); Ofensetzer (Anbringung, Abnahme oder Reparatur von Oefen und anderen Feuerungsanlagen); Architekten, Bau- und Civilingenieure, Baumeister, Bautechniker.	$1\frac{1}{2}$	$\frac{3}{4}$
Gefahrenklasse B. Glaser; Maler, Anstreicher, Baulackirer, Baumaler, Bühnenmaler, Dekorations- und Kunstmaler auf	3	$1\frac{1}{2}$

Laufende Nr.	Gefahrenklassen.	Lohnprozente, welche als Prämie zu entrichten sind. Prozent	Betrag der für jede angefangene halbe Mark des in Betracht kommenden Lohnes zu entrichtenden Prämie. Pfennig
	Bauten, Schildermaler, Stubenmaler, Tüncher;		
7.	Asphaltirer, Asphaltschläger, Cementirer, Fliesenleger, Grenzsteinsetzer, Steinsetzer;		
8.	Tischler auf Bauten.		
	Gefahrenklasse C.	$4^1/_2$	$2^1/_4$
9.	Bauklempner;		
10.	Bauschlosser, Einsetzer, Anschläger;		
11.	Bühnenbauarbeiter;		
12.	Stuckateure, Gypswaarenfabrikanten, Verfertiger von künstlichem Marmor und künstlichen Steinen;		
13.	Einrichter von Gas- und Wasseranlagen (Installateure).		
	Gefahrenklasse D.	6	3
14.	Steinmetzen, Grabdenkmalverfertiger, Kunstbildhauer in Stein, Marmorwaarenverfertiger, Steinbildhauer, Steinhauer, Steinpolirer, Steinschläger (Feldsteinmacher), Steinschleifer, Steinsäger, Anfertiger grober und feiner Steinwaaren;		

Laufende Nr.	Gefahrenklassen.	Lohnprozente, welche als Prämie zu entrichten sind. Prozent	Betrag der für jede angefangene halbe Mark des in Betracht kommenden Lohnes zu entrichtenden Prämie. Pfennig
15.	Schiffsbau in Holz, Bootbauer, Schiffsmaler.		
	Gefahrenklasse E.	$7^1/_2$	$3^3/_4$
16.	Maurer, Backofenmacher, Gypser, Kaminmacher (Schornsteinbauer), Ofenbauer, Verputzer;		
17.	Zimmerer, Staaker, Lehmkleber;		
18.	Anbringung, Abnahme, Verlegung und Reparatur von Blitzableitern;		
19.	Fuhrwesen.		
	Gefahrenklasse F.	8	4
20.	Mühlenbauer in Holz.		
	Gefahrenklasse G.	$8^1/_2$	$4^1/_4$
21.	Brunnenmacher, Brunnenbauer, Brunnenbohrer, Pumpenmacher, Pumpensetzer, Röhrenmacher.		
	Gefahrenklasse H.	9	$4^1/_2$
22.	Ziegeleiarbeiter.		

Laufende Nr.	Gefahrenklassen.	Lohnprozente, welche als Prämie zu entrichten sind. Prozent	Betrag der für jede angefangene halbe Mark des in Betracht kommenden Lohnes zu entrichtenden Prämie. Pfennig
	Gefahrenklasse J.	9½	4¾
23.	Dachdecker, Pappdachdecker, Schieferdecker, Schindeldecker, Stroh- und Rohrdecker, Ziegeldachdecker.		
	Gefahrenklasse K.	10	5
24.	Sand-, Kies-, Lehm- und Thongräberei, Erdtiefbau;		
25.	Kalkbrenner.		
	Gefahrenklasse L.	10½	5¼
26.	Maschinisten.		
	Gefahrenklasse M.	11	5½
27.	Steinbruch, Kalkbruch, Steinsprengerei.		
	Gefahrenklasse N.	12	6
28.	Abbruch von Gebäuden, Aufräumung von Brandstätten.		

Prämientarif

für die Versicherungsanstalt der Schlesisch-Posenschen Baugewerks-Berufsgenossenschaft.

Gültig für die Jahre 1900 bis 1902.

Laufende Nr.	Gefahrenklassen.	Lohnprozente, welche als Prämie zu entrichten sind. Prozent	Betrag der für jede angefangene halbe Mark des in Betracht kommenden Lohnes zu entrichtenden Prämie. Pfennig
	Gefahrenklasse A.	1	1/2
1.	Stubenbohner;		
2.	Tapezierer (Anbringung und Abnahme von Wetterrouleaux, Marquisen und Jalousien);		
3.	Bauaufsicht;		
4.	Ofensetzer.		
	Gefahrenklasse B.	1 3/4	7/8
5.	Bauglaser;		
6.	Anstreicher, Stubenmaler, Tüncher, Gypser, Verputzer, Weißbinder, Kunst- und Dekorationsmaler;		
7.	Bautischler.		
	Gefahrenklasse C.	2 1/2	1 1/4
8.	Bildhauer;		
9.	Bühnenbauarbeiter;		

Laufende Nr.	Gefahrenklassen.	Lohnprozente, welche als Prämie zu entrichten sind. Prozent	Betrag der für jede angefangene halbe Mark des in Betracht kommenden Lohnes zu entrichtenden Prämie. Pfennig
10.	Ziegeleiarbeiten von Hand;		
11.	Steinsetzer, Asphaltirer;		
12.	Bauklempner;		
13.	Stuckateure;		
14.	Steinmetzen, Steinhauer.		
	Gefahrenklasse D.	$3\frac{1}{2}$	$1\frac{3}{4}$
15.	Bauschlosser, Einsetzer, Anschläger;		
16.	Einrichter von Gas- und Wasseranlagen.		
	Gefahrenklasse E.	5	$2\frac{1}{2}$
17.	Maurer;		
18.	Schiffsbau in Holz;		
19.	Schachtarbeiter.		
	Gefahrenklasse F.	6	3
20.	Zimmerer.		
	Gefahrenklasse G.	$6\frac{1}{4}$	$3\frac{1}{8}$
21.	Anbringung, Abnahme, Verlegung, Reparatur von Blitzableitern;		
22.	Mühlenbauer.		

Laufende Nr.	Gefahrenklassen.	Lohnprozente, welche als Prämie zu entrichten sind. Prozent	Betrag der für jede angefangene halbe Mark des in Betracht kommenden Lohnes zu entrichtenden Prämie. Pfennig
	Gefahrenklasse H.	$6^1/_2$	$8^1/_4$
28.	Brunnenmacher.		
	Gefahrenklasse J.	7	$3^1/_2$
24.	Dachdecker;		
25.	Fuhrwerk.		
	Gefahrenklasse K.	8	4
26.	Steinbrecher.		
	Gefahrenklasse L.	10	5
27.	Arbeiter an Kreissägen, Hobelmaschinen und sonstigen mit elementarer Kraft betriebenen Maschinen.		
	Gefahrenklasse M.	12	6
28.	Abbruchsarbeiten.		

Prämientarif

für die Versicherungsanstalt der Hannoverschen Baugewerks-Berufsgenossenschaft.

Gültig für die Jahre 1900 bis 1902.

Laufende Nr.	Gefahrenklassen.	Lohnprozente, welche als Prämie zu entrichten sind. Prozent	Betrag der für jede angefangene halbe Mark des in Betracht kommenden Lohnes zu entrichtenden Prämie. Pfennig
	Gefahrenklasse A.	$1^1/_2$	$^3/_4$
1.	Stubenbohner;		
2.	Tapetenankleber;		
3.	Anbringung, Abnahme und Reparatur von Wetterrouleaux;		
4.	Bauüberwachung und Kontrole;		
5.	Ofensetzer.		
	Gefahrenklasse B.	2	1
6.	Glaser ohne Malerei.		
	Gefahrenklasse C.	$2^1/_2$	$1^1/_4$
7.	Stubenmaler, Staffirer, Anstreicher, Tüncher (Weißbinder), Baulackirer, Kunstmaler, auch Maler mit Glaserei;		
8.	Bauschreiner (Tischler);		

Laufende Nr.	Gefahrenklassen.	Lohnprozente, welche als Prämie zu entrichten sind. Prozent	Betrag der für jede angefangene halbe Mark des in Betracht kommenden Lohnes zu entrichtenden Prämie. Pfennig
9.	Kupferschmiede;		
10.	Stellmacher;		
11.	Vergolder an Bauten.		
	Gefahrenklasse D.	3	1½
12.	Steinsetzer und Flurleger.		
	Gefahrenklasse E.	3½	1¾
.3.	Asphaltirer;		
.4.	Bauklempner;		
.5.	Stuckateure;		
6.	Kunstbildhauer, Steinmetzen, Steinhauer;		
7.	Einrichter von Gas-, Wasser- und Heizungsanlagen;		
8.	Cementwaarenfabrikation;		
9.	Bühnenbauarbeiter;		
0.	Brückenbau- und Uferbefestigungsarbeiten;		
1.	Schachtarbeiten.		
	Gefahrenklasse F.	4	2
2.	Holzhandlung.		

Laufende Nr.	Gefahrenklassen.	Lohnprozente, welche als Prämie zu entrichten sind. Prozent	Betrag der für jede angefangene halbe Mark des in Betracht kommenden Lohnes zu entrichtenden Prämie. Pfennig
	Gefahrenklasse G.	$4^1/_2$	$2^1/_4$
23.	Maurer, Rauchabsteller, Fabrikschornsteinbauer, Kaminbauer;		
24.	Bauaufsicht, Bauwächter;		
25.	Schiffsbau in Holz.		
	Gefahrenklasse H.	$5^1/_4$	$2^5/_8$
26.	Zimmerer;		
27.	Bau-Einsetzer, -Schlosser, -Anschläger; Bauschmiede;		
28.	Holzzurichtung und -Conservirung (Handbetrieb);		
29.	Zeltaufbauer;		
30.	Rammarbeiten (Handbetrieb).		
	Gefahrenklasse J.	6	3
31.	Blitzableiter-Anbringung und Reparatur;		
32.	Wind-, Wassermühlenbau in Holz.		
	Gefahrenklasse K.	$6^3/_4$	$3^3/_8$
33.	Holzzurichtung (Gattersägenbetrieb).		
	Gefahrenklasse L.	$7^1/_2$	$3^3/_4$
34.	Dachdecker (Ziegel-, Schiefer-, Schindel-, Stroh-, Holzcement-).		

Laufende Nr.	Gefahrenklassen.	Lohnprozente, welche als Prämie zu entrichten sind. Prozent	Betrag der für jede angefangene halbe Mark des in Betracht kommenden Lohnes zu entrichtenden Prämie. Pfennig
	Gefahrenklasse M.	8	4
85.	Fuhrwerk.		
	Gefahrenklasse N.	8½	4¼
86.	Brunnenmacher;		
87.	Wartung und Bedienung von Dampfkesseln, Kraftmaschinen (Dampf-, Wasser-, Gas-, Windmotoren) und von Arbeitsmaschinen, welche durch Motoren genannter Art bewegt werden.		
	Gefahrenklasse O.	9¼	4⅝
88.	Steinbruchsarbeiten.		
	Gefahrenklasse P.	10½	5¼
89.	Holzbearbeitung mit Benutzung von Kreis- und Bandsägen 2c.		
	Gefahrenklasse Q.	12	6
40.	Abbruchsarbeiten.		

Prämientarif
für die Versicherungsanstalt der Magdeburgischen Baugewerks-Berufsgenossenschaft.
Gültig für die Jahre 1900 bis 1902.

Laufende Nr.	Gefahrenklassen.	Lohnprozente, welche als Prämie zu entrichten sind. Prozent	Betrag der für jede angefangene halbe Mark des in Betracht kommenden Lohnes zu entrichtenden Prämie. Pfennig
	Gefahrenklasse A.	1/2	1/4
1.	Architekten, Bau- und Civilingenieure, Baumeister, Bautechniker und Bauführer, Bauwächter;		
2.	Ofensetzer;		
3.	Bohner und Wachser;		
4.	Feldmesser, Geometer, Markscheider, Wiesenbauer und Draintechniker;		
5.	Tapezierer, Tapetenankleber, Anbringung von Wetterrouleaux und Marquisen.		
	Gefahrenklasse B.	1	1/2
6.	Maler, Anstreicher, Baulackirer, Baumaler, Dekorationsmaler, Kunstmaler auf Bauten, Stubenmaler, Schildermaler, Tüncher und Weißbinder;		

Laufende Nr.	Gefahrenklassen.	Lohnprozente, welche als Prämie zu entrichten sind. Prozent	Betrag der für jede angefangene halbe Mark des in Betracht kommenden Lohnes zu entrichtenden Prämie. Pfennig
7.	Bauglaser;		
8.	Steinsetzer, Cementirer und Fliesenleger;		
9.	Steinmetzen, Steinbildhauer, Grabmalverfertiger, Kunstbildhauer in Stein, Marmorwaarenverfertiger, Steinschläger, Steinsäger, Steinschleifer, Steinpolirer, Steinhauer, Anfertiger grober und feiner Steinwaaren, Mühlsteinverfertiger.		
	Gefahrenklasse C.	$1^1/_2$	$^3/_4$
10.	Bauklempner und Spengler;		
11.	Bauschreiner, Anschläger und Einsetzer;		
12.	Ziegelei ohne Dampfbetrieb, Kalkbruch, Kalkbrennerei;		
13.	Theaterbauarbeiter.		
	Gefahrenklasse D.	2	1
14.	Stuckateure, Verfertiger von künstlichem Marmor und Steinen.		
	Gefahrenklasse E.	3	$1^1/_2$
15.	Maurer, Gypser, Verputzer, Lehmweller, Lehmentirer, Backofenmacher;		

Laufende Nr.	Gefahrenklassen.	Lohnprozente, welche als Prämie zu entrichten sind. Prozent	Betrag der für jede angefangene halbe Mark des in Betracht kommenden Lohnes zu entrichtenden Prämie. Pfennig
16.	Asphaltirer;		
17.	Einrichter von Gas- und Wasseranlagen, Installateure.		
	Gefahrenklasse F.	3½	1¾
18.	Zimmerer und Staaker;		
19.	Schiffsbau in Holz, Bootbauer und Schiffsmaler;		
20.	Bauschlosser;		
21.	Fuhrwerk.		
	Gefahrenklasse G.	4	2
22.	Anbringung, Abnahme, Verlegung und Reparatur von Blitzableitern;		
23.	Mühlenbau in Holz.		
	Gefahrenklasse H.	4½	2¼
24.	Sand-, Kies-, Lehm- und Thon-Gräberei; Erdtiefbau.		
	Gefahrenklasse J.	5	2½
25.	Brunnenmacher, Brunnenbauer, Brunnenbohrer, Pumpensetzer, Rohrmacher, Pumpenmacher und Brunnengräber.		

Laufende Nr.	Gefahrenklassen.	Lohnprozente, welche als Prämie zu entrichten sind. Prozent	Betrag der für jede angefangene halbe Mark des in Betracht kommenden Lohnes zu entrichtenden Prämie. Pfennig
	Gefahrenklasse K.	$5^1/_2$	$2^3/_4$
26.	Dachdecker (Schiefer-, Papp-, Schindel-, Stroh-, Rohr- und Ziegel-Dachdecker);		
27.	Steinbrüche mit und ohne Verwendung von Sprengstoffen.		
	Gefahrenklasse L.	8	4
28.	Schornsteinbauer;		
29.	Wartung und Bedienung von Dampfkesseln, Kraftmaschinen (Dampf-, Wasser-, Gas-, Windmotoren u. s. w.) und von Arbeitsmaschinen, welche durch Motoren genannter Art getrieben werden und Schreiner, die — wenn auch nur vorübergehend, — an Maschinen beschäftigt sind.		
	Gefahrenklasse M.	12	6
30.	Abbruchsarbeiter.		

Prämientarif

für die Versicherungsanstalt der Sächsischen Baugewerks-Berufsgenossenschaft.

Gültig für die Jahre 1900 bis 1902.

Laufende Nr.	Gefahrenklassen.	Lohnprozente, welche als Prämie zu entrichten sind. Prozent	Betrag der für jede angefangene halbe Mark des in Betracht kommenden Lohnes zu entrichtenden Prämie. Pfennig
	Gefahrenklasse A.	1/2	1/4
1.	Stubenbohner;		
2.	Ofensetzer;		
8.	Bauaufsicht, Architekten, Bautechniker;		
4.	Tapezierer (Anbringung, Abnahme oder Reparatur von Tapeten, Wetterrouleaux, Marquisen und Jalousien).		
	Gefahrenklasse B.	1	1/2
5.	Bauglaser;		
6.	Bautischler;		
7.	Maler, Anstreicher, Baulackirer, Baumaler, Bühnenmaler, Dekorations- und Kunstmaler, Schildermaler, Stubenmaler.		

Laufende Nr.	Gefahrenklassen.	Lohnprozente, welche als Prämie zu entrichten sind. Prozent	Betrag der für jede angefangene halbe Mark des in Betracht kommenden Lohnes zu entrichtenden Prämie. Pfennig
	Gefahrenklasse C.	1½	¾
8.	Steinsetzer, Fliesenleger;		
9.	Stuckateure, Kunstmarmorarbeiter, Modelleure, Bildhauer;		
10.	Ziegeleiarbeiter bei Handbetrieb;		
11.	Bühnenbauarbeiter;		
12.	Bauklempner.		
	Gefahrenklasse D.	2	1
13.	Asphaltirer, Cementirer;		
14.	Bauschlosser;		
15.	Steinmetzen, Steinschleifer, Steinhauer, Steinsäger;		
16.	Einrichter von Gas- und Wasseranlagen.		
	Gefahrenklasse E.	2½	1¼
17.	Maurer, Backofenbauer, Ofenbauer, Scharwerksmaurer, Kleber;		
18.	Schiffbauer.		
	Gefahrenklasse F.	3½	1¾
19.	Zimmerer.		

Laufende Nr.	Gefahrenklassen.	Lohnprozente, welche als Prämie zu entrichten sind. Prozent	Betrag der für jede angefangene halbe Mark des in Betracht kommenden Lohnes zu entrichtenden Prämie Pfennig
	Gefahrenklasse G.	4½	2¼
20.	Anbringung, Abnahme, Verlegung und Reparatur von Blitzableitern;		
21.	Mühlenbauer.		
	Gefahrenklasse H.	5	2½
22.	Sand-, Kies-, Lehm- und Thongräberei;		
23.	Erdtiefbau.		
	Gefahrenklasse J.	6	3
24.	Brunnenbauer, Brunnenbohrer, Pumpensetzer;		
25.	Lohnfuhrwerk.		
	Gefahrenklasse K.	6½	3¼
26.	Steinbrucharbeiter, Steinsprenger.		
	Gefahrenklasse L.	7½	3¾
27.	Fabrikschornsteinbauer;		
28.	Papp-, Schiefer-, Schindel-, Stroh-, Rohr-, Ziegeldachdecker.		

Laufende Nr.	Gefahrenklassen.	Lohnprozente, welche als Prämie zu entrichten sind. Prozent	Betrag der für jede angefangene halbe Mark des in Betracht kommenden Lohnes zu entrichtenden Prämie. Pfennig
	Gefahrenklasse M.	10	5
29.	Wartung und Bedienung von Dampfkesseln, Kraftmaschinen (Dampf-, Wasser-, Gas-, Windmotoren u. s. w.) und von Arbeitsmaschinen, welche durch Motoren genannter Art getrieben werden, als Kreis-, Band-, Gattersägen, Hobel-, Frais-, Bohr-, Hebemaschinen, Ziegelpressen, Thonschneidern.		
	Gefahrenklasse N.	12	6
30.	Abbruchsarbeiten.		

Prämientarif

für die Versicherungsanstalt der Thüringischen Baugewerks-Berufsgenossenschaft.

Gültig für die Jahre 1900 bis 1902.

Laufende Nr.	Gefahrenklassen.	Lohnprozente, welche als Prämie zu entrichten sind. Prozent	Betrag der für jede angefangene halbe Mark des in Betracht kommenden Lohnes zu entrichtenden Prämie. Pfennig
	Gefahrenklasse A.	$1\frac{1}{2}$	$\frac{3}{4}$
1.	Stubenbohner.		
	Gefahrenklasse B.	3	$1\frac{1}{2}$
2.	Ofensetzer;		
3.	Feldmesser, Architekten (Bauaufsicht);		
4.	Tapezierer;		
5.	Bauglaser.		
	Gefahrenklasse C.	$4\frac{1}{2}$	$2\frac{1}{4}$
6.	Steinsetzer, Asphaltirer;		
7.	Bauanstreicher, Baumaler, Baulackirer, Gypser, Tüncher, Verputzer, Weißbinder;		
8.	Theaterbauarbeiter;		
9.	Bauklempner;		
10.	Bauschlosser.		

Laufende Nr.	Gefahrenklassen.	Lohnprozente, welche als Prämie zu entrichten sind. Prozent	Betrag der für jede angefangene halbe Mark des in Betracht kommenden Lohnes zu entrichtenden Prämie. Pfennig
	Gefahrenklasse D.	6	3
11.	Verfertiger kleiner und großer Steinwaaren, Steinmetzen;		
12.	Einrichter von Gas- und Wasseranlagen;		
13.	Ziegeleiarbeiter.		
	Gefahrenklasse E.	7½	3¾
14.	Maurer;		
15.	Stuckateure;		
16.	Schiffsbau in Holz;		
17.	Schiffsmaler.		
	Gefahrenklasse F.	8½	4¼
18.	Zimmerer und Bautischler;		
19.	Staaker;		
20.	Mühlenbauer.		
	Gefahrenklasse G.	9	4½
21.	Sand-, Kies-, Lehm- und Thongräberei; Erdtiefbau;		
22.	Kalkbrennerei.		
	Gefahrenklasse H.	10	5
23.	Anbringung, Abnahme, Verlegung und Reparatur von Blitzableitern;		

Laufende Nr.	Gefahrenklassen.	Lohnprozente, welche als Prämie zu entrichten sind. Prozent	Betrag der für jede angefangene halbe Mark des in Betracht kommenden Lohnes zu entrichtenden Prämie. Pfennig
24.	Brunnenbauer;		
25.	Dachdecker.		
	Gefahrenklasse J.	11	5 1/2
26.	Steinbrucharbeiter und deren Hilfsarbeiter.		
	Gefahrenklasse K.	11 1/2	5 3/4
27.	Wartung und Bedienung von Dampfkesseln, Kraftmaschinen (Dampf-, Wasser-, Gas-, Windmotoren) und von Arbeitsmaschinen, welche durch Motoren genannter Art getrieben werden;		
28.	Geschirrführer und Langholzfuhrlenker.		
	Gefahrenklasse L.	12	6
29.	Schneidemüller, Arbeiter an Holzbearbeitungsmaschinen, Kreis- und Bandsägen mit elementarer Kraft;		
30.	Abbrucharbeiten.		

Prämientarif

für die Versicherungsanstalt der Hessen-Nassauischen Baugewerks-Berufsgenossenschaft.

Gültig für die Jahre 1900 bis 1902.

Laufende Nr.	Gefahrenklassen.	Lohnprozente, welche als Prämie zu entrichten sind. Prozent	Betrag der für jede angefangene halbe Mark des in Betracht kommenden Lohnes zu entrichtenden Pfennig
	Gefahrenklasse A.	$1\frac{1}{2}$	$\frac{3}{4}$
1.	Stubenbohner;		
2.	Architekten, Ingenieure, Bauführer, Bautechniker, Bauwächter.		
	Gefahrenklasse B.	$2\frac{1}{2}$	$1\frac{1}{4}$
3.	Ofensetzer;		
4.	Tapezierer;		
5.	Glaser.		
	Gefahrenklasse C.	3	$1\frac{1}{2}$
6.	Baulackirer, Bauanstreicher, Weißbinder, Verputzer, Baumaler, Gypser, Tüncher, Kunst- und Dekorationsmaler;		
7.	Stuckateure;		
8.	Bühnenbauarbeiter.		

Laufende Nr.	Gefahrenklassen.	Lohnprozente, welche als Prämie zu entrichten sind Prozent	Betrag der für jede angefangene halbe Mark des in Betracht kommenden Lohnes zu entrichtenden Prämie. Pfennig
	Gefahrenklasse D.	8½	1¾
9.	Asphaltirer, Steinsetzer (Pflasterer);		
10.	Bauschreiner.		
	Gefahrenklasse E.	4	2
11.	Einrichter von Gas- und Wasseranlagen;		
12.	Steinmetzen und Steinhauer;		
13.	Ziegeleien und Kalkbrennereiarbeiten (Handbetrieb).		
	Gefahrenklasse F.	4½	2¼
14.	Bauschlosser;		
15.	Bauklempner.		
	Gefahrenklasse G.	5¼	2⅝
16.	Maurer;		
17.	Schiffsbauer;		
18.	Schornsteinfeger.		
	Gefahrenklasse H.	6½	3¼
19.	Anbringung, Abnahme, Verlegung und Reparaturen von Blitzableitern;		
20.	Fuhrwerk.		

Laufende Nr.	Betriebsarten.	Lohnprozente, welche als Prämie zu entrichten sind. Prozent	Betrag der für jede angefangene halbe Mark des in Betracht kommenden Lohnes zu entrichtenden Prämie. Pfennig
	Gefahrenklasse J.	$7\frac{1}{2}$	$8\frac{3}{4}$
21.	Bauunternehmungs- (Bauunterhaltungs-) Arbeiten;		
22.	Zimmerer.		
	Gefahrenklasse K.	8	4
23.	Mühlenbauer.		
	Gefahrenklasse L.	$8\frac{1}{2}$	$4\frac{1}{4}$
24.	Kies-, Lehm-, Mergel-, Sand- und Thongräberei;		
25.	Erd- und Grundarbeiten.		
	Gefahrenklasse M.	9	$4\frac{1}{2}$
26.	Brunnenmacher.		
	Gefahrenklasse N.	10	5
27.	Dachdecker;		
28.	Steinbrecher, Steinsprenger.		
	Gefahrenklasse O.	11	$5\frac{1}{2}$
29.	Wartung und Bedienung von Dampfkesseln, Kraftmaschinen und von Arbeitsmaschinen ꝛc.		
	Gefahrenklasse P.	12	6
30.	Abbrucharbeiten.		

Prämientarif

für die Versicherungsanstalt der Rheinisch-Westfälischen Baugewerks-Berufsgenossenschaft.

Gültig für die Jahre 1900 bis 1902.

Laufende Nr.	Betriebsarten	Lohnprozente, welche als Prämie zu entrichten sind. Prozent	Betrag der für jede angefangene halbe Mark des in Betracht kommenden Lohnes zu entrichtenden Prämie. Pfennig
	Gefahrenklasse A.	1	$^1/_2$
1.	Stubenofensetzer;		
2.	Wachser und Bohner;		
3.	Baubüreau, Bauaufsicht, Architekten, Bauführer, Bauwächter;		
4.	Tapezierer und Dekorateure (Polsterer).		
	Gefahrenklasse B.	2	1
5.	Glaser (ohne Anstreicherei);		
6.	Feldbrandziegelei.		
	Gefahrenklasse C.	$2^3/_4$	$1^3/_8$
7.	Pflasterer, Steinsetzer, Plattenleger;		
8.	Anstreicher, auch Glaser mit Anstreicherei, Maler und Lackirer, Tüncher und Weißbinder;		

Laufende Nr.	Gefahrenklassen.	Lohnprozente, welche als Prämie zu entrichten sind. Prozent	Betrag der für jede angefangene halbe Mark des in Betracht kommenden Lohnes zu entrichtenden Prämie. Pfennig
9.	Bauschreiner;		
10.	Bühnenbauarbeiter.		
	Gefahrenklasse D.	3½	1¾
11.	Asphaltirer, Betonirer, und Cementirer;		
12.	Ringofenziegelei;		
13.	Bildhauer, Steinhauer, Steinmetzen, Steinschläger;		
14.	Klempner, Spengler;		
15.	Einrichter von Gas- und Wasseranlagen;		
16.	Bauschlosser;		
17.	Stuckateure, Einfüger, Putzer und Gypser;		
18.	Pumpenmacher.		
	Gefahrenklasse E.	4½	2¼
19.	Maurer, Ringofenbauer, Backofenbauer und Grottenbauer;		
20.	Pliesterer;		
21.	Schiffsbau in Holz.		
	Gefahrenklasse F.	6	3
22.	Stellmacher, Wagner;		
23.	Staker, Windelbodenmacher;		

Laufende Nr.	Gefahrenklassen.	Lohnprozente, welche als Prämie zu entrichten sind. Prozent	Betrag der für jede angefangene halbe Mark des in Betracht kommenden Lohnes zu entrichtenden Prämie. Pfennig
24.	Zimmerer, Holzschneider;		
25.	Anbringung, Abnahme, Verlegung und Reparatur von Blitzableitern;		
26.	Mühlenbauer.		
	Gefahrenklasse G.	$6^{3}/_{4}$	$3^{3}/_{8}$
27.	Erdarbeiten für Hochbauten;		
28.	Sand-, Kies-, Lehm- und Thongräberei.		
	Gefahrenklasse H.	$7^{1}/_{2}$	$3^{3}/_{4}$
29.	Brunnenbauer;		
30.	Arbeiten mit Fuhrwerk, Arbeitsbahn, Seilbahn und Schiffen.		
	Gefahrenklasse J.	9	$4^{1}/_{2}$
31.	Dachdecker;		
32.	Steinbrecher, Steinsprenger.		
	Gefahrenklasse K.	10	5
33.	Wartung und Bedienung von Dampfkesseln, Kraftmaschinen (Dampf-, Wasser-, Gas-, Wind-		

Laufende Nr.	Gefahrenklassen.	Lohnprozente, welche als Prämie zu entrichten sind. Prozent	Betrag der für jede angefangene halbe Mark des in Betracht kommenden Lohnes zu entrichtenden Prämie. Pfennig
	motoren) und von Arbeitsmaschinen, die durch Motoren genannter Art getrieben werden.		
	Gefahrenklasse L.	11	5½
84.	Kaminbauer.		
	Gefahrenklasse M.	12	6
85.	Abbruchsarbeiten.		

Prämientarif

für die Versicherungsanstalt der Südwestlichen Baugewerks-Berufsgenossenschaft.

Gültig für die Jahre 1900 bis 1902.

Laufende Nr.	Gefahrenklassen.	Lohnprozente, welche als Prämie zu entrichten sind. Prozent	Betrag der für jede angefangene halbe Mark des in Betracht kommenden Lohnes zu entrichtenden Prämie. Pfennig
	Gefahrenklasse A.	$1^1/_4$	$^5/_8$
1.	Ofensetzer;		
2.	Bohner, Wachser;		
3.	Architekten, bautechnische Büreaux;		
4.	Tapezierer mit Sattlerei, bzw. Möbelpolsterei.		
	Gefahrenklasse B.	$2^1/_4$	$1^1/_8$
5.	Tapezierer (Tapetenankleben, Anbringen von Wetterrouleaux, Marquisen und Jalousien) ohne Sattlerei, bezw. Möbelpolsterei;		
6.	Bauglaser;		
7.	Maler, Anstreicher, Baulackirer, Baumaler, Kunst- und Dekorationsmaler, Tüncher, Weißbinder;		

Laufende Nr.	Gefahrenklassen.	Lohnprozente, welche als Prämie zu entrichten sind. Prozent	Betrag der für jede angefangene halbe Mark des in Betracht kommenden Lohnes zu entrichtenden Prämie. Pfennig
8.	Steinsetzer, Pflasterer;		
9.	Bauklempner (Flaschner, Spengler) mit Verfertigung von Blechwaaren;		
10.	Bauschreiner (Tischler);		
11.	Ziegeleien ohne elementare Kraft.		
	Gefahrenklasse C.	$2^3/_4$	$1^3/_8$
12.	Steinmetzen, Steinbildhauer, Grabmalverfertiger, Kunstbildhauer in Stein, Marmorwaarenverfertiger, Steinschläger, Steinsäger, Steinschleifer, Steinpolirer, Steinhauer, Anfertiger grober und feiner Steinwaaren;		
13.	Mühlsteinverfertiger;		
14.	Bauschlosser;		
15.	Bauklempner (Spengler, Flaschner) ohne Verfertigung von Blechwaaren;		
16.	Stuckateure, Gypser;		
17.	Bühnenbauarbeiter;		
18.	Einrichter von Gas- und Wasseranlagen (Installateure).		
	Gefahrenklasse D.	$3^1/_2$	$1^3/_4$
19.	Asphaltirer, Cementirer;		

Laufende Nr.	Gefahrenklassen.	Lohnprozente, welche als Prämie zu entrichten sind. Prozent	Betrag der für jede angefangene halbe Mark des in Betracht kommenden Lohnes zu entrichtenden Prämie. Pfennig
	Gefahrenklasse E.	$4^1/_4$	$2^1/_8$
20.	Maurer, Ofenbauer, Backofenbauer, Schornsteinbauer;		
21.	Schiffsbau in Holz, Bootbauer.		
	Gefahrenklasse F.	$5^1/_4$	$2^5/_8$
22.	Anbringung, Abnahme, Verlegung und Reparatur von Blitzableitern;		
23.	Bauunternehmer;		
24.	Zimmerer;		
25.	Mühlenbau in Holz.		
	Gefahrenklasse G.	8	4
26.	Dachdecker, Pappdachdecker, Schieferdecker, Schindeldecker.		
.	Gefahrenklasse H.	9	$4^1/_2$
27.	Sand-, Kies-, Lehm- und Thongräberei; Erdtiefbau;		
28.	Steinbrecher; Kalksteinbrecher, Steinsprenger.		

Laufende Nr.	Gefahrenklassen.	Lohnprozente, welche als Prämie zu entrichten sind. Prozent	Betrag der für jede angefangene halbe Mark des in Betracht kommenden Lohnes zu entrichtenden Prämie. Pfennig
	Gefahrenklasse J.	10½	5¼
29.	Brunnenmacher, Brunnenbohrer, Brunnenbauer, Pumpensetzer, Rohrmacher, Pumpenmacher, Brunnengräber.		
	Gefahrenklasse K.	12	6
80.	Wartung und Bedienung von Dampfkesseln, Kraftmaschinen (Dampf-, Wasser-, Gas-, Windmotoren) und von Arbeitsmaschinen, welche durch Motoren genannter Art getrieben werden, Holzbearbeitung ꝛc.;		
81.	Abbruchsarbeiten.		

Die sämmtlichen Prämientarife der Versicherungsanstalten der Baugewerks-Berufsgenossenschaften enthalten übereinstimmend die nachstehenden

Sonstigen Bestimmungen.

„Hinsichtlich der in dem vorstehenden Prämientarif nicht besonders aufgeführten Arten von Arbeiten (Nebenarbeiten) ist zunächst festzustellen, ob die Arbeit in dem berufsgenossenschaftlichen Gefahrentarif aufgeführt ist. Trifft dies zu, so ist für die Arbeit die der Gefahrenklasse des Gefahrentarifs entsprechende Prämie zu entrichten. Für alle übrigen im Gefahren- und Prämientarif nicht aufgeführten Bauarbeiten ist der Prämiensatz der Klasse E. (bei der Hannoverschen und Hessen-Nassauischen Baugewerks-Berufsgenossenschaft der Klasse G.) mit (hier folgt in den einzelnen Tarifen die Ziffer dieser Klasse) Pfennig für jede angefangene halbe Mark des in Betracht kommenden Lohnes maßgebend."

Berlin, den 11. November 1899.

Das Reichs-Versicherungsamt.

Gaebel.

IX. Rundschreiben, betreffend die Revision der Prämientarife für die Versicherungsanstalten der Baugewerks-Berufsgenossenschaften und der Tiefbau-Berufsgenossenschaft.

Vom 27. Januar 1900. — (A. N. 1900 S. 380.)

Nachdem die neuen Prämientarife für die Versicherungsanstalten der dem Reichs-Versicherungsamt unterstehenden Baugewerks-Berufsgenossenschaften und der Tiefbau-Berufsgenossenschaft festgesetzt und in den Amtlichen Nachrichten des Reichs-Versicherungsamts 1899 Seite 754ff. veröffentlicht worden sind, wird den Vorständen über Gang und Ergebniß der Revisionsarbeiten Folgendes zusammenfassend mitgetheilt:

1. Bei der Festsetzung der für die Jahre 1900 bis 1902 geltenden Prämientarife ist gemäß §. 24 des Bau-Unfallversicherungsgesetzes der Grundsatz streng durchgeführt worden, daß von der Unfallast und den versicherten Lohnsummen nach Unfall- und Versicherungsjahren, d. h. nach denjenigen Kalenderjahren auszugehen ist, in denen sich die Unfälle ereignen und die Lohnsummen verdient werden (zu vergleichen Handbuch der Unfallversicherung Anmerkung 2 zu §. 24 des Bau-Unfallversicherungsge-

setzes). Die Rechnungsjahre mit ihren alljährlichen Verschiebungen der Unfalllast und der Versicherungssummen, mit ihrer nachträglichen Deckung der Unfalllast aus der Vorzeit und der nachträglichen Heranziehung der in dieser bereits verdienten Lohnsummen und den alljährlichen Resten an ungedeckter Unfalllast und noch nicht herangezogenen Lohnsummen sind nicht mehr von entscheidender Bedeutung gewesen.

2. Als Grundlage für die Schätzung der Versicherungssummen und der Unfalllast für jedes Unfall- und Versicherungsjahr der Tarifperiode diente einmal die Nachweisung der Löhne, wie sie seit dem Rechnungsjahr 1896 in den Amtlichen Nachrichten des Reichs-Versicherungsamts 1897 Seite 298 ff. vorgeschrieben ist, und sodann das Material, welches auf Grund von Zählkarten über die in den Jahren 1888 bis 1897 von den Versicherungsanstalten entschädigten Unfälle aus Versicherungen gegen Prämie hier bearbeitet worden ist (zu vergleichen Geschäftsbericht für 1898, Amtliche Nachrichten des R.V.A. 1899 Seite 392 und 303).

3. Hierbei ist für jedes dieser Unfalljahre in der Entwickelung nach Rechnungsjahren die Zahl der Unfälle und die Last ermittelt worden, welche durch die einmaligen Entschädigungen (Kosten des Heilverfahrens, Krankenhaus-, Kur- und Verpflegungskosten, Angehörigenrenten, Beerdigungskosten, Abfindungen von Ausländern und solche Renten an Verletzte und Hinterbliebene, und solche Abfindungen an Wittwen wegen Wiederverheirathung, welche gezahlt worden sind, ohne daß am An-

fang des Jahres der Zahlung für den betreffenden Berechtigten bereits ein Deckungskapital berechnet war) und durch die Deckungskapitalien für Verletzte und Hinterbliebene entstanden ist. Die Deckungskapitalien sind durchweg nach dem Tarif vom 5. Februar 1894 (Amtliche Nachrichten des R.V.A. 1894 Seite 147 ff.) berechnet und zugleich in ihrem Verlauf von Jahr zu Jahr dargestellt worden, um so in einfacher Weise eine Prüfung ihrer Zulänglichkeit zu ermöglichen.

4. Diese Prüfung hat Folgendes ergeben:

a. Für die Baugewerks-Versicherungsanstalten.

Die Deckungskapitalien der Verletztenrenten weichen bei der Gesammtheit dieser Anstalten in ihrem thatsächlichen Verlaufe zwar nicht nennenswerth von dem tarifmäßigen ab, zeigen aber eher eine etwas günstigere Bewegung. Bei einigen der Anstalten sind allerdings die Abweichungen ins Günstige oder Ungünstige erheblicher. Indessen ist deren Umfang zu gering, um zuverlässige Schlüsse zu gestatten. Es sind deshalb hier überall die Deckungskapitalien in ihrer erstmalig nach dem Tarif berechneten Höhe als Last eingestellt worden. Die erstmaligen Deckungskapitalien der Hinterbliebenenrenten haben sich dagegen sowohl für die Gesammtheit dieser Anstalten, wie für die Mehrzahl der Einzelanstalten bis zu dem letzten bekannten (neunten) Bezugsjahrgange nicht als ausreichend erwiesen. Diese Unzulänglichkeit wird fast ausschließlich bedingt dadurch, daß das auf Grund des §. 6 Ziffer 2 des Unfallversicherungsgesetzes beim Zusammentreffen mehrerer Rentenberechtigter eintretende anfängliche Kürzen und allmähliche Anwachsen der Rentenbeträge bei der Bildung des Deckungstarifs für die Hinterbliebenen nicht berücksichtigt worden ist. Die ersten Kapitalien bleiben aus diesem Grunde um rund 8 v. H. hinter dem Bedarf zurück. Sie sind um diesen Betrag erhöht worden.

b. Für die Tiefbau-Versicherungsanstalt.

Die Deckungskapitalien der Verletztenrenten zeigen bis zum Jahre 1897 eine wesentlich ungünstigere Entwickelung als dem Tarif entsprochen haben würde. Diese Entwickelung weicht nicht erheblich von der ab, die sich bis zum Jahre 1897 für die Tiefbau-Berufsgenossenschaft selbst ergeben hatte (zu vergleichen den Geschäfts-Bericht für das Jahr 1898, Amtliche Nachrichten des R.V.A. 1899 Seite 808). Hiernach erschien es geboten, aber auch ausreichend, die ersten Deckungskapitalien mit den Zuschlagsprozentsätzen zu versehen, welche von dem Rechnungsbüreau im Jahre 1898 für diese Berufsgenossenschaft ermittelt waren. Die Deckungskapitalien der Hinterbliebenenrenten bedurften dagegen sowohl nach ihrer eigenen Gestaltung wie auch mit Rücksicht auf die Höhe der den Deckungskapitalien der Verletztenrenten gegebenen Zuschläge keiner Erhöhung.

5. Nach den bekannten Lohnsummen der Versicherungsjahre 1896 bis 1898 und ihrer Vertheilung auf die gleichen Rechnungsjahre und nach den Nachversicherungen, die auf sie hiernach noch zu erwarten sind, sind die Lohn-

summen für jedes Jahr der Tarifperiode geschätzt worden. Ebenso ist nach der bekannten Zahl der Unfälle der Unfalljahre 1888 bis 1898 und ihrer Vertheilung auf die gleichen Rechnungsjahre und nach den Unfällen, die aus ihnen hiernach noch zu erwarten sind, sowie nach der Durchschnittslast, welche ein entschädigungspflichtiger Unfall in der Vergangenheit bereitet hat, die Zahl der Unfälle für jedes Jahr der Tarifperiode und die Gesammtentschädigungslast desselben ermittelt worden. Hierbei sind die Lohnsummen der Vorsicht halber nicht höher als in der Vergangenheit, zum Theil sogar niedriger, die Unfälle dagegen durchweg höher angesetzt worden, als sie sich in den letzten bekannten Jahren gestellt haben.

Die anderen Ausgaben (Verwaltungskosten und Reservefondseinlagen) und die anderen Einnahmen (Verwaltungskostenpauschbeträge der Gemeinden, Strafen, Einnahmen aus Polizen, sonstige Einnahmen) sind nach dem Durchschnitt der letzten Jahre, für die Einnahme zum Theil auch niedriger, für die Verwaltungskosten aber überall höher angenommen worden. Die Zinseinnahmen waren unberücksichtigt zu lassen, da die bei der Ermittelung der Entschädigungslast allein angesetzten ersten Deckungskapitalien nur dann ausreichen, wenn die Zinsen dem Deckungsfonds vorweg zugeführt werden. Sie durften deshalb nicht als eine selbständige Einnahme der Anstalt behandelt werden.

Der durch andere Einnahmen nicht gedeckte Rest der Entschädigungslast und der anderen Ausgaben ist zusammen mit den voraussichtlichen Prämienausfällen auf diesen Rest durch Prämien aufzubringen, die prozentual von der angenommenen Lohnsumme und nach ihrer Vertheilung auf die Klassen des z. Zt. geltenden Gefahrentarifs der Berufsgenossenschaft zu berechnen sind, wie sie sich in den letzten bekannten Jahren auf diese vertheilt hat.

6. Die Grundlagen, welche hiernach für die neuen Tarife maßgebend waren, sind folgende:

Versicherungsanstalt der	Angenommene Lohnsummen ℳ	Angenommene durch Prämien zu deckende Gesammtlast ℳ	Hiervon Entschädigungslast ℳ
Hamburg. Baugew. B.G.	3 150 000	140 100	98 600
Hannover. " "	4 510 000	180 000	124 500
Magdeburg. " "	2 360 000	64 200	48 000
Südwestl. " "	5 000 000	200 500	149 850
diese 4 Anstalten	15 020 000	584 800	420 950
Nordöstl. Baugew. B.G.	5 800 000	365 000	249 200
Schles.-Pos. " "	2 100 000	106 300	82 500
Sächsischen " "	5 880 000	152 800	110 400
Thüringisch. " "	90 000	6 470	4 590
Hess.-Nass. " "	750 000	41 800	35 000
Rein. Westf. " "	1 000 000	41 100	34 200
diese 6 Anstalten	14 570 000	712 470	515 890
die 10 Baugew.-Anstalt.	29 590 090	1 297 270	936 840
Tiefbau-B.G.	16 000 000	340 000	250 000
alle Bau-Versicherungsanstalten . . .	45 590 000	1 637 270	1 186 840

Die 4 zuerst aufgeführten Versicherungsanstalten enthalten neben der Versicherung der Regiebauarbeiten gegen Prämie auch noch die Selbstversicherung der Baugewerbetreibenden, die 6 anderen Baugewerks-Versicherungsanstalten, ebenso wie die Versicherungsanstalt der Tiefbau-Berufsgenossenschaft dagegen nur noch die Versicherung von Regiebauarbeiten gegen Prämie.

Im Endergebniß stellt sich also der durchschnittliche Prämienprozentsatz, wenn man von der Vertheilung der Lohnsumme auf die Klassen des Gefahrentarifs absieht,

bei	für die Entschädigungslast allein auf	für die Gesammtlast auf
der V.A. der Hamburg. Baugew. B.G.	3,13	4,45
" " " Hanoversch. " "	2,76	3,99
" " " Magdeburg. " "	2,03	2,72
" " " Südwestl. " "	3,00	4,01
diesen 4 Anstalten	2,80	3,89
der V.A. der Nordöstl. Baugew. B.G.	4,70	6,89
" " " Schles.-Pos. " "	3,98	5,06
" " " Sächsischen " "	2,07	2,86
" " " Thüringisch. " "	5,10	7,19
" " " Hess. Nass. " "	4,67	5,51
" " " Rhein. Westf. " "	3,42	4,11
diesen 6 Anstalten	3,54	4,89
den 10 Baugewerks-Anstalten	3,17	4,41
der V.A. der Tiefbau-B.G.	1,56	2,18
allen Bau-Versicherungsanstalten	2,60	3,59

Gegen den bisherigen ist der Durchschnittsprämienprozentsatz erhöht worden bei der:

1.	B.A. der Tiefbau-B.G.		von	1,97	auf	2,18
2.	„ „ Südwestl.	Baugew. B. G.	„	3,77	„	4,01
3.	„ „ Hamburg.	„ „	„	3,83	„	4,45
4.	„ „ Rhein. Westf.	„ „	„	2,90	„	4,11

ermäßigt worden bei der:

5.	B.A. der Hannov.	Baugew. B. G.	von	4,03	auf	3,99
6.	„ „ Thüring.	„ „	„	7,51	„	7,19
7.	„ „ Sächsischen	„ „	„	3,32	„	2,86
8.	„ „ Nordöstl.	„ „	„	7,40	„	6,89
9.	„ „ Schles.-Pos.	„ „	„	5,81	„	5,06
10.	„ „ Hess.-Nass.	„ „	„	6,70	„	5,51

unverändert geblieben bei der:

11. B.A. der Magdeburgischen Baugew. B. G. mit 2,72.

Das Reichsversicherungsamt.

Gaebel.

Sachregister.

(Die Zahlen bedeuten die Seiten.)

A.

B.

E.

H.

J.

K.

L.

A. W. Hayn's Erben, Berlin und Potsdam.

Verzeichniß

der

Guttentag'schen Sammlung

Deutscher Reichsgesetze

und

Preußischer Gesetze.

Text-Ausgaben mit Anmerkungen und Sachregister.

Taschenformat.

Berlin.

J. Guttentag, Verlagsbuchhandlung,
G. m. b. H.

Guttentag'sche Sammlung

Deutscher Reichsgesetze.

Text-Ausgaben mit Anmerkungen. Taschenformat.

---

1. **Verfassung** des Deutschen Reichs. Gegeben Berlin, den 16. April 1871. Von Dr. **L. von Rönne.** Achte neubearbeitete Auflage von **Paul von Rönne,** Landrath. 1 M. 60 Pf.

2. **Strafgesetzbuch** für das Deutsche Reich. Nebst den gebräuchlichsten Reichs-Strafgesetzen: Presse, Personenstand, Nahrungsmittel, Entziehung elektrischer Arbeit, Kranken-, Unfall-, Invalidenversicherung, Gewerbeordnung, unlauterer Wettbewerb, Depot- und Börsengesetz u. s. w. Von Dr. **H. Rüdorff.** Zwanzigste Auflage von Dr. **H. Appelius,** Kammergerichtsrath. Gebunden in ganz Leinen 1 M. 20 Pf.

3. **Militärstrafgerichtsordnung** nebst Einführungsgesetz und Gesetz, betr. die Dienstvergehen der richterlichen Militärjustizbeamten und die unfreiwillige Versetzung derselben in eine andere Stelle oder in den Ruhestand. Von Dr. **P. Herz,** Geh. Admiralitätsrath. Zweite Auflage. Geb. in ganz Leinen 3 M.

4. **Handelsgesetzbuch vom 10. Mai 1897 unter Ausschluß des Seerechts.** Mit den ergänzenden Vorschriften des Bürgerlichen Gesetzbuchs und Erläuterungen herausgegeben von **F. Litthauer,** Justizrath. Elfte unveränderte Auflage. 2 M. 25 Pf.

5. Allgemeine Deutsche **Wechselordnung.** Siebente Auflage von Dr. **E. Ball,** Rechtsanwalt, und das Reichsgesetz über die **Wechselstempelsteuer.** Sechste Auflage von Reg.-Assessor **P. Loeck.** 1897. 2 M.
Neue Auflage in Vorbereitung.

6. **Reichs-Gewerbe-Ordnung** nebst Ausführungsbestimmungen. Von **T. Ph. Berger.** Unter besonderer Berücksichtigung der Bestimmungen über den Arbeiterschutz, die Organisation des Handwerks und das Lehrlingswesen fortgeführt von Dr. **Wilhelmi,** Geh. Ober-Regierungsrath. Sechszehnte vermehrte Auflage. Im Druck.

7. Die deutsche **Post- und Telegraphen-Gesetzgebung.** Nebst dem Weltpostvertrag und dem internationalen Telegraphenvertrag. Von Dr. **P. D. Fischer,** Unterstaatssekretär im Reichs-Postamt. Vierte Auflage. 1895. 2 M. 60 Pf.

8. Die Reichsgesetze über den **Unterstützungswohnsitz** in der Fassung der Novelle vom 12. März 1894, die **Freizügigkeit,** den **Erwerb** und **Verlust** der

Bundes- und Staatsangehörigkeit, nebst allen landesgesetzlichen Bestimmungen. Von Geheimrath Dr. **J. Krech,** Mitglied des Bundesamtes für das Heimathwesen. Vierte Auflage. 2 M. 25 Pf.

9a. Sammlung **kleinerer privatrechtlicher Reichsgesetze.** Von **F. Vierhaus,** Geh. Ober-Justizrath. Zweite Auflage in Vorbereitung.

9b. Sammlung **kleinerer strafrechtlicher Reichsgesetze.** Von **M. Werner,** Geh. Ober-Regierungsrath. Zweite Auflage im Druck.

10. Das **Reichsbeamtengesetz** vom 31. März 1873 und seine Ergänzungen. Erläutert von **J. Pieper,** Geh. Ober-Regierungsrath. 3 M. 30 Pf.

11. **Civilprozeßordnung mit Einführungsgesetzen,** Nebengesetzen und Ergänzungen. In der Fassung des Gesetzes vom 17. Mai 1898. Unter besonderer Berücksichtigung der Entscheidungen des Reichsgerichts herausgegeben mit Anmerkungen von **R. Sydow,** Direktor im Reichs-Postamt und **L. Busch,** Kammergerichtsrath. Achte Auflage. 8°. Geb. in ganz Leinen 4 M.

Dieser Band ist in größerem Format erschienen!

12. **Strafprozeßordnung und Gerichtsverfassungsgesetz** in der vom 1. Januar 1900 ab geltenden Fassung, nebst dem **Gesetz, betreffend die Entschädigung der im Wiederaufnahmeverfahren freigesprochenen Personen.** Von **A. Hellweg,** Reichsgerichtsrath. Zehnte Auflage. Geb. in ganz Leinen 2 M.

13. **Konkursordnung und Anfechtungsgesetz** mit Einführungs- und Nebengesetzen. In der Fassung der Gesetze vom 17. Mai 1898. Unter besonderer Berücksichtigung der Entscheidungen des Reichsgerichts herausgegeben mit Anmerkungen von **R. Sydow,** Direktor im Reichs-Postamt und **L. Busch,** Kammergerichtsrath. Achte Auflage. Geb. in ganz Leinen 1 M. 80 Pf.

14. **Gerichtsverfassungsgesetz** mit Einführungsgesetz, Nebengesetzen und Ergänzungen. In der Fassung des Gesetzes vom 17. Mai 1898. Unter Berücksichtigung der Entscheidungen des Reichsgerichts herausgegeben von **R. Sydow,** Direktor im Reichs-Postamt und **L. Busch,** Kammergerichtsrath. Achte Auflage. 1 M. 20 Pf.

15. **Das deutsche Gerichtskostengesetz nebst den Gebührenordnungen für Gerichtsvollzieher, Zeugen und Sachverständige.** In der Fassung vom 20. Mai 1898. Unter besonderer Berücksichtigung der Entscheidungen

des Reichsgerichtes herausgegeben mit Anmerkungen und Kostentabellen von **R. Sydow,** Direktor im Reichspostamt und **L. Busch,** Kammergerichtsrath. Sechste vermehrte Auflage. Geb. in ganz Leinen 1 M. 50 Pf.

16. **Rechtsanwaltsordnung.** Von **R. Sydow,** Direktor im Reichspostamt. Vierte, völlig umgearbeitete Auflage von Dr. **E. Mosler,** Gerichtsassessor. Geb. in ganz Leinen. Im Druck.

17. Die **Deutsche Gebührenordnung für Rechtsanwälte und das Preußische Gebührengesetz** vom 27. September/6. Oktober 1899. Von **R. Sydow,** Direktor im Reichspostamt und **L. Busch,** Kammergerichtsrath. Sechste Auflage. Geb. in ganz Leinen 1 M. 50 Pf.

18. **Reichsstempelgesetz (Börsensteuergesetz)** mit allen Ausführungsvorschriften, vielen Tabellen, den Entscheidungen der Verwaltungsbehörden und des Reichsgerichts. Von **Gaupp,** Geh. Regierungsrath. Achte Auflage von **P. Loeck,** Regierungs-Assessor. Geb. in ganz Leinen. Im Druck.

19. Die **Seegesetzgebung** des Deutschen Reiches. Nebst den Entscheidungen des Reichsoberhandelsgerichts, des Reichsgerichts und der Seeämter. Von Dr. **W. E. Knitschky,** Landgerichtsrath. Zweite Auflage. 3 M. 80 Pf.

20. **Krankenversicherungsgesetz** vom 15. Juni 1883 in der Fassung der Novelle vom 10. April 1892. Von Dr. **E. von Woedtke,** Direktor im Reichsamt des Innern. Siebente Auflage. 2 M.

21. Die **Konsulargesetzgebung** des Deutschen Reiches. Von Professor Dr. **Ph. Zorn.** Vergriffen.

22a. **Patentgesetz. Gesetz, betreffend den Schutz von Gebrauchsmustern. Gesetz, betreffend das Urheberrecht an Mustern und Modellen.** Nebst Ausführungsbestimmungen unter eingehender Berücksichtigung der Rechtsprechung des Reichsgerichts und der Praxis des Patentamts. Erläutert von Dr. **R. Stephan,** Regierungsrath, Mitglied des Kaiserlichen Patentamts. Fünfte vermehrte Auflage. Geb. in ganz Leinen 2 M.

22b. **Gesetz zum Schutz der Waarenbezeichnungen.** Nebst Ausführungsbestimmungen. Von Dr. **R. Stephan,** Regierungsrath, Mitglied des Kaiserlichen Patentamts. Vierte vermehrte Auflage. 1 M.

23. **Gewerbe-Unfallversicherungsgesetz** und Gesetz, betr. die Abänderung der Unfallversicherungsgesetze vom 30. Juni 1900 in der Fassung der Bekanntmachung vom 5. Juli 1900 nebst Ausführungsverordnungen. Von Dr. **E. v. Woedtke,** Direktor im Reichsamt des Innern. Sechste umgearbeitete Auflage. Geb. in ganz Leinen ca. 2 M. 50 Pf.

24. **Aktiengesellschaft und Kommanditgesellschaften auf Aktien.** (Handelsgesetzbuch, II. Buch, Abschnitt 3 und 4.) Mit erläuternden Anmerkungen von **H. Keyssner,** Kammergerichtsrath und Dr. **H. Veit Simon,** Rechtsanwalt. Fünfte Auflage. Bearbeitet von Dr. **Hugo Keyssner** u. **L. Keyssner.** Geb. in ganz Leinen 2 M. 25 Pf.

25. Reichsgesetz wegen **Erhebung der Brausteuer** vom 31. Mai 1872 mit Ausführungsvorschriften. Von **E. Bertho,** Regierungsrath. 1885. 1 M. 60 Pf.

26. Die Reichsgesetzgebung über **Münz- und Notenbankwesen,** Papiergeld, Prämienpapiere und Reichsanleihen. Von Dr. jur. **R. Koch,** Präsident des Reichsbankdirektoriums. Vierte Auflage. Geb. in ganz Leinen. Im Druck.

27. Die Gesetzgebung, betr. das **Gesundheitswesen** im Deutschen Reich für Behörden, Aerzte rc. Von Dr. jur. **C. Goesch** und Dr. med. **J. Karsten.** 1888. 1 M. 60 Pf.

28. **Bau-Unfallversicherungsgesetz.** Vom 30. Juni 1900 in der Fassung der Bekanntmachung vom 5. Juli 1900. Von **R. Chrzescinski,** Kaiserl. Regierungsrath a. D., ehemaligem ständigen Mitglied des Reichs-Versicherungsamts. Dritte Auflage. Geb. in ganz Leinen ca. 2 M.

29. Reichsgesetz, betr. die **Erwerbs- und Wirthschaftsgenossenschaften.** In der vom 1. Januar 1900 ab geltenden Fassung. Von **L. Parisius** und Dr. **H. Crüger.** Achte Auflage. Geb. in ganz Leinen. 1 M. 50 Pf.

30. **Invalidenversicherungsgesetz** vom 13. Juli 1899, in der Fassung der Bekanntmachung vom 19. Juli 1899. Von Dr. **E. v. Woedtke, Director im Reichsamt** des Innern. Siebente erweiterte Auflage. Geb. in ganz Leinen 2 M. 50 Pf.

31. Reichsgesetz, betr. die **Gewerbegerichte.** Von **L. Mugdan.** Vierte Auflage. Bearbeitet von **Cuno,** Stadtrath und stellvertretender Vorsitzender des Gewerbegerichts zu Königsberg i. Pr. 1 M. 80 Pf.

32. Reichsgesetz, betr. die **Gesellschaften mit beschränkter Haftung.** In der vom 1. Januar 1900 ab geltenden Fassung. Von **L. Parisius** und Dr. **H. Crüger.** Vierte vermehrte und verbesserte Auflage. 1 M.

33. Das **Vereins- und Versammlungsrecht** in Deutschland. Von Dr. **E. Ball,** Rechtsanwalt. 2 M. 25 Pf.

34. Reichsgesetz, betreffend die **Abzahlungsgeschäfte.** Vom 16. Mai 1894. Von **J. Hoffmann,** Geheimer Regierungsrath. 95 Pf.

35. **Die Reichs-Eisenbahngesetzgebung.** Von **W. Coermann,** Kaiserl. Amtsrichter. 1895. 2 M. 25 Pf.

36. Gesetze, betr. die **privatrechtlichen Verhältnisse der Binnenschiffahrt und der Flößerei.** Nach den Materialien erläutert von **H. Makower.** Unter Berücksichtigung der am 1. Januar 1900 in Kraft tretenden Reichsgesetze bearbeitet von **E. Löwe,** Landgerichtsrath. Zweite veränderte Auflage. 2 M.

37. Gesetz zur **Bekämpfung des unlauteren Wettbewerbes.** Vom 27. Mai 1896. Von Dr. **R. Stephan,** Regierungsrath. Zweite Auflage. 80 Pf.

38/39. **Bürgerliches Gesetzbuch nebst Einführungsgesetz.** In Verbindung mit Professor Dr. **André,** Amtsgerichtsrath **Greiff,** Amtsrichter **Ritgen,** Landgerichtsrath Dr. **Unzner,** s. Z. Schriftführer bei der Kommission für die zweite Lesung des Entwurfs eines Bürgerlichen Gesetzbuchs, herausgegeben von Reichsgerichtsrath Dr. **A. Achilles,** s. Z. Kommissar des Reichs-Justizamts bei derselben Kommission. Zweite vermehrte Auflage. 8°. Geb. in ganz Leinen. 5 M. 50 Pf.

Dieser Band ist in größerem Format erschienen!

40. Gesetz, betr. die **Pflichten der Kaufleute bei Aufbewahrung fremder Werthpapiere (Depotgesetz).**

Vom 5. Juli 1896. Mit Erläuterungen, Einleitung und Sachregister. Von **F. Lusensky,** Geh. Regierungsrath. 90 Pf.

41. **Börsengesetz.** Vom 22. Juni 1896. Nebst den dazu erlassenen Ausführungsbestimmungen. Unter Mitwirkung des Geh. Ober-Regierungsrathes **A. Wermuth** bearbeitet von **H. Brendel,** Gerichts-Assessor, Hülfsarbeiter im Reichsamt des Innern. 1 M. 50 Pf.

42. **Grundbuchordnung** für das Deutsche Reich nebst den preußischen Ausführungsbestimmungen. Mit Einleitung von Professor Dr. **O. Fischer.** Zweite Auflage. Geb. in ganz Leinen 1 M. 80 Pf.

43. Die Gesetzgebung, betr. die **Zwangsvollstreckung in das unbewegliche Vermögen** im Reiche und in Preußen. Text-Ausgabe mit Einleitung, Anmerkungen, Kosten- und Gebührentabellen und Sachregister. Von Dr. **J. Krech,** Kaiserl. Geh. Regierungsrath und Professor Dr. **O. Fischer.** Dritte Auflage. Geb. in ganz Leinen 2 M.

44. Das Reichsgesetz über das **Auswanderungswesen** vom 9. Juni 1897 nebst Ausführungsverordnungen und Anlagen. Nach den Materialien und unter Benutzung amtlicher Quellen erläutert von Professor Dr. **Felix Stoerk.** 2 M. 25 Pf.

45. **Das Entmündigungsrecht** unter Berücksichtigung der für Preußen geltenden Vorschriften nebst der preußischen Justiz-Ministerial-Verfügung vom 28. November 1899. Text der civil- und prozeßrechtlichen Bestimmungen mit Erläuterungen von Landgerichtsrath Dr. **P. Koll** in Cöln. Geb. in ganz Leinen 1 M. 50 Pf.

46. Die Gesetze des Reiches und Preußens über die **freiwillige Gerichtsbarkeit.** Mit Einleitung von **Herm. Jastrow,** Amtsgerichtsrath. Zweite, erweiterte Auflage. Geb. in ganz Leinen 2 M. 80 Pf.

47. Das **deutsche Vormundschaftsrecht** und das preuß. Gesetz, betr. die Unterbringung verwahrloster Kinder, vom 13. März 1878 nebst den dazu gehörigen preußischen Nebengesetzen und allgemeinen Verfügungen. Mit Einleitung und Erläuterungen von **Max Schultzenstein,** Oberverwaltungsgerichtsrath und Amtsgerichtsrath Dr. **Paul Köhne.** 2 M. 80 Pf.

48. Gesetze und Verordnungen, betreffend den **Drogen-, Gift- und Farbenhandel** außerhalb der Apotheken, unter besonderer Berücksichtigung des Königreichs Preußen. Von Dr. **Broh,** Rechtsanwalt. 1 M. 25 Pf.

49. Die **Kolonialgesetzgebung.** Von Prof. Dr. **Philipp Zorn.** Geb. in ganz Leinen. Im Druck.

50. Der **Viehkauf** (Viehgewährschaft) nach dem Bürgerlichen Gesetzbuche. Mit Erläuterungen und Sachregister von Dr. **Hans Stölzle,** Rechtsanwalt in Kempten (Bayern). Nebst einem Anhang: Verordnung, betreffend die Hauptmängel und Gewährsfristen beim Viehhandel. Vom 27. März 1899. Erläutert von **Heinrich Weiskopf,** Königl. Kreisthierarzt in Augsburg. Zweite Auflage Geb. in ganz Leinen 2 M.

51. **Hypothekenbankgesetz** vom 13. Juli 1899. Von Dr. **H. Göppert,** Gerichts-Assessor. Geb. in ganz Leinen 1 M. 80 Pf.

52. Gesetz, betreffend die gemeinsamen **Rechte der Besitzer von Schuldverschreibungen.** Vom 4. Dezember 1899. Von Dr. **Heinrich Göppert,** Gerichts-Assessor Geb. in ganz Leinen 2 M.

53. **Reichspreßgesetz** vom 7. Mai 1874 nebst den einschlägigen Bestimmungen des Reichsstrafgesetzbuchs, der Gewerbeordnung u. s. w. Kommentar von **A. Born,** Polizeiassessor. Geb. in ganz Leinen 1 M. 50 Pf.

54. Die Reichsgesetzgebung über den Verkehr mit **Nahrungsmitteln, Genußmitteln** und **Gebrauchsgegenständen.** Von Dr. **Lebbin,** Nahrungsmittelchemiker. Geb. in ganz Leinen 2 M. 25 Pf.

55. Das Recht der **Beschlagnahme von Lohn- und Gehaltsforderungen.** Auf Grundlage der Reichsgesetze vom 21. Juni 1869 u. 29. März 1897 und der Civilprozeßordnung. Von Rechtsanwalt **Georg Meyer.** Geb. in ganz Leinen 1 M. 50 Pf.

56. Gesetz, betr. die **Bekämpfung gemeingefährlicher Krankheiten.** Vom 30. Juni 1900. Von Geh. Regierungsrath Dr. **Burkhardt.** Geb. in ganz Leinen. Im Druck.

Guttentag'sche Sammlung
Preußischer Gesetze.

Text-Ausgaben mit Anmerkungen. Taschenformat.

1. Die **Verfassungs-Urkunde** für den Preußischen Staat. Mit Einleitung, vollständigem Kommentar und Anlagen von Prof. Dr. **Adolf Arndt.** Vierte, gänzlich umgearbeitete und verbesserte Auflage. Geb. in ganz Leinen 2 M. 50 Pf.

2. Preußische **Beamten-Gesetzgebung.** Enthaltend die wichtigsten Beamtengesetze in Preußen. Von **C. Pfafferoth.** Dritte Auflage. 1 M. 50 Pf.

3. Die Preuß. Gesetzgebung, betr. die **Zwangsvollstreckung in das unbewegliche Vermögen.** Von Dr. **J. Krech,** Kais. Geh. Regierungs-Rath und Prof. Dr. **O. Fischer.** Dritte Auflage. Vergriffen.

Siehe: Reichsgesetze Nr. 43.

4. **Gebührenordnung** für **Notare** vom 25. Juni 1895 in der Fassung der Bekanntmachung vom 6. Oktober 1899 nebst den einschlägigen Vorschriften des Preußischen Gerichtskostengesetzes. **Von R. Sydow,** Direktor im Reichspostamt. Zweite Auflage bearbeitet von Dr. **E. Mosler,** Gerichtsassessor. Geb. in ganz Leinen. 1 M. 50 Pf.

5. Gesetz vom **24. April 1854 (betr. die außereheliche Schwängerung)** und die daneben geltenden Bestimmungen des Allgemeinen Landrechts nebst nebst dazu ergangenen Präjudikaten. Von Dr. **Schulze.** 75 Pf.

6. Die Preußischen **Ausführungsgesetze und Verordnungen zu den Reichs-Justizgesetzen. Von R. Sydow.** Dritte vermehrte Auflage. 2 M. 40 Pf.

7. **Allg. Gerichtsordnung** vom 6. Juli 1793 und Preuß. **Konkursordnung** vom 8. Mai 1885. **Von F. Vierhaus,** Geh. Ober-Justizrath. **Vergriffen.**

8. **Vormundschaftsordnung** vom 5. Juli 1875, nebst allen Nebengesetzen und den dazu erlassenen Allgemeinen Verfügungen. Von Oberverwaltungsgerichtsrath **Schultzenstein.** Dritte Auflage. 1 M. 50 Pf. Siehe: Reichsgesetze Nr. 47.

9. Die Preußische **Grundbuchgesetzgebung.** Mit Einleitung, Formularen, Kosten- und Stempeltabellen. Von Prof. Dr. **Fischer.** Dritte Auflage. Vergriffen. Siehe: Reichsgesetze Nr. 42.

10. **Einkommensteuergesetz.** Vom 24. Juni 1891. Von Geheimrath **Meitzen.** Vierte vermehrte Auflage von **A. Fernow,** Ober-Regierungsrath. 1 M. 50 Pf.

11. **Gewerbesteuergesetz.** Vom 24. Juni 1891. Von **A. Fernow,** Ober-Regierungsrath. Dritte vermehrte Auflage. 1 M. 25 Pf.

12. **Allgemeines Berggesetz** für die preußischen Staaten. Vom 24. Juni 1865, und die auf dasselbe bezüglichen Gesetze und Verordnungen. Von **E. Engels,** Ober-Bergrath. Zweite Auflage. 1 M. 60 Pf.

13. **Ergänzungssteuergesetz** (Vermögenssteuergesetz). Vom 14. Juli 1893. Von **A. Fernow,** Ober-Regierungsrath. Zweite vermehrte Auflage. 1 M.

14. **Kommunalabgabengesetz.** Vom 14. Juli 1893 und Gesetz wegen Aufhebung direkter Staatssteuern. Vom 14. Juli 1893. Von **F. Adickes,** Oberbürgermeister. Zweite Auflage. 1 M. 25 Pf.

15. Die **Kreisordnungen** für den Preußischen Staat. Von **O. Kolisch,** Landgerichtsrath. 1894. 4 M.

16. Preuß. Ausführungs-Anweisung zu §§. 16 u. ff. der Reichs-Gewerbe-Ordnung, betr. **Genehmigung gewerblicher Anlagen.** Von Dr. **von Rüdiger,** Regierungs- und Gewerberath. 1895. 1 M. 50 Pf.

17. Preußisches **Gerichtskostengesetz.** Vom 25. Juni 1895. In der Fassung der Bekanntmachung vom 6. Oktober 1899. Mit Kostentabellen. Von Dr. **P. Siméon,** Landrichter. Dritte Auflage. Geb. in ganz Leinen 1 M. 80 Pf.

18. Preußisches **Stempelsteuergesetz.** Vom 31. Juli 1895. Nebst den Entscheidungen des Reichsgerichts und Erlassen der Verwaltungsbehörden und ausführlichen Tabellen. Von **B. Gaupp,** Geh. Regierungsrath und Regierungsassessor **P. Loeck.** Vierte Auflage. 3 M. 30 Pf.

19. **Das Jagdscheingesetz** vom 31. Juli 1895. Mit ausführlichen Erläuterungen nebst der Ausführungsverfügung vom 2. August 1898 und den Gesetzgebungsmaterialien. Von **F. Kunze,** Wirklichem Geh. Ober-Regierungsrath. Zweite Auflage. Geb. in ganz Leinen 2 M.

20. Gesetz, betr. die **Erbschaftssteuer.** Vom 19./24. Mai 1891 unter Berücksichtigung der Novelle vom 31. Juli 1895. Mit ausführlichen Erläuterungen von **P. Loeck,** Regierungsassessor. 1 M. 80 Pf.

21. Gesetz über die **Handelskammern.** Vom 19. August 1897. Mit Erläuterungen, geschichtlicher Einleitung sowie einer Uebersicht des Bestandes der kaufmännischen Vertretungen. Von **F. Lusensky,** Geh. Regierungsrath und vortragender Rath im Ministerium für Handel und Gewerbe. 3 M.

22. Gesetz, betr. **Anstellung und Versorgung der Kommunalbeamten.** Vom 30. Juli 1899. Mit einem Anhang, enthaltend die preußische Ausführungsanweisung. Von **Dr. W. Ledermann,** Magistratsassessor zu Berlin. 1 M. 25 Pf.

23. **Ausführungsgesetz zum Bürgerlichen Gesetzbuche** vom 20. September 1899. Von Landrichter Dr. **P. Siméon.** Geb. in ganz Leinen 1 M. 60 Pf.

24. Die **Hinterlegungsordnung** vom 14. März 1879 in der Fassung des Preußischen Ausführungsgesetzes zum Bürgerlichen Gesetzbuche vom 20. September 1899 nebst Ausführungsbestimmungen. Unter Benutzung der amtlichen Erlasse und Entscheidungen des Finanzministers. Von Regierungsassessor Dr. **Georg Bartels.** Geb. in ganz Leinen 1 M. 50 Pf.

25. **Preußisches Kommunalbeamtenrecht,** enthaltend die wichtigsten Bestimmungen über die Rechtsverhältnisse der Beamten der preußischen Landgemeinden, Landbürgermeistereien, Aemter, Amtsbezirke, Städte, Kreise, Bezirksverbände, Provinzen sowie der Gemeindeforstbeamten mit Ausschluß der Kommunalbeamten der Hohenzollernschen Lande. Text-Ausgabe mit kurzen Anmerkungen, einem chronologischen Verzeichniß der abgedruckten Gesetze, Verordnungen und sonstigen Bestimmungen. Von Magistratsassessor **Dr jur. Krempski.** Im Druck.

26. Die **Preußischen Gesetze** über das **Diensteinkommen der Lehrer und Lehrerinnen, ihren Ruhegehalt und die Fürsorge für ihre Hinterbliebenen** nebst den zugehörigen Ausführungsbestimmungen, sonstigen Ministerialerlassen und den wichtigsten einschlägigen Gesetzen sowie einer Tabelle zur Berechnung der Ruhegehalts-, Wittwen- und Waisenbezüge. Text-Ausgabe mit Einleitung, Anmerkungen und Sachregister von Dr **Ed. Cremer,** Beigeordneter Geb. in ganz Leinen. 2 M. 40 Pf.

27 Gesetz, betreffend die **Waarenhaussteuer.** Vom 18. Juli 1900. Von Geh. Ober-Finanzrath Dr. **G. Strutz.** Geb. in ganz Leinen 1 M 20 Pf.

Guttentag'sche Sammlung von Text-Ausgaben mit Sachregister ohne Anmerkungen.

Handelsgesetzbuch nebst **Einführungsgesetz.** Vom 10. Mai 1897. 1 M. 80 Pf.

Gesetz, betr. die **Abänderung der Gewerbeordnung** (Neues Handwerkergesetz). Vom 26. Juli 1897. 90 Pf.

Reichsgewerbeordnung mit der Novelle vom 30. Juni 1900. In der Fassung der Bekanntmachung des Reichskanzlers. ca. 1 M. 20 Pf.

Militärstrafgerichtsordnung für das Deutsche Reich, nebst **Einführungsgesetz** und Gesetz, betr. die Dienstvergehen der richterlichen Militärjustizbeamten und die unfreiwillige Versetzung derselben in eine andere Stelle oder in den Ruhestand. Vom 1. Dezember 1898. 1 M. 50 Pf.

Die Preußischen Ausführungsgesetze zum Bürgerlichen Gesetzbuche, zum Gesetz, betr. Aenderung der Civilprozeßordnung vom 17. Mai 1898, zum Gesetz über die Zwangsversteigerung und die Zwangsverwaltung, zur Grundbuchordnung und zum Handelsgesetzbuch. Preuß. Gesetz über die freiwillige Gerichtsbarkeit und Gesetz, enthaltend die landesgesetzlichen Vorschriften über die Gebühren der Rechtsanwälte und der Gerichtsvollzieher. Fünfte Auflage. 1 M. 80 Pf.

Reichsstempelgesetz (Börsensteuergesetz) in der Fassung der Bekanntmachung vom 14. Juni 1900. Mit Ausführungsbestimmungen, einem Anhang, enthaltend Tabellen zur Berechnung der Reichsstempelabgaben und Sachregister. 1 M. 50 Pf.

Bürgerliches Gesetzbuch

nebst

Einführungsgesetz.

Für **Preußen** zusammengestellt unter Einfügung der sämmtlichen preußischen Ausführungsbestimmungen.

Text-Ausgabe mit ausführlichem Sachregister

bearbeitet von

Dr. Paul Winter,

Landrichter.

8°. Geb in Leinen Preis 5 M.

Die Preußischen Ausführungsgesetze

zum

Bürgerlichen Gesetzbuche

und den anderen Reichs-Justizgesetzen

nebst den zugehörigen

Verordnungen, Ministerialerlassen und Geschäftsordnungen.

Text-Ausgabe mit ausführlichem Sachregister

nach Materien geordnet unter Anleitung von

L. Busch,

Kammergerichtsrath.

8°. Geb. in Leinen Preis 7 M. 50 Pf.

Preußische Gesetzsammlung.

Vollständige Sammlung
der noch geltenden Preußischen Landesgesetze
privatrechtlichen Inhalts.

Herausgegeben
von

B. Fischer, Gerichtsassessor und **Dr. F. Schröder,** Gerichtsassessor.

8°. 2 Bände. Geb. in Leinen. Preis ca. 15 Mark.

Das Buch will ein Handbuch für den preußischen Praktiker sein, und eine Ergänzung zu den gebräuchlichen Handausgaben des B G.B. bilden. Es bringt das Allgemeine Landrecht in seiner jetzt geltenden Gestalt vollständig, ferner in chronologischer Reihenfolge sämmtliche noch geltenden Landesgesetze privatrechtlichen Inhalts für das Gebiet des Allgemeinen Landrechts und für die übrigen Landestheile seit ihrer Zugehörigkeit zu Preußen. Um den Ueberblick über eine Materie zu erleichtern, wird dem Buch eine Nachweisung der durch die einzelnen Vorbehalte des E.G. zum B.G.B. erhaltenen Gesetze beigegeben und in Anmerkungen bei jedem einzelnen Gesetz auf die übrigen Gesetze derselben Materie verwiesen. Bei jeder gesetzlichen Bestimmung wird angegeben, weshalb sie als aufrecht erhalten zu gelten hat.

Das Werk wird in 2 Bänden zur Ausgabe gelangen, von denen der erste das „Allgemeine Landrecht" umfassen und Anfang 1901 erscheinen wird.

Adickes, F., Oberbürgermeister in Frankfurt a. M. Das Kommunalabgabengesetz vom 14. Juli 1893. Für den praktischen Gebrauch mit einer geschichtlichen Einleitung und Erläuterungen versehen, sowie mit einem die Ausführungsanweisung berücksichtigenden Nachtrag. 8°. Kartonnirt 6 M.

Arndt, Dr. Adolf, Oberbergrath und Prof. Verfassung des Deutschen Reichs. Mit Einleitung und Kommentar. 8°. Kartonnirt 3 M.

Friedrichs, K., Oberverwaltungsgerichtsrath. Das Gesetz betreffend die Anlegung und Veränderung von Straßen und Plätzen in Städten und ländlichen Ortschaften vom 2. Juli 1875. Nach dem Tode des Verfassers in vierter Auflage bearbeitet von Dr. jur. **Hugo von Strauß-Torney,** Oberverwaltungsgerichtsrath. 8°. Geb. 4 M. 50 Pf.

Genzmer, St., Landrath. Das Reichs-Haftpflicht-Gesetz betreffend die Verbindlichkeit zum Schadenersatz für die bei dem Betriebe von Eisenbahnen, Bergwerken, Steinbrüchen, Gräbereien und Fabriken herbeigeführten Tödtungen und Körperverletzungen vom 7. Juni 1871 aus der Rechtslehre und Rechtsprechung erläutert. 1882. 8°. Kart. 2 M. 80 Pf.

Hauß, C., Geh. Ober-Reg.-Rath. Das Gesetz zur Bekämpfung des unlauteren Wettbewerbes. Vom 27. Mai 1896. Für die gerichtliche und gewerbliche Praxis erläutert. 8°. Geb. in Leinen 3 M.

Holtgreven, Dr. A., Geh. Ober-Justizrath und vortragender Rath im Justizministerium. Das Wildschadengesetz vom 11. Juli 1891. Kommentar. Dritte Auflage. 8°. Kartonnirt 3 M.

Jerusalem, Herm., Landgerichtsrath, Mitglied des Hauses der Abgeordneten. Das Gesetz über Kleinbahnen und Privatanschlußbahnen vom 28. Juli 1892 nebst der Ausführungsanweisung zu diesem Gesetze vom 22. August 1892. gr. 8°. 2 M.

Kamptz, W. v., Verwaltungsgerichtsdirektor. Das Gesetz, betreffend die Vertheilung der öffentlichen Lasten bei Grundstückstheilungen und die Gründung neuer Ansiedelungen in den Provinzen Preußen, Brandenburg, Pommern, Posen, Schlesien, Sachsen und Westfalen vom 25. August 1876. Aus den Materialien und der Rechtsprechung des Königlichen Oberverwaltungsgerichts erläutert. 8°. Kartonnirt 2 M. 50 Pf.

Koch, Georg, Hauptmann a. D. Gesetz, betreffend die Prüfung der Läufe und Verschlüsse der Handfeuerwaffen vom 19. Mai 1891 nebst den Ausführungsbestimmungen des Bundesrathes vom 22. Juni 1892. Text-Ausgabe mit historischer Einleitung und Anmerkungen unter vergleichender Berücksichtigung der bezüglichen Gesetzgebung von England, Belgien, Frankreich und Oesterreich. 8°. Kartonnirt 1 M. 50 Pf.

Königé, H., Landgerichtsrath, Vorsitzender der Kammer I für Handelssachen am Landgericht Mannheim. Handelsgesetzbuch vom 10. Mai 1897 nebst Abdruck des Gesetzes über die Angelegenheiten der freiwilligen Gerichtsbarkeit und Gerichtsverfassungsgesetz (Titel 7, Kammern für Handelssachen). Verglichen mit dem Allgemeinen Deutschen Handelsgesetzbuch, dem Bürgerlichen Gesetzbuch und der Rechtsprechung des Reichsgerichts und Reichs-Oberhandelsgerichts. Zu praktischem Gebrauch dargestellt. 8°. Geb. in Leinen 4 M. 50 Pf.

Ottermann, Carl, Stadtrath in Dortmund. Das Fluchtliniengesetz vom 2. Juli 1875. Erläuternde Abhandlung zu den Hauptbestimmungen desselben. 8°. 1 M. 25 Pf.

Pfafferoth, Carl, Geh. Kanzleirath. Die gesammten Organisationsgesetze für die innere Verwaltung des Preußischen Staates. Text-Ausgabe mit Anmerkungen, einem die einschlägigen sonstigen Gesetze, Verordnungen, Regulative und Zirkulare enthaltenden Anhang und einem ausführlichen Sachregister. Zweite neubearbeitete Auflage. 8°. 6 M., geb. 6 M. 50 Pf.

Stephan, Dr. R., Geh. Regierungsrath u. Mitglied des Kais. Patentamts. Gesetz, betreffend die Patentanwälte. Vom 21 Mai 1900. Nebst Ausführungsverordnungen. 8°. Geb. in Leinen 1 M. 50 Pf.

Telegraphenwege-Gesetz vom 18. Dezember 1899 nebst den vom Reichskanzler erlassenen Ausführungsbestimmungen vom 26. Januar 1900 und den Erläuterungen und Ausführungsanweisungen des Reichs-Postamts. Amtliche Ausgabe. 8°. Geb. in Leinen 1 M.

Turnau, W., Reichsgerichtsrath. Die Schiedsmanns-Ordnung vom 29. März 1879, mit Ergänzungen und Erläuterungen. 8°. Geb. in Leinen 3 M. 60 Pf.

Wittenberg, Dr. M., Dozent an der Humboldt-Akademie. Wegweiser durch das Aktienrecht, nach dem Wortlaut der seit dem 1. Januar 1900 gültigen Reichsgesetze. Taschenformat. Geb. in Leinen 1 M.

Schlagwort-Register.

R. = Nummer der Sammlung Deutscher **Reichs**gesetze.
P. = Nummer der Sammlung **Preußischer** Gesetze.
S. = Seite.

FSC
www.fsc.org
MIX
Papier | Fördert
gute Waldnutzung
FSC® C083411

Kolibri 360 GmbH
Ferdinand-Jühlke-Straße 7
99095 Erfurt, Deutschland
produktsicherheit@kolibri360.de